C. S. Merten wurde 1947 in München geboren. Er schrieb hochgelobte Abenteuerromane über Helmut Kohl und Helmut Thoma sowie Texte für die *Titanic* und das *FAZ Magazin*. Er lebt (und läuft) heute in Bonn. Dies ist sein erster Roman mit dem melancholischen Polizisten Silber.

C. S. Merten

Der Todesvogel

Roman

Rowohlt Taschenbuch Verlag

Originalausgabe
Veröffentlicht im Rowohlt Taschenbuch Verlag GmbH,
Reinbek bei Hamburg, Oktober 2000
Copyright © 2000 by Rowohlt Taschenbuch Verlag GmbH,
Reinbek bei Hamburg
Redaktion Wolfram Hämmerling
Umschlaggestaltung Notburga Stelzer
(Foto: ZEFA / Weir)
Satz Aldus PostScript, PageOne
Gesamtherstellung Clausen & Bosse, Leck
Printed in Germany
ISBN 3 499 22874 2

Die Schreibweise entspricht den Regeln
der neuen Rechtschreibung.

Frankfurter Allgemeine Zeitung

15. November 1999
Was macht eigentlich ... Hans-Jochen Sievers, der «laufende Polizist» und Olympiazweite von München über 1500 m?

Silber läuft jetzt Marathon

FAZ. So schön wie in München war es noch nie gewesen. Bis zu jenem elften Tag, an dem der Anschlag die heiteren Spiele mitten ins Herz traf: Palästinensische Terroristen zerschossen das Fest des Friedens und der Völkerverständigung, als sie am frühen Morgen des 5. September 1972 die Unterkunft der israelischen Mannschaft überfielen.

Die anschließende Geiselnahme im Olympischen Dorf und die missglückte Befreiung auf dem Flugplatz von Fürstenfeldbruck, bei dem neun israelische Geiseln, ein deutscher Polizeibeamter und fünf arabische Terroristen ums Leben kamen, hat bis auf den heutigen Tag die Erinnerung an die 20. Olympischen Spiele in München geprägt.

Auch bei Hans-Jochen Sievers, dem «laufenden Polizisten». Sievers, der heute als Hauptkommissar bei der Kriminalpolizei in Bonn arbeitet, erinnert sich noch genau an jene Stunden, als es darum ging, ob die Spiele nach dem Attentat fortgesetzt werden sollten: «Mir selbst war die Lust am Sport zunächst einmal vergangen.» In der Nacht, in der die Todesschüsse fielen, bereitete er sich gerade gedanklich auf das 1500-m-Finale vor. Der junge Sievers war recht überraschend in den Endlauf gekommen, nachdem er sich im Zwischenlauf gegen den Mann mit der Mütze, den Amerikaner David Wottle, durchgesetzt hatte. Wottle war einige Tage zuvor immerhin Erster über 800 m geworden.

Im Endlauf – er sollte wegen der Trauerfeier einen Tag später als geplant stattfinden – traf Sievers auf einen weiteren Olympiasieger (und Polizisten), auf Kipchoge Keino aus Kenia, der bereits das 3000-m-Hindernisrennen gewonnen hatte, sowie auf den hoch eingeschätzten Finnen Pekka Vasala.

Aufregung und Nervosität prägten das Finale von Anfang an.

Als das Feld nach einem Fehlstart auf die Reise gehen konnte, machte Sievers sofort Druck – viele sprachen von einem taktisch unklugen Lauf – und hielt das Tempo überraschenderweise bis in die letzte Kurve. Obwohl der Deutsche auf der Zielgeraden keineswegs einbrach, gelang es dem Finnen, auf Sievers aufzulaufen und sich, nach kurzem Gerangel, an ihm vorbei ins Ziel zu schieben. Vasala erreichte 3:36,3 (Olympia-Rekord), Sievers 3:36,4, Keino als Dritter 3:36,8.

Und gleich danach die nächste dramatische Szene: Sievers geriet hinter dem Zielstrich aus dem Tritt, taumelte auf den Finnen zu und holte zu einem Schlag aus, der Vasala im Nacken traf und fast umgeworfen hätte. Der Finne fuhr herum und stieß den Deutschen zu Boden.

Ein anerkennender Schlag auf die Schulter des Siegers hatte es sein sollen, das Stadion sah darin die Geste eines schlechten Verlierers. Selbst bei der Siegerehrung gab es Pfiffe für die Silbermedaille. Da half es wenig, dass Sievers auf dem Podest die Sache zu klären suchte und sich Vasala die Hände schütteln ließ.

Später dann wurde der Streit offiziell beigelegt: Man traf sich noch einmal, reichte sich noch einmal die Hand und – schlug sich noch einmal auf die Schulter.

Nach den Olympischen Spielen gab Sievers die sportliche Karriere auf, die ihm neben dem Erfolg in München noch einen zweiten Platz bei den Europameisterschaften der Junioren sowie drei deutsche Vizemeistertitel eingebracht hatte, und war fortan nur noch Polizist.

Mit dem Leistungssport war Sievers bereits auf dem Gymnasium in Berührung gekommen. Sein Sportlehrer hatte die läuferische Hochbegabung bei den Bundesjugendspielen 1960 entdeckt. Bei der LAV Bad Godesberg machte Sievers die ersten leichtathletischen Schritte über 75 m, wechselte dann, nach Staffelerfolgen bei den Mittelrheinmeisterschaften, zum ASV Köln und fand dort über 200 m und 400 m zur Mittelstrecke, auf der er seine Herkunft als Sprinter selten verleugnete.

Vornehme Zurückhaltung? Taktisches Geplänkel? So etwas lag Sievers – oder *Silber*, wie der ewige Zweite von den spottlustigen Rheinländern bald genannt wurde – nicht, und oft genug rannte er, begeistert angefeuert vom Publikum, weit vor dem Feld dem Ziele zu, das er in den meisten Fällen freilich nicht als Erster erreichte.

Zu den Konkurrenten und Mitstreitern von damals hat Sievers heute keine Verbindung mehr. War seine Art zu laufen und zu kämpfen auch alles andere als zurückhaltend, so gab er sich außerhalb des Stadions reserviert und spröde.

Das Laute und Lärmende ist auch heute nicht sein Fall. Auf einem Ball des Sports oder einer Gala wird man Sievers daher vergeblich suchen.

Seit einiger Zeit ist Sievers allerdings wieder unterwegs. Nur haben sich die Strecken für jemanden, der einmal als Kurzstreckenläufer angefangen hatte, reichlich ausgedehnt. Zunächst waren es die 10-km-Straßenläufe, denen er sich zugewandt hatte und die er sicher zwischen 33 und 34 Minuten lief.

Im Oktober 1999 schloss Sievers, gerade fünfzig geworden, seinen ersten Marathonlauf in Köln mit respektablen 2:44:21 ab. Für einen Sieg (in der Altersklasse der Fünfzigjährigen) reichte es dort allerdings so wenig wie 1972 in München beim Endlauf über 1500 m.

Ob es ihn geärgert hat? Sievers lacht, als er die Frage hört: «Ach wo, Silber ist auch nicht schlecht.»

Erster Tag

> Fromms Extrafeucht.
> Sorgt fürs Vergnügen,
> wenn's mal nicht so läuft.

Der Große Wendigo war die ganze Nacht unterwegs gewesen. Er war vom Westen her gekommen, hatte das dunkle Wasser überflogen und noch vorm Morgengrauen das feste Land erreicht.

Als er die Stadt am Strom erblickte, in der das Goldene Hühnchen schlief, schüttelte er die stählernen Schwingen, sodass das Tal noch immer bebte, als er schon längst auf glühendem Strahl hinunter auf die Erde gefahren war.

Erschöpft vom langen Flug verhielt der Große Wendigo zunächst ein wenig und ordnete sein Gefieder, bevor er in die Hallen trat, wo ihn Gezwerg umsprang und Pergamente, nichts als Pergamente von ihm haben wollte.

Tatsächlich dauerte es geraume Zeit, bis allem Genüge getan war und er sich trollen durfte, um den Schmutz und Staub der weiten Reise abzuwaschen.

Der Große Wendigo stieg in die Kammern hinab, wo man sein Gewand verwahrte und manches andere nütze Ding, das er fürs Erdenleben brauchte.

Nachdem er sich gesäubert und gekleidet hatte, steckte er eine Silbermünze in den Automaten neben der Spiegelwand und drückte einen Knopf.

Es klickerte.

Im Schacht erschien ein farbiger Karton.

Der Große Wendigo beschaute ihn mit kaltem Vogelauge und fand ihn eben recht: Feucht ging es besser, das stand fest.

Die Pflöcke und die Riemen, die er für die *Große Spreize* brauchte, lagen bereits im Kofferraum. Die Lederkappe mit dem Knebel auch. Was jetzt noch fehlte, war der Kanister mit Benzin.

Piloten ist nichts verboten
HANS ALBERS

Alarm.
      Alarm.
            Alarm.

«Die Fernaufklärung West meldet den Anflug feindlicher Geschwader im Großraum Bonn. *United Parcel Service* greift die Feste Ückesdorf mit einer 747 an.»

Die Sturzkampfflieger springen aus den Betten. Es ist ein Schnitter, der heißt Tod. Sagt bloß der lieben Mutter nichts. Wo ist der letzte Brief von Lotte?

Bordschütze Silber ist schon in die Montur aus braunem Leder und gelber Fallschirmseide gefahren. Jetzt steckt er seine Fliegerschokolade ein und sucht im Spind nach frischen Tüten.

Wie ist das Wetter heute Nacht? Der Stabsmeteorologe hat's an die Tafel des Bereitschaftsraums geschrieben: Die Sicht bleibt klar, nur ein paar Wolkenschleier in 6000 Metern Höhe.

Au, das wird kalt. Die Flieger schlagen ihre Kragen hoch und hoffen auf die bordgeheizte Unterwäsche.

Nun aber endlich los. Schon bellt, wau wau, Krambambuli der Staffelhund: «Maschinen start- und schießklar. Hals- und Beinbruch, meine Herren!»

Jawoll.
>Jawoll.
>>Jawoll.

Die alte Tante Ju fliegt den befohlenen Raum ab. Die Heinkel stößt ins Kampfgeschehen vor und wirft die schwersten Brocken auf die Wahner Heide. Da kommt aus höchster Höhe eine Messerschmitt, rawomm.
Mensch, Dunnerkiel, die Flak. Leuchtspurmunition flitzt in langen Reihen in den Himmel. Wie wunderbar das aussieht von hier oben: Als ob, als hätte, besser noch, als wäre.
Da ist er dann auf einmal da, der riesengroße Silbervogel, der brüllend laute Feind, der abgefeimte Päckchenträger. Schon stürzt die Me 109 hinzu.
Bordschütze Silber aber sitzt im Heck der Focke-Wulf und füttert – radebeul! – die 20-mm-Bordkanone. Wie glühende Nägel spritzen die Geschosse ins Innere der UPS-Maschine. Dann richtet er das Fadenkreuz aufs Leitwerk. Und jetzt bloß sauber reingehalten, Silber, alter Junge – ganz sauber, sauber, ja, ja, so.
Stichflamme, Rauch und Treffer: Sieg!
Der Jumbo schmiert übers linke Tragwerk ab in Richtung Impekoven. Im Aluminiumschlangenleib klafft eine tiefe Wunde. Abermillionen Päckchen sausen durch die Luft, schnüren sich auf und explodieren. Mit zwei, drei Flügelschlägen macht sich der wunde Vogel aus dem Staub.
Der Kommodore gibt das Sammelzeichen fürs Geschwader. Die tapfere Messerschmitt fliegt eine Kurve steil nach

oben. Da kommt die He 111 zurück und auch, gottlob, die brave Tante Ju. Und auch die Focke-Wulf ist da.

«Bordschütze Silber hat sich soeben übergeben ...»

– Was krächzt da Funkers Fritze?

«... ich wiederhole: *Übergeben*.»

Und dreimal militärisch kurz lacht, hahaha, das Kampfgeschwader.

Bordschütze Silber stirbt vor Scham. Schon schwebt ein Fieseler Storch hinzu, sein Unsterbliches entführend.

Der Feind ist unterdessen abgezogen. Das Donnern der Turbinen hallt bis in Silbers Leichenkammer nach, der Radiowecker feuert eine allerletzte Salve, und dann zerfließt die Nacht aus tiefem Dunkelblau in gelblich grauem Licht und strahlenden Akkorden.

Es ist jetzt kurz nach sechs – Montag, der 7. Februar 2000.

Hauptkommissar Sievers tastet nach der Nachttischlampe: Da ist die Zimmerdecke, da der Schrank mit der Karl-May-Ausgabe, das Bett, das Bild, und da ist er, ach so, nicht tot, sondern nur müde, ganz entsetzlich müde.

Kein Wunder, denn in dieser Nacht hat er kein Auge zugetan.

Nun, vielleicht doch. Denn irgendwann wird er wohl eingeschlafen sein, sonst hätte er – und ausgerechnet er – nicht aufsteigen können, um eine dieser Höllenmaschinen abzuschießen, die Nacht für Nacht sein Ückesdorfer Eigenheim beflogen.

Was tönen laut die Sturmsignale der Drommeten? Ah, Schlussakkord. Und eine Frauenstimme spricht: «WDR 3, Klassik am Morgen. Sie hörten *Les Preludes* von Franz Liszt. Es spielte das Gewandhaus-Orchester Leipzig unter Ku...»

Rawomm! Das nächste Flugzeug.

Silber zieht sich die Decke über den Kopf.

Mein Gott, nimmt denn das nie ein Ende?

Kein Ende wie der Flug nach Rom. Europameisterschaften der Junioren 1970. Sein erster Flug und, wenn's nach ihm gegangen wäre, auch sein letzter: Hat er sich wirklich schon erbrochen, bevor das Flugzeug in der Luft gewesen ist? Vermutlich leider ja. Denn wieso sonst der schräge Blick der Stewardess, die ihm die Tüte hingehalten hatte? Gott, wie sich das auch noch nach vierunddreißig Jahren über Italien, Fliegen, Frauen legt.

Und jetzt, nach seinem Umzug in das alte Haus, auch noch dies: Irgendein Ausschuss (Umwelt? Rotgrün?) hat alle Routen so verschoben, dass diese Dinger nicht mehr die Innenstadt befliegen, wo sie bisher Silbers Schlaf gestohlen haben, sondern nun Ückesdorf, den bis dahin stillsten Vorort Bonns. (Sieht man einmal vom Lärm der Autobahn bei Westwind ab.)

Silber wird es ganz heiß unter der Decke. Der teure Umzug, das baufällige Haus, ja selbst die Grundschuld bei der Bank, dies alles ließe sich ertragen, wenn nur nicht nachts die Frachtmaschinen kämen.

Ab Mitternacht.

Und pausenlos.

Bis in den frühen Morgen.

Silber hebt den Kopf und sieht den Vater an.

Der Vater hat das Haus gebaut. Der Vater hat das Haus vererbt. Der Vater ist fein raus in seinem Rahmen an der Wand.

... was macht der Finne Pekka Vasala?

Der hat ihm gerade noch gefehlt. Und doch legt sich Silber auf die Seite und stellt seine Beine, seine Arme, um noch einmal das Finale zu laufen: Das Stützbein vollständig gestreckt in Hüfte, Knie und Fuß, das andere Bein mit Kniehub fast bis an die Brust gezogen, die gegengleiche

Armabeit mit weit ausholender Amplitude. (Wenn jetzt die Zimmerdecke auf die Bettstatt fiele und ihn zusammenpresste, so würde er als Piktogramm des idealen Läufers sterben.)

A l'ombre des jeunes filles en fleurs
MARCEL PROUST

Charlotte richtet sich jählings auf.

Schon wieder hat sie diesen Traum geträumt. Von seinen scharfen Krallen, seinem sirrenden Gevögel. Und wie sie kreisend mit ihm steigt auf weit gespannten Schwingen, flatternd verharrt und in die Tiefe stürzt. Und das Geklatsch der Flügel, das Gekreische, das Gestoße ...

Der Schlafanzug ist feucht und verschwitzt. Charlotte knöpft die Jacke auf.

Genügt ihr nicht.

Sie wirft die Jacke weg und legt sich auf den Bauch. Dann dreht sie das Gesicht zur Seite und bläst sich ihre Haare aus der Stirn.

Unten im Hause ist alles still.

Oben am Himmel fliegt ein Flugzeug.

Und hinterm Zaun fließt der Verkehr.

Charlotte hebt den Kopf und schaut hinab zur Straße. Scheinwerfer rücken bis zur Ampel vor. Erst Gelb. Dann Rot. Dann Grün. Ein Moped kommt und macht Radau. Zur Arbeit schreiten Dickvermummte.

Viertel vor sechs.

Noch viel zu früh, um sich zur Schule aufzumachen.

Zu früh natürlich auch für Jenny.

Charlotte weiß, dass sie die kleine Schwester gleich mitnehmen muss. Sie haben beide *Erste Stunde*.

Auf einmal wird ihr kühl.

Als sie sich aufsetzt, um nach der Decke zu greifen, erblickt sie einen Mann am Gartenzaun. Er steht auf der gemauerten Umrandung neben der Remise und hält sich an dem Gitter fest. Aus seinem Mantel ragt ein Stock.

Charlotte zieht die Beine an.

Einfahrt und Tor sind über Nacht verschlossen, die Gitterstäbe spitz und hoch wie Speere. Und dennoch kann man sie übersteigen. Charlotte weiß, wovon sie spricht. Sie hat den Schlüssel neulich erst vergessen.

Der Mann sieht aber nicht so aus, als wolle er über das Gitter. Er steht ganz ruhig und unbeweglich da. Er schaut hinauf zu ihr in die Mansarde.

Während Charlotte überlegt, ob sie nach unten gehen muss, um die Gartenlampen anzustellen, merkt sie auf einmal, dass es gar kein Stock ist, den dieser Mann durchs Gitter steckt.

Charlotte kann nicht anders, sie muss lachen.

Doch dann befällt sie Wut.

So wie sie ist, läuft sie vors bodentiefe Fenster, dreht sich herum und lässt die Hose fallen.

Als sie nach unten sieht, ist das Schwein verschwunden.

> Was machen, wenn das
> Herz-Symbol ❤ unregelmäßig blinkt?
> Bedienungsanweisung POLAR ACCUREX II

Nein, Ückesdorf war nicht Pompeji – die Zimmerdecke hielt. Und somit alle Hoffnung auf ein bisschen Ewigkeit begraben. Silber gab seine Läuferhaltung auf, denn es war Zeit für das Orakel. Er tastete nach dem schwarzen Kunststoffkästchen, das sein Herzfrequenzmessgerät enthielt.

Silbers Tage pflegten sich nämlich regelmäßig zu vergolden, wenn seine Werte *unter 40* lagen. An solchen Tagen nahm sich die Welt zusammen und schickte keine neuen Akten ins Büro.

Schlichtere Naturen hätten vielleicht gesagt, dass ein zu hoher Ruhepuls für Übertraining, Krankheit oder Stress gesprochen hätte. Doch Silber zählte nicht zu ihnen.

So feuchtete er mit Andacht die Elektroden an, schnallte den Gurt über das Sportlerherz und legte die Uhr neben sich aufs Kissen, damit er schon am Piepsen hören konnte, welche Richtung dieser Tag denn nähme.

Die Werte wurden freilich besser, wenn man beim Messen Ruhe hielt. Und das wiederum hieß entspannte Rückenlage, Ausstrecken der Arme und der Beine, vor allem aber ruhiges, gleichmäßiges Atmen: Wir atmen ein, wir atmen aus – – –

Rawomm, der nächste Luftangriff.

Mensch, Dunnerkiel, die Flak: Bordschütze Silber – aha, LUFTSCHLACHT UM ENGLAND, daher wehte der Wind! Fünfzehn Minuten gestern Abend auf Kabel 1 (natürlich nur bis zu der ersten Werbepause), aber es hatte anscheinend gereicht, um die ganze Nacht davon zu träumen – Bordschütze Silber also wäre beinahe aus dem Bett gesprungen und an das Fenster gestürzt und – – –

Es fiepte. Fiepte. Fiepte.

Ungläubig sah Silber auf die Uhr.

Dann griff er nach dem *Mageren Fräulein* – so nannte er sein Trainingsbuch, weil auf dem Umschlag ein ziemlich dünnes Mädchen lief – und trug 52 Herzschläge pro Minute ein.

Silber ließ sich enttäuscht auf den Rücken fallen. Dann hob er seine Beine wechselseitig an. Das war nicht einfach, aber gut fürs Kreuz. Und außerdem konnte man dabei noch ein Weilchen nach draußen sehen, ohne gleich aufzustehen.

Der Nussbaum, der vorm Fenster stand und von der

Nachttischlampe angeleuchtet wurde, war an der Wetterseite hell und trocken, was dafür sprach, dass es in der Nacht nicht geregnet hatte. Ansonsten war der Himmel ziemlich dunkel.

So dunkel wie die Augen von der Jelinek.

Da fiel ihm ein, dass er nicht nur vom Luftkrieg, sondern auch noch von der Jelinek geträumt hatte. Er ließ das angehobene Bein fallen – lange hätte er es ohnehin nicht mehr halten können –, holte das Trainingsbuch hervor und schrieb zu den Schrecken dieser Nacht noch *Jelinek* dazu.

Dann stand er auf, stellte sich auf den Bettvorleger und begann den Körper zu dehnen und zu strecken, was selbst für einen kleinen Mann wie ihn nicht einfach war, denn viel Platz gab es nicht mehr in dem Schlafzimmer.

Schuld war vor allem die Karl-May-Ausgabe.

Sie war vom Vater und ruhte in dem Kleiderschrank. Deshalb konnte der Schrank nicht weg. (Wohin sonst mit den vielen Büchern?) Genauso wenig wie das alte Bett, in welchem Silber den Vater eines Abends tot aufgefunden hatte. Anderthalb Jahre war das nun her. Das Bett lehnte noch immer an der Wand, hinten der schwere Rahmen, vorne die beiden anderen Teile mit den Messingstäben.

(Die Sache mit der Matratze hatte sich indes gelöst: Weil Silber es nicht übers Herz gebracht hatte, sie der Entrümpelungsfirma mitzugeben, hatte er sie so lange im Auto herumgefahren, bis er eines Tages ins Godesberger Villenviertel geraten war, wo man gerade Sperrmüll abfuhr. Da die Gegend dem Vater bestimmt gefallen hätte, hatte Silber die zusammengebundene Matratze aus dem Auto gezogen, an einen Zaun gelehnt, die Schnur aufgeschnitten und war dann, während er im Rückspiegel zusah, wie sich die Matratze, auf der der Vater gestorben war, langsam aufrollte, weinend davongefahren.)

Zum Abschluss seiner Übungen stemmte sich Silber mit den Armen gegen den Türrahmen, um etwas für die Waden zu tun. Er drückte die Ferse auf den Boden, neigte den Körper vor und wartete auf die Dehnung der Muskulatur.

Die zur Falkenjagd gehörigen Gerätschaften sind:
eine lederne Kappe, eine Kurzfessel
und eine Langfessel.
BREHMS TIERLEBEN

Im Kopf des Wendigos flatterte das Goldene Hühnchen.

Wie gerne wäre er emporgeflogen und hätte es dort droben unterm Dach besprungen. Doch wer kann schon im Mantel Feuer tragen, ohne sich die Kleider zu versengen? Und wartet nicht der Ackermann auf seine Ernte und harrt in Geduld mit ihr, bis sie den Früh- und Spätregen empfangen hat?

Der Wagen schoss nach vorn. Die Zeichen zeigten rot. Der Große Wendigo trat aufs Pedal. Wenn es jedoch zur rechten Zeit zur rechten Stelle kam – woran kein Zweifel war, denn stets kam es zur festgesetzten Stunde –, so würde es im Übermaß bekommen, wonach es sich anscheinend so verzehrte. Hätte es ihm sonst so sehnsuchtsvoll die dunkle Pforte hingestreckt?

Er musste lachen, lachen, so entsetzlich lachen, dass die zwei Kröten, die nebenan in ihrem Wagen hockten, die Köpfe keck zu ihm hinüberreckten.

Der Wendigo stieß – *krükrüü* – den großen Wutschrei aus, dass sie erschrocken weiterhüpften. Und das war gut, war ihm doch alles Kleingetier, das sich auf Erden regte, ein Gräuel.

Vor allem musste er die Pflöcke auf dem Rupfplatz richtig setzen. Die *Spreize* durfte keinesfalls zu weit sein. Das

Hühnchen musste kneifen, pressen, stoßen können. Standen die Pflöcke zu sehr auseinander, so brachte es den Steiß nicht hoch. Dann fehlte, wenn es bockte – und es würde bocken –, dem Hinterfleisch die weiche Fülle.

Doch auch die Arme waren wichtig. Hielten die Schlingen sie zu tief, wie war dann an die Brust zu kommen! Vor allem aber – wenn's den Kopf nicht wenden konnte, dann war der Einfall mit den Bildern ganz umsonst gewesen. Das Goldene Hühnchen musste, wenn's an ihm geschah, den Sporn und alle Ringe sehen können.

Von alledem war es dem Großen Wendigo ganz heiß geworden. Die Ader pochte. Auf der Stirne sammelte sich Schweiß, denn, wahrlich, niemand trug auf Erden solche Last wie er. Und ringsherum nur lauter Spatzen. Das schnäbelte und baute Nester, vermehrte sich und fütterte die Brut und wusste nichts davon, wie's denen ging, die draußen jagen mussten.

Auf einmal merkte er, dass er am Horst vorbeigeflogen war. Er bremste, wendete den Wagen und bog in die kleine Allee mit den hohen Bäumen ein. Zwischen den Dächern schimmerte der Rhein.

Der Wendigo hielt in der Einfahrt an.

Durchs Küchenfenster sah er die Frau.

Sie stand am Herd und machte Frühstück für die Kinder.

Der Wendigo traute seinen Augen nicht.

Sie hatte sich den Kopf geschoren.

Bonn wählt Rot-Grün
GENERAL-ANZEIGER, 17. 10. 1996
Bonn wählt CDU
GENERAL-ANZEIGER, 13. 9. 1999

Vertaner Weg. Verlorene Zeit. Verschwendetes Leben.

Silber ärgerte es jedes Mal, wenn er das Auto nehmen musste, um in den Dienst zu kommen. Aber da er kein sauberes Zeug im Spind mehr hatte, war eine Fahrt nicht zu vermeiden. So stopfte er zwei Taschen voll, warf sie in seinen Wagen und machte sich auf den Weg ins Präsidium.

Seit seinem Umzug lief er mindestens dreimal in der Woche ins Präsidium. Das war der Vorteil, wenn man etwas außerhalb wohnte. Elf Kilometer hin, elf Kilometer zurück.

Zunächst führte der Weg durch ein kleines Tal nach Röttgen. Dann ging es hinter einem Forsthaus in den Wald. Dann fünf, sechs Kilometer geradeaus bis zu einem Gut mit Silotürmen, das weiß und groß mitten zwischen Weiden lag. Dann kam der lange Weg den Annaberg hinunter bis ins Tal.

Unten in Friesdorf war einem Sträßchen jenseits der Bahn zu folgen, und schon stand man nach fünfzig Minuten in der Tiefgarage des Präsidiums. Und zehn Minuten waren nötig fürs Duschen und fürs Umziehen. Nur wenn es regnete oder schneite, dauerte es etwas länger, weil dann die Schuhe mit Zeitungspapier ausgestopft werden mussten, damit sie abends wieder trocken waren.

Doch selbst bei Regen und Schnee war Silber das Laufen (oder das Fahrrad, das er ab und zu benutzte, wenn ihm das magere Fräulein einen Ruhetag auferlegte) lieber, als hier auf der Reuterstraße im Stau zu stehen und sich den Bonner Ampeln auszusetzen, die rot, rot, grün – alles zum Stillstand brachten.

Trotzdem würde er auch heute noch zum Laufen kommen. Er hatte sich vorgenommen, nach dem Dienst gar nicht erst nach Hause zu fahren, sondern gleich hoch zum Venusberg, um sich dort mit seiner alte Runde zu entschädigen, die er vor dem Umzug mit Saïd und den anderen so gern und oft gelaufen war.

Im Autoradio spielte jemand Klavier. Silber spielte auf dem Lenkrad mit und besah sich sein Gesicht im Rückspiegel. Die Haare grau, die Augen braun, die Zähne alle da. Die Spitzen seines Schnurrbartes allerdings ein bisschen lang. Doch dafür zeigten sie nach unten: Und nicht nach oben wie bei dem Nussknackerbart, den sich Wahnsiedler hatte wachsen lassen. Nun, Wahnsiedler war groß, jung, gut aussehend. Da mochte so ein Bart schon gehen.

Und schon waren Silbers Gedanken im Büro. Und bei den beiden Taxifahrern. Krell hatte sie ihm hinterlassen. (Wegen Arbeitsüberlastung.)

Krell war anscheinend immer überlastet. Vielleicht stand er einfach zu viel herum. Zum Beispiel bei der Jelinek.

Silber seufzte.

Am Ende der Vernehmung würde – jede Wette! – einer der Taxifahrer nach dem Fahrgeld für den Toten fragen. Das taten Taxifahrer immer in solchen Fällen.

Was aber weitaus schlimmer war – es wurden neue Akten angelegt: Tatortbefundaufnahme, Vernehmungsprotokoll, Zeugenaussage, Obduktionsbericht, Gutachten. Der ganze Mist natürlich nach den neuen Rechtschreibregeln. Silber hatte sich immer noch nicht daran gewöhnt, dass die Opfer nun auf einmal *allein stehend* sein sollten und alle *potenziellen* Täter *gut gelaunt*. Kein Wunder, wenn niemand mehr so recht *im Klaren* war: «Auf alle Fälle hatte der Kerl 'nen *Stängel* wie ein *Saxofon*, Herr Kommissar.»

Silber gähnte und rückte bis zur nächsten Ampel vor.

Hauptsache, es blieb ausreichend Zeit für die Aktenpflege. Der Täter an sich gab selten Rätsel auf, war es doch – wie Kollege Grosz sich auszudrücken pflegte – meistens irgendein Idiot, der in der Nachbarschaft wohnte.

Natürlich machte man sich mit solchen Theorien nicht sonderlich populär. Wahnsiedler beispielsweise hatte es gerne *filigraner.*

Obwohl Wahnsiedler Chef war und studiert hatte, konnte Silber nicht umhin, Grosz Recht zu geben. Idioten wie der siebzehnjährige Bornheimer Berufsschüler, der seine fünfzehnjährige Verlobte – auch sie ging zur Berufsschule und stammte aus Bornheim – aus Eifersucht auf dem Pausenklo der Bornheimer Berufsschule erwürgt hatte, waren in der Tat schnell gefasst. Idioten wie der junge Libanese, der einen anderen jungen Libanesen erstochen und dabei einen Brief verloren hatte, auch. (Lag das Vernehmungsprotokoll eigentlich noch immer bei den Übersetzern? Und musste man den ganzen Quatsch wirklich ins Arabische übersetzen, weil dieser Knabe, der fließend Deutsch und nur sehr schlecht Arabisch sprach, es bloß in dieser Sprache unterschreiben wollte?) Idioten wie der Godesberger Metzger, der seine Frau erschossen, auf die Kreuzung gelegt und in der stillen Hoffnung überfahren hatte, die Sache würde als Verkehrsunfall durchgehen, störten hingegen wegen allzu großer Peinlichkeit.

Ach Gott, sie waren unterm Strich erbärmlich und dumm, Taten wie Täter, dass man kaum nach den Akten greifen mochte.

Am schlimmsten aber war es, wenn man ihm die Leute zur Vernehmung brachte. Da saßen sie auf ihrem Stuhl und sahen einen an. Zuckten die Schultern, rieben die Nasen, zupften an Ohren und hatten in der Regel Mundgeruch.

Und kein Gesicht, in dem nicht Hoffnung gewesen wäre, mit all dem Irrsinn durchzukommen.

Die nächste Ampel war schon wieder rot.

Dabei wäre doch am alten Bundeskanzleramt die ganze Fahrerei beinahe überstanden gewesen. (Vorausgesetzt, man bog am Kunstmuseum ab und schaffte es, sich nicht über die Schüler des Willy-Brandt-Gymnasiums zu ärgern, die in der Dunkelheit auf unbeleuchteten Rädern zu dritt nebeneinander fuhren.)

Silber setzte den Winker und schaute nach einem Briefkasten aus.

   HANS-JOCHEN SIEVERS
   FLORASTRASSE 25
   53 125 BONN

Lehmann & Lechhardt GmbH
Wiesendamm 1
22 305 Hamburg

   Bonn, den 6. Februar 2000

Sehr geehrte Damen und Herren,
ich hatte bei Ihnen am 15. Januar 2000 6 Stück *MK-3* von *Defense Technology* bestellt. Leider ist die Lieferung bis heute noch nicht eingetroffen. Sollte Sie mein Schreiben nicht erreicht haben, so erneure ich hiermit die Bestellung und bitte um baldige Auslieferung an meine o.g. Adresse.

Mit freundlichen Grüßen

Hans-Jochen Sievers

Lb. Fr. Reifferscheidt, wenn Sie bitte
endlich *darauf achten würden*, dass
Jenny nicht mehr so viel frisst.
Gruß! Dr. S. Kühne

Zu schnell.

Lalotta läuft zu schnell.

Ja, weiß sie nicht, dass in Bonn die Züge nur dann kommen, wenn man zu schnell auf eine Schranke rennt? (So jedenfalls Frau Reifferscheidt.)

Also greift Jenny nach der Hand der großen Schwester, um sie ein bisschen abzubremsen. Lalotta will zuerst nur ihren Zeigefinger geben, doch schließlich gibt sie ihre ganze Hand: «Was soll die Trödelei, Jenny? Siehst du, jetzt geht die Schranke zu.»

Weil sie gelaufen sind, natürlich. Da Jenny glaubt, dass es vier Güterzüge werden, lässt sie Lalottas Hand los und tritt ein wenig zurück. Man weiß nie, was aus den Toiletten dieser Züge fliegt.

Wie kalt und dunkel es noch ist. Und dabei ist es schon Viertel vor acht. Bloß drüben, auf der anderen Schrankenseite, steht schon ein roter Streif am Horizont.

Im *Willibrand*, in ihrer Schule, ist erst im Lehrerzimmer Licht. Da hockt gewiss schon der Herr Krott und raucht die Zigaretten, die man an seiner Jacke riecht.

Seit sie Herrn Krott in Mathematik hat, wünscht sich Jenny jeden Morgen, dass dieses Licht einmal nicht brennt. Dann würden alle Schüler ratlos vor der Schule stehen, weil keiner kommt und sagt, warum sie warten müssen. Doch irgendetwas Grauenhaftes muss geschehen sein, denn selbst die Polizei, die den Herrn Krott soeben aus der Schule schleppt, ist kreideweiß und leichenblass.

Nun, vielleicht gibt's das riesengroße Unglück ja morgen. (Für heute sind die Scheiben dazu leider viel zu hell.)

«Ein bisschen Angst habe ich schon, Lalotta», sagt Jenny und rückt ihre Brille zurecht.

«Ach was», sagt Lalotta. «Man braucht vor nichts und niemandem Angst haben. Am wenigsten vor Mathematik.»

Der erste Zug. Tatamm. Tatamm. Zum Glück kein Güterzug. Nur silberne Personenwagen. Erste Klasse. Zweite Klasse. Raucher. Nichtraucher. Draußen ist alles vollgesprüht. Drinnen fahren lauter Köpfe nach – warte mal – nach Köln-Deutz.

Was macht man bloß in Köln-Deutz. Sie denkt an Blacky, der noch so schön geschlafen hat, als sie zu Hause aufgebrochen ist. Am liebsten läge sie jetzt bei ihm im Körbchen.

«Die hab ich aber wohl, die Angst», sagt Jenny, als alle Köpfe fortgefahren sind. «Weil der Herr Krott bestimmt nur Textaufgaben stellt. Ach, Lalotta, warum kommst du nicht einfach mit und setzt dich neben mich?», seufzt sie und klammert sich an ihre Schwester.

«Nun sei nicht albern, Äffchen.» Lalotta schüttelt den Kopf. Sie löst sich langsam aus der Umarmung und gibt Jenny einen Klaps. «Denn schließlich bist du jetzt kein Kind mehr.»

Jenny wird feuerrot.

Lalotta weiß es also, das Geheimnis. Dann ist es kein Geheimnis mehr, und Jenny sagt am Besten alles gleich. Genauso wie sie es der Sophia längst hätte sagen müssen. Doch die wird ja erst wach, wenn die Frau Reifferscheidt kommt, um Ordnung in das Haus zu bringen.

Tatamm. Tatamm. Dass jetzt der zweite Zug, ein rostig roter Güterzug, vorüberrattert, ist gut, denn so braucht Jenny erst einmal nichts zu sagen. Sie holt ein Wurstbrot aus der Manteltasche und denkt nach.

Sie wird Lalotta auf die Probe stellen müssen.

«Vielen Dank auch, dass du mir die Entschuldigung fürs Schwimmen geschrieben hast», sagt sie, nachdem der Zug vorüber ist. «Ich bin einfach zu erkältet, als dass ich jetzt ins Wasser gehen dürfte.»

«Gib ruhig zu, dass du zum Schwimmen keine Lust hast, Jenny», sagt Lalotta. «Mir ging es früher nicht viel anders. Ich brauchte bloß an das zu denken, was unsere Jungs im Becken hinterließen, wenn sie zu faul waren, um aufs Klo zu gehen.»

Jenny lässt ihr Wurstbrot sinken und sieht Lalotta ungläubig an. «Du meinst, sie …?»

«Na klar tun sie das», lacht Lalotta und wirft ihren Pferdeschwanz zurück. «Und ich war heilfroh, als wir nach der siebten Klasse endlich mit dem Schwimmen aufhören konnten.»

So ist das also. Jungs pinkeln in das Becken. Deswegen diese warmen Ströme unter Wasser. Jenny hat sich schon oft gefragt, woher die kommen. Jetzt weiß sie es, und es ist ekelhaft. Genauso ekelhaft wie der Erguss, vom dem sie neulich in Biologie gesprochen haben. Jenny wird es fast schlecht, wenn sie an die kleinen weißen Tierchen mit den langen Schwänzchen denkt.

Von dem Geheimnis scheint Lalotta übrigens nichts zu wissen. Sonst hätte sie jetzt danach gefragt.

Tatamm. Tatamm. Der nächste Zug ist Gott sei Dank der letzte Zug. Die Schranke geht hoch, die Radfahrer steigen auf, die Autos fahren los. Auch Jenny hat sich rasch in Trab gesetzt und läuft zwei Schritte vor der Schwester her.

So ganz will sie es doch nicht glauben, die Sache mit dem Pinkeln. Vielleicht hat das Lalotta alles nur erzählt, um einen Witz zu machen. Denn bei Lalotta weiß man nie. Nein, nie.

Jenny kaut an ihrem Haar. An ihrem fürchterlichen Haar. Zwar ist es blond und lang wie das Lalottas, doch Jennys Haar ist fein und wellig und, was das Schlimmste ist, verhext mit Spliss.

Wann sie sich den eingefangen hat, das weiß sie nicht.

Und was das Schönste ist, sie wüsste nichts vom Spliss, wenn sie nicht neulich dieses Heftchen im Pausenhof gefunden hätte: *Was viele nicht zu fragen wagen – Ich werde immer dicker durch die Pille. Meine Eichel ist so empfindlich. Meine Scheide macht Geräusche. Jetzt ist bereits der zweite Tampon weg.*

Wenn Jenny an eine Scheide denkt, die während der Lateinarbeit *(Quitsch! Quatsch!* – «Wer war das? Jennifer?») Geräusche macht, dann ist ihr so ein Spliss doch lieber. Selbst wenn ihr der Spliss das Haar verdirbt, es stumpf macht, spaltet, bis zur Wurzel teilt. Sie zupft sich eine Strähne und wickelt sie im Finger ein.

Jenny spürt eine Hand auf ihrer Schulter.

Lalotta ist stehen geblieben. Warum? Um sich die Haare aufzumachen, die festen glatten Haare einer Zauberfee. Und warum noch? Um ihr, Jenny, den grünen Ring zu geben.

Der Haarring glüht wie ein Smaragd.

Vielleicht kommt das vom Auto, das sie gerade anstrahlt. Es strahlt sie an wegen Lalottas Rock, der unter der Lederjacke kaum zu sehen ist und viel zu kurz ist, wenn man so wahnsinnig lange Beine hat.

Das Auto hupt. Vergebens. Lalotta denkt nicht im Traum daran, sich nach einem Auto umzudrehen.

Jenny zieht sich den grünen Ring durch das Haar.

Sofort sieht Jenny aus wie ihre große Schwester.

Das Auto scheint das übrigens auch zu finden. Es hupt schon wieder. Lalotta lacht und gibt ihr einen Knuff. Dann läuft sie mitten durch die Jungs hindurch.

Das kann Jenny jetzt auch. Sie hebt den Kopf und trabt, sodass der Pferdeschwanz hin- und herfliegt, aufs Hauptportal der Schule zu.

Doch vor dem Eingang steht Abdullah mit der Spritzpistole.

Da Jenny sich nicht sicher ist, ob grüne Zauberringe auch noch wirken, wenn sie nass sind, nimmt sie vorsichtshalber den Nebeneingang.

Charlotte – sollten / müssten wir
heute nicht wieder mal?
Gruß, Pü.

Hinter der Aula des Willy-Brandt-Gymnasiums gab es einen kleinen rot gepflasterten Platz, auf dem die Oberstufe rauchen durfte.

Charlotte mochte keine Zigaretten. Und kaum jemanden aus der Oberstufe. So ging sie an den Rauchern vorbei, bis sie an das Geländer kam, das den Hof von den Werkräumen im Keller trennte. Sie ließ sich auf der Brüstung nieder und dachte über ihre kleine Schwester nach.

Obwohl ihr Jenny heute Morgen kreischend die Tür des Badezimmers vor der Nase zugeschlagen hatte, so war doch nicht zu übersehen gewesen, dass sie schon wieder zugenommen hatte und nun vollends wie das französische Reifenmännchen aussah, bloß ganz in Rosa, was die Sache nicht viel besser machte.

Doch selbst in Kleidern war Jenny immer noch bizarr genug: Kniestrümpfchen. Schottenröcke. Pferdemädchenanoraks. Dazu der schwere runde Kopf, das feine blonde Haar, das nicht einmal gebunden halten wollte. Und dann, ogottogott, wie grauenhaft debil – *Lalotta*. Als sei sie gerade erst zwei Jahre alt und könne immer noch nicht richtig sprechen. Und gehe auf die Sesambrötchenschule und nicht auf eine Oberschule.

Zu allem Unglück hatte sich die Sache schon überall herumgesprochen. («Wie süß, sie sagt zu ihr *Lalotta*.»)

Warum war Jenny bloß so hoffnungslos zurückgeblieben? So infantil? So dick? Für immer und ewig ein bebrilltes Mademoisellchen Michelin?

Lag's an den Eltern? (Welchen Eltern?) *Macht's gut, auf Wiedersehen, wir sind dann fort*: Die Neue (Römisch Zwo – sie selbst bestand ja auf *Sophia*) in ihr Museum, der Vater schon im nächsten Flugzeug nach Berlin. Die Einzigen, die zu Hause auf Jenny warteten, waren Blacky und die Reifferscheidt. Der eine war ein ekelhafter Dackel, die andere dick und dumm wie Mutter Beimer.

Charlotte blies sich wütend ihre Haare aus der Stirn.

Die eigene Mutter irgendwo an der Westküste verschollen. Mit Split, dem Fotografen, der dort angeblich Bücher über Biber machte. (Wohl weil er selber *Beaver* hieß?)

Charlotte überlegte, wann sie ihre Mutter zum letzten Mal gesehen hatte. War es das Jahr, als Bon Jovi sein Konzert in Köln gegeben hatte? Drei Karten brachte Mutter mit, für sich, für Split, für sie, Charlotte. Bon Jovi war schon damals nicht ihr Fall gewesen, und so stand sie, geduldig lächelnd, hinter dem Biberfotografen, der seine Arme um Mutter geschlungen hatte und sie im Rhythmus wiegte und an sich drückte, bis alle Feuerzeuge (peinlich, peinlich) ausgegangen waren und sie endlich nach Hause durfte.

Zu mehr war es bei dem Besuch nicht gekommen. Schon gar nicht zu diesen Fotos, die Split am letzten Abend von ihr machen wollte. Natürlich hätte es ihr nicht das Geringste ausgemacht, sich auszuziehen. Aber nicht so, nicht mit gespreizten Beinen. Nein, es war einfach ekelhaft.

Papa gab in der Zwischenzeit sein Bestes in Berlin. Zum Beispiel mit dem Haus im Grunewald. (Der Umzug im August, spätestens aber im September.) Noch eine Nummer größer als in Bonn. In jedem Stockwerk hundertfünfzig Quadratmeter. Für sie ein Atelier mit eigenem Bad. (Für Jenny auch.)

Höchst überflüssig, dieses Atelier, denn sie blieb hier. (Selbst wenn sie diesen Eignungstest für die Sporthochschule nicht schaffte und doch noch etwas anderes studieren musste.)

Nein, Jenny musste ganz alleine nach Berlin. Zur nächsten Reifferscheidt. Die machte dann mehr her und kam aus Tegel, Treptow, Tempelhof. Vielleicht gefiel sie Papa ja bald besser als die Römisch Zwo: *Liebe Charlotte, liebe Jenny, ich muss euch leider mitteilen, dass wir uns trennen werden.* Na dann, viel Glück beim dritten Mal, Papa.

Ogottogott, dahinten kamen Sarah und Samirah. Dass ausgerechnet allerflachster Sinn im Wonderbra und auf Plateau zur Schule stiefeln musste!

Charlotte sprang rasch vom Geländer. Sie drehte sich um und schaute sich den Werkraum an: Schraubstock, Hobelbank, Farbeimer, Pinsel.

Herrje, sie musste ja noch ihre Figur bepinseln. Sonst tobte Püster. Abgabetermin war morgen in der vierten Stunde. Gleich nach den Weihnachtsferien hatte Püster die Fichtenbalken in den Werkraum geschleppt: «Damen und Herren, neues Thema: Galionsfiguren! Und dass mir die Dinger pünktlich fertig sind.»

Sie hatte sich den einbeinigen Schiffskoch aus der *Schatzinsel* vorgenommen. Natürlich sah er nicht so aus wie die Figuren, die Sophia sammelte. Charlotte stöhnte. (War das nicht furchtbar platt? Ein Ofenrohr zwischen den Beinen?)

Auf alle Fälle musste ihre Galionsfigur ganz ordentlich geraten sein, denn Püster hatte zweimal laut gegrunzt, als er sie angesehen hatte. Mehr durfte man bekanntlich von ihm nicht erwarten.

Nun ja, der alte Püster mochte eben manche etwas lieber: *Gentlemen Prefer Blondes.* Das war bekannt. Vorausgesetzt, sie sah'n nicht aus wie? (Nina Ruge?) Und trotzdem musste man ihn, Püster, nicht gleich in beiden Fächern haben: Kunst *und* Sport.

Ein Fahrrad schepperte über den Hof.

Charlotte schrak hoch und erkannte in der Scheibe Hürlimann.

Hürlimann war neu. Und ein Idiot. Wer außer ihm kam aus Luzern, trug Schlips und Kragen, rauchte Pfeife – natürlich hatte er das Ding auch jetzt im Mund – und stellte nach dem Sowi-Kurs der Dellwo-Fackelmann noch Fragen? Ganz abgesehen davon, dass heute kein Mensch *Eugen* hieß.

Dafür litt Hürlimann nicht unter der Seuche, die alle Jungs zu befallen schien, wenn sie ihr mal näher kommen wollten. Hatte nicht jede aus der Klasse irgendwann ihr Zettelchen mit Pfeil und Herz bekommen – bloß sie, Charlotte Kühne, nicht? Selbst aus dem Schullandheim war sie zurückgekommen, wie sie hingefahren war, ganz unbefummelt und ungeküsst. Und jetzt, unter den tödlich Blöden ihrer Jahrgangsstufe, gab's sowieso nur Leute, die hohe Sohlen für Niveau und falsche Möpse für die Wahrheit hielten. Von so 'nem kirren Irren mussten auch die Fotos sein, die sie vor zwei Wochen mit der Post bekommen hatte: beringte Männerschwänze, Gott – wie witzig. (Besser doch fortwerfen, diese Bilder. Bevor sie jemand fand.)

Ihr fiel der Kerl am Zaun ein. Heute in der Früh, noch zwischen Tag und Traum. Dem Ferkel hatte sie's gezeigt:

Ihr nackter Hintern hatte ihm gewiss den Appetit auf mehr verdorben.

Nee, Hürlimann war da anders. Als der neu in den Kunstkurs gekommen war, da war er – andere freie Plätze hätte es genug gegeben – zielstrebig zu dem Tisch gegangen, an dem sie, wie gewohnt, alleine saß. Und hatte eine Meerjungfrau geschnitzt, die wirklich gut geworden war und ihr recht ähnlich sah. (Und nicht nur im Gesicht.)

Sie schaute ihm in der Fensterscheibe zu, wie er das Fahrrad abschloss und seine Pfeife an der Schuhsohle ausklopfte. Dann rückte er seinen Schlips zurecht und ging geradewegs auf sie zu.

Raum 377 a / 377 b
Nora Jelinek, Verw. Ang.
Hans-Jochen Sievers, PHK

Als Silber das Präsidium erreicht hatte, war es kurz vor acht. Er stellte den Wagen in die Tiefgarage und lud die Taschen aus.

Vor dem Aufzug stand die Poetschke mit ihrem Hund.

Silber ging sofort in Deckung.

Die Poetschke war im ganzen Präsidium dafür bekannt, dass sie ihren Hund nicht im Griff hatte. Dass er jedoch am frühen Morgen schon in den Aufzug musste, das war neu.

Silber mochte Hunde nicht besonders.

Die Poetschke war rothaarig und aus Sachsen. Das kam hinzu.

«Morgen, Silber», hörte er hinter sich. «Wie stehen die Aktien?» Silber, der den Namen nicht von jedem hören mochte, verzog das Gesicht und kam hinter der Säule vor.

Es war Wahnsiedler.

Wahnsiedler lief seit neustem auch.

«Schlecht», sagte Silber daher und langte eilig an die Wade. «So schlecht, dass ich heute mit dem Auto kommen musste.»

Wahnsiedlers Bedauern hielt sich in Grenzen. Schon stand er auf die Zehenspitzen und winkte der Poetschke zu. Die Poetschke drehte sich überrascht um, doch dann war sie auf einmal weg. Der Hund hatte sie offenbar in den Aufzug gezogen.

Silber atmete auf.

«Nee, nee», sagte Wahnsiedler. «Die kriegen wir noch.»

Er rannte los.

Silber trabte mit den beiden Taschen nach.

Im Aufzug war nur noch wenig Platz. Wahnsiedler stand links an den Knöpfen. Der Hund hechelte. Die Poetschke zerrte. Silber brachte seine Taschen zwischen sich und den Hund. (Hoffentlich lieferten Lehmann & Lechhardt endlich. Silber war schon sehr gespannt auf die Durchschlagskraft der Dosen.)

«Ich bin gestern übrigens zum ersten Mal über zwanzig Kilometer gelaufen.» Wahnsiedler sprach so laut, als stehe er ein Stockwerk tiefer. «So um die zwei Stunden. Das ist doch gut, oder?»

Die Poetschke sah staunend an Wahnsiedler hoch, während der Hund versuchte, Silbers Taschen zu begatten.

«Auf alle Fälle», sagte Silber. In der Zeit lief man normalerweise 30 Kilometer. Aber das musste Wahnsiedler nicht wissen.

Wahnsiedler zwirbelte glücklich seinen Bart. «Ja, warum joggen wir nicht mal zusammen, Silber?»

Joggen ... Silber, der ein ganzes Leben als Läufer ohne dieses Wort ausgekommen war, fuhr zusammen.

«Ja, warum nicht.»

«Was ist mit Mittwoch nächster Woche?», fragte Wahnsiedler. «Passte mir ausgezeichnet», sagte Silber. «Wenn ich da nicht diesen Termin beim Orthopäden hätte.»

Die Poetschke gab dem Hund mehr Leine, sodass er Silbers Hosenbein erreichen konnte. Silber trat etwas dichter an die Tür.

«Ich mache im Oktober den Marathon in Köln», erklärte Wahnsiedler unterdessen. «42 Kilometer. Eine Riesenstrecke. Alles an einem Stück. Bist du da nicht auch mal mitgelaufen?»

Silber ließ ein unbestimmtes Brummen hören.

«Grosz hat neulich erzählt, du sollst früher ganz gut in Sport gewesen sein.»

Grosz, alter Verräter ...

«Na ja», sagte Silber. «Mehr oder weniger.»

Wahnsiedler lachte gönnerhaft. «Wie geht's ihm übrigens, dem Kollegen Grosz?»

Grosz hatte vor zehn Tagen in der Kantine einen Schlaganfall erlitten. Silber nahm sich jeden Tag aufs Neue vor, den alten Unhold zu besuchen, doch stets kam irgendetwas dazwischen. Das Mitgefühl hielt sich zudem in Grenzen, denn Grosz wog zweieinhalb Zentner, litt an Diabetes mellitus und war 1971 das letzte Mal mit Sport in Berührung gekommen, als wegen eines Rohrbruchs die Weihnachtsfeier in der Turnhalle stattgefunden hatte.

Silber zuckte die Schultern. «Es hieß, er solle in zwei, drei Wochen wiederkommen.»

«Na ja», sagte Wahnsiedler. «Schönen Gruß, wenn du ihn siehst.»

Der Aufzug hielt im dritten Stock.

Silber drehte sich um und sah die Poetschke an.

«Wem gehört eigentlich der komische Hund?», fragte er. Und trat dabei, die Taschen aufnehmend, aus dem Aufzug.

Den Flur bitte ganz durch. Dort hinten lag es, sein Büro, denn oben, bei Wahnsiedler, Kenntemich und Krell, hatte es Schwierigkeiten mit dem Platz gegeben. Grosz war damals aus Sympathie gleich mit in den dritten Stock gezogen. (Was alle Vorteile des Umzugs halbierte.)

Vorm Anschlagbrett blieb Silber stehen.

Stammessen war heute *Falscher Hase mit Püree.* Jemand verkaufte ein Motorrad, Kawasaki, leichter Kurbelwellenschaden, also billig. Zwei Polizeiobermeisterinnen («Evi und Moni») suchten eine Wohnung, preiswert, in Präsidiumsnähe. Daneben hatte ein Witzbold ein Phantombild gehängt. Der Gesuchte war blond, 1,85 bis 1,90 Meter groß, 28 bis 30 Jahre alt und wurde als *sportlicher Typ* beschrieben. Er hatte zwei Frauen in Köln vergewaltigt.

Silber schüttelte den Kopf und ging weiter.

Vor drei Monaten hatte an derselben Stelle ein ziemlich dämlicher Artikel aus der *FAZ* gehangen, den er gerade noch abmachen konnte, bevor ihn das ganze Präsidium las.

Silber war nicht besonders scharf darauf, dass diese alten Sachen wieder aufgewärmt wurden. *Silber ist auch nicht schlecht.* (Nie im Leben hätte er so einen Blödsinn gesagt.)

Er drehte um, riss das Phantombild vom Anschlagbrett und warf es in den Papierkorb.

Cup A, B, C, D, DD
Die Größen nach DIN 2327

«Morgen, Frau Jelinek. Sind diese Taxifahrer schon da?»

Klare Frage. Klare Antwort. Geschäft auf Gegenseitigkeit. Müsste man meinen. Die Jelinek jedoch schien von Geschäften am frühen Morgen nichts zu halten. Schon war sie – grauer Pullover, schwarzer Rock – aufgesprungen, um

Silber in knisternden Strümpfen den Weg zu seinem Zimmer abzuschneiden. Der Rock war kurz. Und der Pullover eng. Zu kurz. Zu eng.

Silber hielt sich an den Taschen fest und wich zurück, bis seine Fersen gegen jene Türe stießen, durch die er das Büro gerade betreten hatte.

Die Jelinek war ihm gefolgt und stand jetzt unmittelbar vor ihm. In diesen hohen Schuhen war sie wirklich einen halben Kopf größer. Die Haut war weiß mit Sommersprossen, die dunklen Augen schimmerten feucht, der rote Mund hatte sich leicht geöffnet. Silber konnte das Parfüm und den Atem riechen.

Die Jelinek holte tief Luft.

Silber schloss gefasst die Augen.

Doch es passierte nichts. Nur die Strumpfhose knisterte. Dann hörte er die Jelinek in einiger Entfernung sagen: «Die beiden warten schon, Herr Sievers.»

«Was Sie nicht sagen, Frau Jelinek», sagte Silber, machte die Augen auf und floh in sein Büro. «Und wenn Sie nun so freundlich wären. Den ersten Zeugen, bitteschön.»

Dann schloss er rasch die Türe hinter sich.

Während er die Wäsche in den Schrank räumte, dachte er darüber nach, warum man ausgerechnet ihm eine Sachbearbeiterin zugewiesen hatte, die von einer ebenso umfänglichen wie verstörenden Weiblichkeit war wie die Jelinek.

Verließ man sich auf ihn?

Oder glaubte man bloß, er sei zu alt? (Fürs Gaffen? Busengrabschen? Für den Missbrauch von Sachbearbeiterinnen unter Ausnützung einer Amtsstellung nach § 174b StGB?)

Zugegeben, Schlagzeilen dieser Art konnte die Polizei am wenigsten gebrauchen. Und dennoch fand es Silber ein wenig deprimierend, dass man sofort an ihn gedacht hatte, als ein Platz für die Jelinek gefunden werden musste, die vor zwei Monaten aus dem Präsidium Wuppertal gekommen war. Aus dienstinternen Gründen, wie es hieß. Und nur vorübergehend, wie sie sagte.

Womöglich hatte man aber auch nur das Beste gewollt. Für ihn, Silber. Und für sie, die Jelinek. Er lief. Sie spielte Handball. Gehörten Sportler nicht irgendwie zusammen?

Um Gottes willen, nein.

(Und wer und wo war eigentlich *Herr Jelinek*?) Silber zupfte sich am Bart.

Dann schlug er seine Akten auf. Viel stand noch nicht darin. Der erste Taxifahrer, ein Mann namens – der Name war ziemlich kompliziert und ziemlich griechisch – ein Grieche also wollte am Freitag gegen drei Uhr früh den Toten auf dem Beifahrersitz gefunden haben, als er vom Pinkeln gekommen war. Der zweite Taxifahrer hatte hinter ihm am Halteplatz gestanden und noch gar nichts ausgesagt.

Der Tote hatte ein Loch in der Brust und war von Kopf bis Fuß tätowiert.

Das Loch in der Brust sprach für Mord.

Die Tätowierung für mangelnden Geschmack.

Obschon sich heute jede Hausfrau tätowieren ließ.

Und piercen.

Silber verzog das Gesicht.

Kurz vor dem Anfall hatte Grosz in der Kantine noch berichtet, wie tröstlich es für ihn sei, sein Geschlechtsleben – mit dem es bei ihm ohnehin nicht weit her gewesen sei – *ganz ohne Piercing* abgeschlossen zu haben. Denn wenn er sich eines nicht bei einer Frau vorstellen wolle, dann sei es Piercing. (Und insbesondere *Piercing untenrum*.)

Silber, der neulich erst das Verhör einer Frau abbrechen

musste, die mit einem Hufnagel in der Unterlippe erschienen war, war sofort leichenblass geworden.

Grosz freilich liebte solche delikaten Themen. Und so hatte er noch angefügt, es müsse ein ganz besonders dummes Wort für diese Klunker geben, doch leider sei ihm dieses Wort entfallen. Zehn Minuten später war er dann schon auf dem Weg in die Intensivstation gewesen.

Nun aber die Jelinek. Er hörte im Vorzimmer ihre schöne dunkle Stimme. Ob sie am Ende auch gepierct war? Oder bloß tätowiert? Und – falls ja – wo?

Ein bisschen Spaß muss sein
ROBERTO BLANCO

«Sievers mein Name. Nehmen Sie bitte Platz. Ich muss Sie zu dem Vorfall in der Nacht vom 4. Februar vernehmen. Sie sind dabei als Zeuge vorgeladen, Herr Vassi...»

«Vassilogianakis. Vassilogianakis, Vassilios.» Der Mann hielt Silber einen Führerschein hin.

«Einen Pass haben Sie nicht?»

«Zu Hause. Aber nicht Pass, sondern Personalausweis», verbesserte der Taxifahrer.

«Ah, Sie sind...», sagte Silber.

«Deutscher», sagte der Taxifahrer.

«Deutscher, jawohl.» Silber nickte und begann, die Daten aus dem Führerschein auf den Vernehmungsbogen zu übertragen. Dann sagte er, ohne den Kopf zu heben: «Ich muss Sie aus formalen Gründen noch fragen, ob Sie ausreichend Deutsch sprechen und alles verstehen können, was ich sage?»

Der Taxifahrer gab keine Antwort.

«Ein Übersetzer wäre also nicht nötig», sagte Silber und

machte einen Vermerk in seinen Akten. «Nun, bevor wir mit der Vernehmung beginnen, noch eine Frage, Herr Vassi... Diese Adresse in Ihrem Führerschein, die stimmt doch?» Silber bemühte sich weiterhin um einen sachlichen Ton. «Oder haben Sie jetzt eine neue Adresse?»

Der Taxifahrer nickte.

«Woffästraße.»

«Woffästraße?»

Silber lehnte sich zurück und ging im Kopf die Bonner Straßennamen durch, die er kannte. Eine *Woffästraße* war jedoch nicht dabei. «Und diese Straße wäre wo, Herr Vassilo...?»

Der Taxifahrer sprang hoch. «Vassilogianakis», brüllte er und schlug auf den Schreibtisch, dass die Lampe umfiel. «Vassilios Vassilogianakis. Haben Sie keine Ohren, Mann?»

Die Tür flog auf.

Die Jelinek erschien.

Silber winkte ab.

Die Jelinek verschwand.

«Sie waren die ganze Nacht mit Ihrem Taxi unterwegs, nicht wahr?», fragte er und stellte die Lampe wieder auf. «Ich kenne das. Da gehen einem schon mal die Nerven durch, nicht wahr.»

Der Taxifahrer ließ sich auf den Stuhl fallen und streckte seine Beine aus. Er fuhr sich über die blauschwarzen Stoppeln am Kinn und nickte müde.

Silber machte ein mitfühlendes Gesicht.

«Auch meine Nacht ist schwer gewesen. Bomben auf Ückesdorf und dann die Focke-Wulf.» Er deutete mit der Hand das Steigen eines Jagdflugzeuges an. «Da war der Ruhepuls natürlich 52. Sie werden wissen, was das heißt. Doch davon abgesehen, ist es für uns Deutsche ...»

«Ich bin auch deutsch», schrie der Taxifahrer.

«Selbstverständlich», sagte Silber. «Nur, was ich sagen wollte – haben Sie schon einmal darüber nachgedacht, wie schwer es für einen einfachen Polizisten wie mich sein muss, Ihren griechischen Namen richtig auszusprechen?»

Der Taxifahrer starrte Silber böse an.

«Ich sage das nicht, weil ich etwas gegen Ausländer hätte, lieber Herr, und im übrigen sind Sie ja gar kein Ausländer, sondern ...» Silber wurde der Kragen eng. «Aber selbst wenn Sie sich auf den Kopf stellen würden, ich kann einfach nicht *Vassi... Vassiliganko* sagen. Jedenfalls nicht so, wie Sie es gerne hören würden.»

Silber seufzte und stand auf. Er ging zum Wandregal, an dem ein Maschinchen festgeklemmt war, mit dem man Bleistifte spitzte, nahm einen Stift, führte ihn ein und drehte an der Kurbel.

«Polizeischule Linnich 1966», fügte er erläuternd an. «Jeder von uns hat damals eine bekommen.»

Dann nahm er wieder Platz und malte ein Oval auf die Rückseite des Vernehmungsbogen. Das war das Münchener Olympiastadion. Es waren noch dreihundert Meter zu laufen. Hier (Kreuz) war er, hier (Kreuz) der Finne, hier (Pfeil) hätte er noch einmal anziehen müssen.

Er hob das Blatt hoch.

«Mist», sagte er. «Gewonnen hat der Finne Pekka Vasala.»

Dann zerknüllte er den Bogen und holte einen neuen aus der Schreibtischschublade. «Zurück zur *Woffästraße*. Sagen Sie, wie schreibt man die?»

«Wie *Woffästraße*», stellte der Taxifahrer fest und verschränkte die Arme.

«Jawohl», sagte Silber und war schon halb entschlossen, die *Woffästraße* in den Bogen einzutragen. Ein Taxifahrer musste schließlich wissen, wo er wohnte. Doch dann fiel ihm die Staatsanwaltschaft ein, die diese Akten lesen würde. Und ging nicht im Präsidium das Gerücht vom Disziplinarverfahren gegen einen Autobahnpolizisten um, der im Funk einen Sachsen, der zwischen sechs Rumänen in einem geklauten Kleinbus saß, als *Angehörigen einer ethnischen Minderheit* durchgegeben hatte?

Er griff zum Telefon und wählte das Einwohnermeldeamt an.

> Ich will der Ansprechpartner sein
> für alle Menschen ohne deutschen Pass.
> JOHANNES RAU

Ganz wie erwartet. Nichts gesehen. Nichts gehört.

Und dennoch konnte Silber seine Enttäuschung kaum verbergen, als Vassilios Vassilogianakis grußlos das Büro verließ. Er hatte nämlich nicht nach dem Fahrgeld für den Toten gefragt.

Geklärt war allerdings die Adresse. *Wolfstraße 5.* So jedenfalls das Einwohnermeldeamt.

Silber ärgerte sich ein bisschen, dass er nicht von selbst darauf gekommen war. Er kannte sogar das Haus. Es lag neben einem Fitnesscenter, das der Polizei im letzten Jahr kostenlose Probeabonnements angeboten hatte, nachdem es dort zu einer Reihe von Diebstählen gekommen war. Silber hatte ein paar Mal das Laufband benutzt, war dann aber nicht mehr gekommen, weil ihn das Gegaffe der Muskelmänner gestört hatte, die es nicht fassen konnten, dass sich ein alter Sack wie er anderthalb Stunden auf dem Laufband halten konnte. Außerdem hatte jemand seinen Bademantel mitgenommen, während er in der Sauna gewesen war.

Den Namen des Griechen fand er jetzt übrigens nicht

mehr so schwer. Er schrieb ihn mehrfach auf die Schreibtischunterlage, vergaß jedoch jedes Mal «i» hinter dem «g».

Unten im Hof erschien ein Schäferhund und vier, fünf Leinenmeter später sie, die Poetschke. Anscheinend wurde heute für den Ernstfall geprobt. Die Poetschke gab dem Hund einige Zeichen, woraufder Hund sich zögernd setzte. Die Poetschke stellte sich neben den Hund und wies mit der Hand nach vorne. Der Hund lief los, die Leine straffte sich, die Poetschke fiel um.

Es ging also auch ohne das MK-3. (Vorausgesetzt, am anderen Ende der Leine war die Poetschke.)

Silber wandte sich befriedigt ab und trat vor das andere Fenster, von dem man den Parkplatz übersehen konnte. Dort fuhr soeben der Personen- und Objektschutz vor. Ein Junge und ein Mädchen stiegen aus dem Streifenwagen. Der Junge sagte etwas, das Mädchen schüttelte den Kopf. Der Junge zuckte die Schultern und ging auf das Präsidium zu. Das Mädchen blieb stehen und lehnte sich an den Streifenwagen. Dann nahm sie ihre Mütze ab: Sie hatte kurze blauschwarze Haare.

Silber überlegte gerade, was wohl aus ihm geworden wäre, wenn er als junger Polizist mit solchen Frauen hätte Wechseldienst schieben müssen, als ein Kradfahrer vorfuhr, scharf bremste und sein Motorrad auf dem Seitenständer abstellte. Dann ging er zu dem Mädchen und kniff ihr in den Po. Das Mädchen lachte. Dann verschwanden beide hinter der Tür, die in den Papierkeller führte.

Motorräder, die sich nicht im Einsatz befanden, waren grundsätzlich auf dem Mittelständer abzustellen. Und wenn Silber es von hier oben richtig sah, lag der blaue Hefter mit der Objektschutzroute entgegen einer klaren Dienstanweisung noch auf der Rücksitzbank des Streifenwagens. Von der Sache mit dem Papierkeller ganz zu schweigen.

Ein Glück, dass es ihn nichts anging. Er schüttelte den Kopf und nahm sich noch einmal den Vernehmungsbogen vor.

Natürlich hätte er sich nicht wundern dürfen. Nicht wundern, dass ein Mann die deutsche Staatsangehörigkeit besaß, der *Vassilio* – Augenblick – *Vassilogianakis* hieß, nur sehr gebrochen Deutsch sprach und in der *Woffästraße* wohnte. Silber schrieb den Namen mit dem Finger noch einmal in den Staub der Fensterbank.

Na bitte, ging doch. Und zwar fehlerfrei.

Szymankiewicz oder Przybulewski waren schlimmer. Die waren allerdings seit hundert Jahren Deutsche. Und mit ihm und Grosz zusammen in Linnich gewesen, Szymankiewicz oder Przybulewski nämlich. (Oder so ähnlich.)

Man musste als Polizist einfach mehr Routine im Umgang mit den Ausländern – Unsinn, den nichtdeutschen Deutschen – entwickeln. Er streckte die Hand aus und nahm den Führerschein von Vassilio Vassilogianakis noch einmal entgegen.

«Staatsangehörigkeit?», fragte er den Spind kurz und bündig. Der Spind gab keine Antwort.

Kein Wunder, denn das war nicht bürgernah genug. «Sie sind also deutscher Staatsangehöriger?»

Und zahnte dabei herzlich wie Johannes Rau.

Um Gottes willen, nein – das war es nicht. Der Spind hatte das Lachen falsch verstanden. Er war ganz rot vor Wut.

Normal. Es musste mehr normal kommen. Wie hatte der Kohl andauernd gesagt? *Wie die normalste Sache von der Welt*. Silber versuchte, sich zu konzentrieren. Er war jetzt jener Forschungsreisende, der diesen alten Arzt in Afrika gefunden hatte:

«Sie sind ein Deutscher, wenn ich recht vermute?»

Der Spind nickte. Nickte erfreut.

«Dann sollten wir beide jetzt mit der Vernehmung beginnen.»

Der letzte Satz war zwar ein bisschen dämlich, aber doch, so ging's.

Er wollte dem Spind noch etwas Aufmunterndes sagen, als ihm die Jelinek einfiel, die nebenan saß und vielleicht mitbekommen hatte, dass er mit seinen Möbeln debattierte.

Er schlich zur Tür und öffnete sie einen Spalt. Die Jelinek saß vorm Bildschirm, trug einen Kopfhörer und schrieb die Diktate der vergangenen Woche. Der V-Ausschnitt ihres Pullovers gab einen Teil des Nackens frei. Von einer Tätowierung war nichts zu sehen.

Silber ließ die Tür offen und ging auf Zehenspitzen zu seinem Schreibtisch zurück. Dann rief er laut: «Frau Jelinek, den nächsten dieser Zeugen bitte, den Herrn ...»

Silber schlug die Akte um und suchte mit dem Finger nach dem Namen des zweiten Taxifahrers.

«Den Herrn Laabdallaoui, Lenin.»

Girlz just wanna have funz!
Willy-Brandt-Gymnasium, Unterstufenklo

«In Zorans Sparbüchse sind 107 Euro. Zoran will sich ein Fahrrad kaufen und kann jede Woche 28 Euro zurücklegen. Wie viele Tage muss Zoran sparen, wenn das Fahrrad 499 Euro kostet?»

Textaufgaben. Natürlich hat Herr Krott nur Textaufgaben gebracht. Lalotta wollte es nicht glauben. Doch Jenny hat es vorausgesehen. Sie würde sich gerne an den Haaren zupfen, doch das geht nicht, weil sie jetzt mit dem grünen Zauberring zusammengebunden sind.

Kann es denn sein, dass dieser Zoran 98 Tage für ein Fahrrad sparen muss? (Hoffentlich hat er soviel Geduld. Das Fahrrad, das sie zu Weihnachten bekommen hat, ist jedenfalls gleich gestohlen worden.)

Zur Sicherheit rechnet Jenny noch einmal alles nach. Doch es scheint zu stimmen.

Natürlich ist sie nicht so gut wie ihre Schwester, die seit der fünften Klasse nur lauter Einser schreibt. Aber Jenny kann auch zufrieden sein. Die Drei in Mathematik ist bisher ihre schlechteste Note auf einem Zeugnis gewesen. Selbst in Sport hat Püster nicht umhin können, ihr eine Zwei zu geben, weil sie so manierlich geschwommen ist. Aber das geht jetzt nicht mehr. (Nicht einmal mehr mit geschlossenem Mund.)

Wirklich schade um das Schwimmen. Jenny seufzt. Dann legt sie das Löschblatt ein, klappt das Heft zu und geht nach vorne, um dem Herrn Krott die Arbeit abzugeben.

Draußen ist große Pause. Sie sieht sich nach Abdullah um. Nadine und Mernosh sind schon ganz nass. Jenny hat wenig Lust, sich heute auch noch voll spritzen zu lassen. Schon gar nicht jetzt, wo sie kein Kind mehr ist. Außerdem ist es immer noch so kalt, dass die Jungs mit ihren Atemwölkchen, die sie beim Rundlauf um die Tischtennisplatte ausstoßen, wie kleine Lokomotiven dampfen.

Die Jungs. Die Jungs. Die Jungs.

Jenny zieht die Stirne kraus. In Bio haben sie auch über Fortpflanzung gesprochen, und der furchtbare Verdacht, den Jenny seit der dritten Klasse über diese Sache gehabt hat, ist von Frau Schlüter klipp und klar bestätigt worden. Natürlich wird Jenny es nie zulassen, dass irgendjemand sein Dings in sie hineinsteckt und sie davon ein Kind bekommt, was bestimmt noch viel mehr schmerzt als dieses Ziehen jetzt in ihrem armen kleinen Jennybauch. Am besten wird sie gleich verschwinden, um nachzusehen, ob er noch immer blutet.

Aber wohin?

Aufs Unterstufenklo?

Auf keinen Fall. Es gibt dort leider Mädchen, die sich – *Witz komm raus, du bist umzingelt!* – den Spaß machen, die Tür mit einem Vierkantschlüssel genau dann aufspringen zu lassen, wenn man in der Unterhose dasteht.

Doch da ist noch eine Toilette auf dem *Willybrand*. Obwohl die eigentlich nur für die Großen ist, wird Jenny ihr Problem dort besser lösen können, denn Oberstufenmädchen machen keine Schweinereien.

Die Oberstufentoilette liegt hinter der Aula. Jenny geht durch die Eingangshalle, bis sie an der Theke vorbeikommt, hinter der der Hausmeister sein Zeug verkauft. Nachher wird sie sich dort auch etwas Süßes holen. Einen Beutel CROUCHY. Ein JELLY. Einen MISTER PRICK. Und natürlich auch die zuckerweiße MOLOKO.

Doch vorher geht Jenny erst einmal aufs Klo.

Links führt der Weg zum Sekretariat und rechts durch einen Flur mit dunkelroten Backsteinwänden zur Aula. Im Flur, stellt Jenny fest, sind überall nur Große. Die meisten stehen da und reden. Doch ein paar andere haben sich eng umschlungen und – *Zunge rein. Zunge raus. Fertig ist die Micky Maus* – küssen sich.

Jenny fragt sich, ob sie sich auch mit jemand küssen muss, wenn sie so alt ist. Aber man muss ja nicht.

Die meisten tun es zwar.

Lalotta aber nicht, na bitte.

Denn sie ist viel zu klug dafür und wartet auf den Richtigen.

Jenny hat sich schon oft ausgemalt, wie der richtige Mann für Lalotta sein muss. So wie Papa. Natürlich nur ein bisschen jünger. Und ein bisschen öfters daheim. Und wenn Lalotta und der richtige Mann dann irgendwohin fahren, dann sitzt sie – *Wir nehmen Jenny einfach mit, nicht wahr, Charlotte?* – mit im Auto. *(Meinst du nicht auch, dass dieser Film interessanter für Jenny sein müsste? – Wir brauchen einen Tisch für drei, Herr Ober! – Ich denke, wir sollten Jenny entscheiden lassen. Schließlich hat sie morgen Schule.)* O ja, er würde viel Verständnis haben, der richtige Mann von Lalotta.

Lalotta.

Ist sie auch in diesem Flur?

Jenny schaut sich um. (Bei den Kussmäulern braucht sie gar nicht erst zu suchen.) Sie erkennt zwei, drei Große, die ebenfalls Geschwister in der Unterstufe haben. Sie winkt, doch niemand winkt zurück. (Jenny kann das gut verstehen, sie konzentrieren sich aufs Abitur.)

Im Oberstufenzimmer ist Lalotta auch nicht.

Die dunkelblaue Tür steht offen, sodass Jenny in den Raum mit den alten Sofas und Sesseln sehen kann. Die Wände sind bemalt, aber nicht wild und unerlaubt, sondern von Lalottas Leistungskurs. Es ist ein Dschungelbild, groß, grün und verschlungen, mit Affen, Schlangen, Tigern und allem, was dazugehört. Der große böse Vogel in der Luft ist von Lalotta. Jenny erinnert sich, dass sie ihn zu Hause vorgezeichnet hat.

Zur Sicherheit schaut Jenny auch auf dem Raucherhof nach, obwohl Lalotta gar nicht raucht. Dort stehen aber nur Raucher. Einer hat sogar eine Pfeife. Und sieht sehr blöde aus mit seinem Schlips.

Plötzlich weiß Jenny, wo Lalotta ist. Lalotta ist in der Turnhalle und zieht sich um. Auch Jenny braucht immer furchtbar lange, bis sie angezogen ist. Vor allem jetzt im Winter, wo man so viel tragen muss.

Jenny geht an den giftgrünen Aulatüren vorbei.

Da sind sie endlich, die Toiletten. Links ist für *Damen*, rechts für *Herren*. Die Türen sind jetzt ochsenbraun: Wie schön, dass hier am *Willybrand* alles so bunt ist.

Jenny hat es nun wirklich eilig. Doch dann erstarrt sie, denn jetzt hat sich ein Typ vor *Damen* aufgebaut und zupft an seinem Ziegenbart.

Wenn sie der Ziegenbart nun wegstößt? Doch hat er offenbar nur Halt gemacht, um sich zwei Kabel in die Ohren zu stecken. Dann schnippt er mit den Fingern und hüpft davon.

Jenny atmet auf. Sie öffnet die Toilettentüre einen Spalt – puh, das geht schwer –, schiebt sich hindurch und bleibt vor Überraschung stehen. Der Raum ist hell und weiß, und Jenny muss die Augen schließen. Doch dann reißt sie die Augen ganz weit auf, denn jemand zischt und stößt sie in den Raum.

Das war die Tür, die jetzt ins Schloss gefallen ist.

So eine Türe, so ein Zischen gibt's auf dem Pi-Pa-Pinkelklo der Unterstufe nicht. Auch sonst ist hier alles ganz anders: Der Papierkorb ist nicht umgeschmissen. Über den Waschbecken hängen Spiegel, die nicht zerkratzt sind. Auf dem Handtrockner liegt keine aufgeweichte Rolle Klopapier, sondern ein Stapel grüner Tücher. Und es gibt keine Malereien an den Wänden.

Was aber das Beste ist – auf *Damen* ist man ganz allein.

Wirklich?

Sicher ist sicher. Jenny bückt sich. Nein, keine Beine, keine Taschen, kein Abdullah. Alle Toiletten sind leer. Sie läuft zur letzten Kabine und sperrt die Tür hinter sich zu.

Das blendend weiße Licht fällt jetzt nur noch durch einen kleinen Spalt in die Kabine. Jenny hebt ihren Schulranzen auf den Klodeckel und sucht nach den Sachen, die sie Lalotta gemopst hat. Da sind die Tampons, da die Binden. Die Tampons hat sie aus der offenen Packung im Badezimmer mitgenommen. Doch auch der hellblaue Karton mit den Binden war schon angebrochen. Jenny hat ihn im Schrank hinter den Sommersachen entdeckt. (Lalotta muss ihn dort vergessen haben.)

Die Tampons kommen freilich nicht infrage. Gestern hat sie einen ins Waschbecken gelegt und zugeschaut, wie aus dem kleinen Zeppelin in Zellophan eine wolkige Riesenqualle wurde.

Jenny mag keine Quallen. Und schon gar nicht dort. Also macht sie den Karton mit den Binden auf. Dann atmet sie tief durch, hebt ihren Rock, zieht sich die Hosen runter.

In diesem Augenblick hört sie die Eingangstüre zischen. Zwei Stimmen treten in das Oberstufenklo.

Jenny ist mucksmäuschenstill. Obwohl es wahnsinnig aufregend ist, versteckt zu sein und Große zu belauschen, wäre es ihr lieber, wenn sie jetzt in aller Ruhe nach ihrer Sache sehen könnte. (Und außerdem wird es ihr kalt mit ihren nackten Beinen.)

Jetzt hallen Schritte durch den Raum. Dann kracht es, dass die Wände wackeln. Gleich wird es hell, denkt Jenny, und du stehst wieder ohne Hosen da.

Doch jemand hat nur eine Türe zugeschlagen.

«Charlotte? Die frigide Fotze?», fragt jetzt die eine Stimme. Sie ist ganz hell und quäkend wie ein Frosch und kommt aus der Kabine rechts von Jenny.

«Was ich dir sage. Charlotte und Püster», antwortet die andere Stimme. Sie ist draußen auf dem Flur geblieben und rattert wie der Güterzug hinter der Schranke.

Jenny weiß nicht, was *frigide* ist. Das andere Wort kennt sie von Abdullah. Der ruft es ständig allen Mädchen nach.

«Ich glaub es einfach nicht, Samirah», sagt die eine Stimme und kichert.

«Ist so, Sarah», sagt die andere bestimmt. «Charlotte lässt sich von ihm pimpern. Nach Badminton.»

«Nach Badminton?», wiederholt die Froschstimme ungläubig und lässt etwas ins Becken rinnen.

«Nach Badminton. Du weißt ja, keine von uns duscht nach Badminton, nur die Charlotte. Was, frag ich dich, duscht sie nach Badminton?»

«Aber der Püster ist doch mindestens fünfzig.»

«Älter. Dreiundsechzig. Im letzten Jahr geworden. Hat er neulich selber zugegeben. Nach Badminton.»

«Pass auf, Samirah», sagt der Frosch und reißt Papier von der Rolle, «ich scheiß auf diese Lederjackentante genauso, wie die ganze Jahrgangsstufe auf sie scheißt. Aber ich kann mir beim besten Willen nicht vorstellen, dass sich Charlotte von einem alten Sack wie Püster pimpern lässt.»

«Dann lass es sein, Sarah», faucht der Güterzug. «Ich weiß es. Er ist drin. Sie ist drin. Und sie ist abgeschlossen, die Scheißturnhalle. Weil sie jetzt gerade mit ihm fickt, deine Charlotte.»

Das Wasser rauscht.

Die Kabine kracht.

Die Eingangstüre zischt.

Dann ist es ruhig im Oberstufenklo der Mädchen.

Jenny hat sich die ganze Zeit nicht bewegt. Jetzt kann sie nicht mehr. Das Kinn beginnt zu zittern, und die Augen werden nass. Sie muss hier raus.

Raus, raus. Raus, raus.

Sie lässt den Rock fallen und reißt die Hosen hoch. Der Ranzen kippt. Das hellblaue Schächtelchen auch. Zwei Binden liegen auf den Kacheln. Und da ist noch etwas. Es muss ganz unten in der Packung versteckt gewesen sein.

Jenny bückt sich.

Es sind ... *Bilder.*

Jenny möchte die Bilder nie gesehen haben.
Möchte den Güterzug und den Frosch nie gehört haben.
Möchte am liebsten tot sein.
Mausetot.

> Die Farben der fünf Ringe
> sind Rot, Gelb, Blau, Schwarz und Grün.
> Olympialexikon EDUSCHO

Da war sein Weib, das tausendfache Weh und Ach, und auch die Brut wollte ihr Recht, sodass er seinen Schatz erst um die Mittagsstunde sehen konnte.

Das Weib! Die Brut! Der Wendigo kochte. Sie alle hatten sich geschoren. Obwohl man seine Wünsche kannte.

So sprang er wütend in die Bank, warf gleich den Schlüssel auf den Tisch, und alle Wesen hinterm Glas hätten sofort gewusst, was das bedeuten sollte.

Bloß nicht die kleine graue Schaltermaus.

Anscheinend war sie neu. Sie sah recht blöde zu ihm auf, sodass er ihrem Mausgesicht erst sagen musste, was er von ihr wollte. Anstatt nun endlich zu willfahren, schob sie ihm einen Zettel hin.

Kritz Kratz – *der Große Wendigo.*

Schon stand sein Zeichen auf dem Blatt.

Die Maus lächelte ihn an.

Doch als sie sah, was da geschrieben stand, erschrak sie so, dass sich der Wendigo besann und alles tilgte. Dann schrieb er seinen andern Namen hin.

Jetzt war's die Maus zufrieden. Sie kam hervorgetrippelt und führte ihn hinunter zu den großen Gittern. Sie schloss sie auf und lief dann die vier Wände ab, bis sie den Platz gefunden hatte, wo sein Schatz verborgen lag.

Die Maus stellte sich auf und steckte ihren Schlüssel in

das erste Schloss. Nachdem der Wendigo das zweite Schloss geöffnet hatte, beschaute er mit kaltem Vogelauge die Maus.

Die Maus verstand und huschte rasch davon.

Obschon auf ihn an diesem Tag noch eine wahrhaft große Aufgabe wartete, zwang sich der Wendigo zur Ruhe und harrte eine kleine Weile aus. Dann endlich flog die Tür des Schließfachs auf.

Die Ader an der Schläfe pochte, als er die Kästchen vor sich sah. Er hatte alle fünf in Kowloon machen lassen für einen Schatz von seltnem Wert.

Der Wendigo nahm den ersten Kasten aus dem Fach.

Der rote Ring der Amsel. *Morehouse School of Medicine, Atlanta.* Er schloss die Lider und die Bilder kamen.

Da war sie wieder, jene glühend heiße Sommernacht in Georgia vor zwei Jahren. Da war das gelbe Licht der Bogenlampen, der kleine Parkplatz vor der Universität mit dem schmelzenden Asphalt, sodass man wie auf Kautschukbeinen lief, da war ihr hüpfendes Gesäuge, ihr fetter Steiß, die beiden Hälften blauschwarz bebend. Da deckte noch der Streifen bunten Stoffs, das drahtige Gekräusel zwischen den Beinen. Schwarz war sie gewesen, seine Amsel, doch ihre Hand- und Sohlenflächen waren rosa.

Er war von hinten angekommen und hatte ihr den Ring vom Haar gerissen, bevor sie noch ins Auto steigen konnte. Sekunden später lag sie im Gebüsch und trug den Knebel und die Haube. Auch mit den Riemen war es gut gegangen, die Pflöcke waren ganz nach Maß geschlagen, dass er sie tüchtig melken konnte. Und dennoch hatte keine so gekämpft wie sie. Er war so oft aus seinem Sitz geglitten, dass er am Ende wund gescheuert war.

Das zweite Kästchen. *Kansai International Airport, Osaka.* Ein Jahr später. Ein großes Opfer und ein gelber

Ring. Auch er hatte an dunklem Haar gehangen, doch war es glatt und ölig blau. Die Nachtigal hatte all seine Launen mit Geduld ertragen, sodass er ihr, bevor er sie erschlug, die Haube nahm, um wenigstens zu sehen, wie die geschlitzten Augen brachen.

Das dritte Kästchen. *Great Barrier Reef, Queensland.* Der schwarze Ring kam von rotem Haar und Sommersprossen und milchig weißer Haut. Was für ein zierlich zartes Vögelchen! Doch trank man sich aus kleinen Brunnen ebenso satt wie aus großen. Und deshalb hatte er ihr auch geduldig zugesehen, wenn sie mit ihrem Mann vom Strandhaus zu den Klippen lief. Und endlich, eines Abends dann, war sie allein gekommen. Er war ihr nachgeflattert bis ans Ende dieser Bucht. Das kleine Opfer nur, doch war er dabei ausdauernd wie ein alter *Aborigine* gewesen – sie hatte bis zum frühen Morgen in der Spreize festgesteckt.

Das vierte Kästchen. *Fortaleza. Brazil.* Sind nicht der Huren Lippen süß wie Honigseim und ihre Kehlen glatt wie Öl? Es waren auch die Brüste dieser kaffeebraunen Schönen am Ufer des Pajeú klein und spitz gewesen und ihre Beine endlos lang. Doch was ihm dieser Kakadu zum Kaufe bieten wollte, besaß nicht den geringsten Wert.

Und dennoch wäre jener Ring beinah der teuerste gewesen.

Er hatte es am Hafen aufgetan, das braune Härchen, zwischen Carnaubawachs und Zucker, und es so lange hin- und hergescheucht, bis ihm der Schweiß aus allen Poren troff. Und just als er es am Nacken packen wollte, waren die beiden Kerle mit den Messern da. Beinahe hätten sie ihn aufgespießt.

Doch einen Gott ersticht man nicht. So war er über das Gezücht gekommen und hatte beider Nattern Kopf im Staub zertreten. Denn stößt man Milch, bringt dies Butter, stößt man die Nase, bringt dies Blut, stößt man den Zorn, so bringt dies Streit hervor.

Was also blieb am Ende von dem bunten Kakadu?

Ein Federchen vielleicht.

Und dieser blaue Ring.

Er horchte in die stille Kühle der Bank. Nichts war zu hören. Nur die weißen Neonröhren sangen. Er löste seinen Gürtel, ließ das Gewand hinab und steckte sich die Ringe an.

Doch es geschah heute nichts am Sporn des Großen Wendigo. Ihm fehlte noch der fünfte Ring. Der grüne.

Thank Heaven For Little Girls
MAURICE CHEVALIER

Gleich nach dem Mittagessen hat sich Jenny in ihrem Zimmer eingeschlossen. Sie liegt im Bett und kaut an einem MISTER PRICK. Das muss sie jetzt. Sie kann nicht anders: Ein MISTER PRICK macht niemand dick! (Da hat die Werbung wirklich einmal Recht.)

Unten im Erdgeschoss hört man Frau Reifferscheidt, die in der Küche räumt. Sonst ist niemand mehr im Haus.

Lalotta ist schon wieder fort.

Zum Training. Sagt sie. (Ach, sie lügt.)

Doch Jenny hat sich nichts anmerken lassen. Sie hat sich zweimal von der Suppe und dem Fleisch genommen, damit bloß niemand merkt, wie schlecht es ihr in Wahrheit geht.

Blacky ist auch da. Er hat sich lang gemacht auf Jennys bunt karierter Tagesdecke und atmet ein und atmet aus. Sie könnte wieder seine Rippen zählen, wenn er so auf dem Rücken liegt. Doch Jenny sieht sich heute lieber etwas anderes an als Blackys Bauch.

Zum Beispiel das Regal mit allen Bibi-Blocksberg-Büchern. Die Hörkassetten von Jim Knopf. Das Kling-Klang-Glockenspiel. Die Püppchen, die, mit hübsch gespreizten Beinchen, in langer Reihe sitzen. Weiß glänzt der Schlüpfer unter jedem Rock. Den ihren hat sie ja in einen Eimer legen müssen, damit der Riesenstinkefleck verschwindet.

Dann gibt es noch den weißlackierten Einbauschrank. Da sind die Kleider drin und all die anderen Anziehsachen. Das meiste stammt von ihr, von der Sophia, die Ordnung aber von Frau Reifferscheidt. Da ist der Schreibtisch, an dem sie Schularbeiten macht. Dort liegt der grüne Gummiring, den sie jetzt nicht tragen mag.

Und dort auf dem Regal steht Petzibär. Er ist auf Reisen und in Hut und Mantel. Der rote Koffer, den er trägt, ist freilich gar kein roter Koffer, sondern Jennys Geheimversteck für MISTER PRICK.

Jetzt sind im Köfferchen die Bilder.

Auf einmal stinkt Blacky, und unterm Bauch, dem weichen, zarten, erscheint nun das, was Jenny nicht mehr sehen mag.

Sie reißt die Decke bis zum Hals, und Blacky saust vom Bett, als ob er auf ein Trampolin gefallen wäre.

Der Dackel jault. Und pinkelt voller Wut ans Bett. Jenny springt hoch und wirft die Schuhe nach dem Hund.

Sie heult.

Sie schreit.

Sie schlägt.

Die Tür geht auf, und die Frau Reifferscheidt ist da. Sie schüttelt bloß den Kopf und nimmt den Dackel mit nach unten in die Küche. Jenny fällt übers Bett und steckt den Kopf zwischen die Kissen.

Warum hat Lalotta diese Bilder aufgehoben?

Und wem gehört die fürchterliche Wurst?

Auf keinen Fall dem richtigen Mann. An mehr mag Jenny sowieso nicht denken. Auch wenn sie dauernd daran denken muss: Tut es nicht furchtbar weh, mit einer Riesenwurst herumzulaufen, an der die Pelle vorne fehlt? Und dann die Ringe. Rot. Gelb. Schwarz. Und blau.

Was hat der Güterzug gesagt?

– – – der Püster?

Lalotta traut es Jenny nicht zu.

Dem Püster schon.

Irgendwie.

Der macht in Kunst nur solche Sachen.

Jenny glaubt, dass sie wahnsinnig wird.

Mutti.

Wo bist du?

(Sophia darf man mit so etwas nicht kommen.)

Plötzlich fällt Jenny etwas furchtbar Gemeines ein.

Es ist ganz einfach. Und man braucht bloß einen Briefumschlag.

Gesucht wird Tina Stommels,
geb. 21. 3. 1985 in Duisburg,
zuletzt wohnhaft in Köln

Jemand will Schnulli an die Wäsche. Schnulli schüttelt den Kopf. Jemand reißt an Schnullis Hemd. Schnulli stößt ihn weg. Jemand steckt einen Finger in Schnullis Hose. Schnulli dreht sich auf den Bauch.

Und schläft weiter.

Prinzessin Schnulli träumt. Es ist Sonntag. Da ist der König, Schnullis Vater. Und die Königin. Schnullis Mutter. Vati fährt Auto. Mutti fährt Garten. Die Sonne scheint: Die Sonne regnet. Der Palast ist dunkel, der Palast ist hell. Das königliche Fernsehen zeigt Schnullis Lieblingssendung. Al-

les schreit. Alles tanzt. Alles lacht. Von acht bis zehn. Von zehn bis zwölf. Von zwölf bis irgendwann. Jede Viertelstunde kommt die Köchin mit den zuckerhaften Zaubernudeln. Der Koch mit der salsascharfen Zauberwurst. Irgendwann fällt Schnulli ins Bett. Schließlich ist morgen Montag.

Schwarzer Montag, schwarzer Montag, ruft der weiße Rabe. Schnulli gruselt es. Montag muss Schnulli alles können. Die Lateinvokabeln. Das Vonribbeckgedicht. Die Textaufgaben. Schnulli ist ganz außer sich. Schnulli schmeißt das Buch an die Wand. Schnulli schmeißt alle Bücher an die Wand. Immerzu. Immerfort. Die ganze Nacht, bis in den Morgen. Dann bringt die Kutsche Schnulli zur Schule. Die Prinzessin stellt sich vor die Klasse. Wollen mal sehen, sollen mal sehen. Schnulli stemmt die Fäuste in die Seite. Sie reißt den Schni-Schna-Schnulli-Schnabel ganz weit auf. Aber, oh weh, es fliegt nichts aus ihr heraus. Keine Vokabel. Kein Gedicht. Keine Rechenaufgabe.

Der Direktor weint. Die Lehrerin weint. Und alle Kinder weinen auch. Schnulli wird vor lauter Wut ganz rot. Da klappt die Türe auf, und Koch und Köchin purzeln in den Klassenraum. Alles schreit. Alles tanzt. Alles lacht. Goldene Rosenblätter fallen von der Klassenzimmerdecke. Die ganze Schule wird safrangelb vor Neid und ertrinkt und versinkt.

Selig über ihren Erfolg wird Schnulli wach und öffnet die königlichen Augen. Aber, oh weh: Schnulli liegt auf einem Karton. Neben ihr hockt eine Hose. Und aus der Hose hängt ein Schwanz. Willkommen im Bonner Loch, Schnulli.

Baschir! Meine Geduld ist suende!
Ich will meine 1000 Mark!
BIG BOY

Mata 'ib? Trabbel? Schwierichkeiten?

Nein, Baschirs Sinn stand nicht nach Zoff.

Und deshalb war er klug genug, die Jacke, die er dem Ohrenmenschen gerade abgezogen hatte, nicht selbst zu tragen. Bevor er sie ins Schließfach legte, strich er jedoch noch einmal über ihren weichen Ärmel: «*Alhamdulillah – Echt Scheffini.*»

Er hatte sich den Jungen mit den abstehenden Ohren ausgesucht, weil er klein und dünn gewesen war und nicht nach Ärger ausgesehen hatte. Und so war es auch gekommen. Gleich nach der ersten Schelle hatte der Ohrenmensch die Chevigny-Jacke fortgeschmissen und sich in Richtung Innenstadt davongemacht. Ganz ohne Trabbel und auch ganz ohne Schwierichkeiten.

Und das war gut so. Denn vor noch mehr Trabbel hatte die *Qadija*, die Richterin, die alte Frau im schwarzen Samt, gewarnt, mehrfach gewarnt, sonst würden, wie sie sagte, *andere Zeiten aufgesogen* werden. Dabei hatte der knöcherne Finger der *Qadija* nach seiner Akte gepickt, wie es der Vogel nach dem Würmchen tut.

Baschir hätte sich, während seine Kusinen im Gerichtssaal laut und unaufhörlich schrien, die Sache mit den Zeiten gerne noch erklären lassen, doch dann waren zwei Polizisten gekommen und hatten die Kusinen auf den Flur geschleppt, wo sie noch lauter schrien und heulten, sodass Baschir die Frage vergaß und ein reuiges Gesicht machte, bis die *Qadija* glücklich war und ihn zu etwas verurteilte, was *Freizeitattest* hieß und darin bestand, dass er an einem Wochenende alten Säcken Teller und Tassen spülen sollte.

So schlimm war es aber zum Glück doch nicht gekommen. Die Sache musste in Vergessenheit geraten sein, denn niemand war bei ihm mit Tellern und Tassen vorbeigekommen. (Natürlich wäre das auch schlecht möglich gewesen, weil Baschir dem Gericht zur Sicherheit die Adresse seines Vetters Massud angegeben hatte.)

Überhaupt Massud. *Ibni 'Ammi Massud*, Massud der Vetter, der Vetter Massud, er brauchte eine neue Jacke. Baschir überlegte, wie viel er Massud von der Summe abverlangen konnte, die Bigboy heute Abend haben wollte.

Massud stand auf *Echt Scheffini*, das war bekannt. Bekannt war auch, dass Massud viel zu feige war, sich eine *Echt Scheffini* zu besorgen. Massud sparte das Geld, das er im Laden des Onkels bekam, dafür auf, um sich seine Anziehsachen zu kaufen. Baschir hatte Massud sogar in Verdacht, dass sich der Vetter seine Musik, die hier im Bonner Loch von den Rumänen für ein paar Mark zu haben war, für echtes Geld im Kaufhof besorgte.

Natürlich war auch sie eines Tages weg gewesen, Massuds *Echt Scheffini*, denn Yussuf hatte sie Massud nach dem Freitagsgebet einfach abgezogen. Da war nichts zu machen. Jedermann hatte Respekt vor Yussuf und dem Rest der Yussuf-Bande.

Baschir warf zwei Mark ins Schließfach und öffnete die Tür.

Die Frage war, ob die Jacke Massud auch passen würde.

Er sah auf das Etikett der *Echt Scheffini*.

XL. Allah hatte es so gefügt, dass sich der kleine Ohrenmensch die Jacke groß genug gekauft hatte. Massud war XL. Die *Echt Scheffini* würde also passen. Gleich heute Abend musste er ihn besuchen.

Freilich war Massud in der letzten Zeit recht fromm geworden. (Und auch ein bisschen dick: XXL wäre vielleicht noch besser gewesen.)

Nun, es war nicht zu ändern.

Baschirs Blick fiel in den Spiegel des Fotoautomaten.

Alhamdulillah, er jedenfalls durfte sich auch an diesem Tag darüber freuen, dass Allah ihn so gut hatte wachsen lassen. Die schwarze Hose saß auf den Hüftknochen und rutschte nicht über den Bauch. Und sie war richtig gewesen, die Entscheidung, sich das Haar nicht so kurz zu schneiden, wie es die meisten Deutschen jetzt trugen, sondern es wachsen zu lassen und ganz nach hinten zu kämmen.

Das ging natürlich nur ohne die Locken. Aber wozu gab es helfende Mittel? Nun, es war wahrhaftig so, wie die *Quafera Al-Suraijara*, die kleine Friseursnutte, sagte, als sie ihm das Öl in die Haare strich: «Es fällt so viel natürlicher.»

Den Satz hatte sich Baschir gut gemerkt. Während er den Kopf senkte und sich im Spiegelglas betrachtete, sagte er ihn sich noch einmal vor. Der Mund war schmal und hart, die Nase kurz und gerade, die Haut glatt und leicht gebräunt. Zugegeben, er war nicht der Größte, aber jeder Scheißdeutsche wäre froh, wenn er so aussehen würde wie er: *Fickfack dich, alman tuchan, fetter Deutscher du.*

Baschir warf den Schlüssel in die Luft, klatschte in die Hände und fing ihn wieder auf. Dann ließ er ihn in seiner Lederjacke verschwinden und ging zurück ins Bonner Loch, um Ausschau nach einem kleinen Verdienst zu halten.

Seitdem die Leute aus dem *Weisrusland* das Geschäft an sich gezogen hatten, war alles sehr viel schwieriger geworden. Kein Mensch verstand sie, denn sie redeten *Kanak* und machten alles unter sich.

Baschir war es ein Rätsel, wie diese Ausländer es schafften, dass das Geschäft so glatt lief. Er hatte keine Ahnung, wo das *Weisrusland* war. Auf alle Fälle sehr weit weg. Viel weiter weg als Ägypten, das am Mittelmeer lag, gleich hinter dem Italien. Das wusste er, obwohl er noch nie dort gewesen war.

Und keine große Lust verspürte, dorthin zu gehen. All seine Leute wohnten hier, und nirgendwo lag mehr Geld auf der Straße als in diesem Land. Oft brauchte man sich nicht einmal danach zu bücken.

Vorausgesetzt, man nahm selber keinen Stoff. Stoff war nicht gut für den Bodykörper. Und Baschir tat alles für den Bodykörper. Deswegen hatte er das letzte Jahr nicht auf dem *Erischkäsna* verbracht, sondern im Studio.

Es war allerdings nicht billig dort gewesen. Aber hatte er nicht auch gewisse Gebühren erhoben? Vom Blechschrank im Umkleideraum. Vom Bademantel vor der Sauna. Vom Cabrio in der Tiefgarage. (Für die Frage des Mannes im Büro nach seinem Alter. Für den Blick der blonden Schlampe am Empfang. Für den Phil Collins im Hantelraum.)

Baschir lachte.

Er schlenderte an der Rolltreppe vorbei, bis er zu den blauen Telefonen kam, wo sich die Leute mit den Hunden und den Gitarren aufhielten. Hier musste Baschir sehr vorsichtig sein.

Es waren alles Deutsche, und die waren, obwohl sie soffen und nicht drückten, jetzt, am frühen Nachmittag, noch keinesfalls so betrunken, dass sie einem nicht gefährlich werden konnten. Die Köter tranken nichts und schnappten zu, wenn man sich ihnen unvorsichtig näherte, sodass Baschir, der alle *Kilabs* zu den verachtenswürdigen Kreaturen zählte, nicht umhinkonnte, den unreinen Tieren einen gewissen Respekt zu bezeugen. Also wich er ihnen aus, wann immer es ging, was freilich schwer war, denn diese *Anlad-Al-Thalam* hatten als Söhne der Finsternis die üble Gewohnheit, ihre stinkenden Köter stets dorthin auszusenden, wohin er, Baschir, seine Füße lenkte.

Er drückte sich an der Wand entlang und machte, dass er schnell an den blauen Telefonen vorbeikam.

Weiter hinten, in einem abgesperrten Gang, von dem Baschir gerne gewusst hätte, wozu er diente und wohin er führte, hatten die übelsten von allen, die alten *Mutasakkis*, ihre Schlafplätze eingerichtet.

Es war Baschir ein großes Rätsel, warum die Deutschen diesen Abschaum hier unten schlafen ließen. In Ägypten, so hatten ihm die Vettern oft genug erzählt, wäre jeder Unwürdige aus einem prächtigen Gebäude wie einem Bahnhof sofort vertrieben und ins Gefängnis geworfen worden. In Deutschland aber konnte man alles tun, ohne dafür bestraft zu werden, und trotzdem lief in diesem Land alles wie am Schnürchen. Und war umsonst. Wenn man kein Geld mehr hatte, ging man auf die Stadt, wenn man nicht arbeiten wollte, auf das Arbeitsamt. Und wenn man krank war, auf die AOK.

Und erst die Müllabfuhr. Der Vater hatte von der Stadtverwaltung einen Zettel bekommen, auf dem die Tage standen, an denen Müll abgeholt werden sollte. Baschir hatte den Zettel übersetzt, und der Vater staunte jedes Mal darüber, dass die Männer in den roten Anzügen wirklich dann kamen, wenn es auf dem Papier stand. (Und was das Seltsamste war – nicht wenige der Männer waren aus Ägypten.)

Es dauerte eine Weile, bis Baschir zwischen all den hingestreckten Gestalten die Schnulli entdeckt hatte. Sie lag ganz hinten auf einer Pappe und schlief. Vor ihr hockte ein alter Sack mit offener Hose und befummelte sie. Zwei andere *Mutasakki-Penner* waren aus ihren Decken hervorgekrochen und sahen zu.

Ohne jede Eile stieg Baschir über die am Boden liegenden Gestalten, nahm den *Mutasakki* am Kragen und warf ihn gegen die gekachelte Wand. Der alte Sack rutschte an der Wand langsam hinunter, dann sank er um und blieb reglos liegen. Die beiden anderen zogen sich brummend zurück.

Baschir beschaute die Schnulli. Sie war eine Durchlöcherte, eine Unreine, eine Befleckte, die jeder Mann getrost anstarren durfte.

Sie schlief noch immer. Der Mund – er war sehr blau und hatte dicke breite Lippen – stand etwas offen. Kein Wunder, dass sie Schnulli hieß.

Baschir hatte ein paar Mal aufgepasst, wenn sie mit den alten Männern in die Büsche ging. War es auch wegen Schnullis Zahnklammer kein einträgliches Geschäft, so war es doch ein leicht verdientes Geld gewesen.

Baschir gab der Schnulli einen Stoß.

«Ich brauch 'ne Entschuldigung, Mama», wimmerte sie schlaftrunken. «Für morgen. Für die Schule. Ich kann sie einfach nicht, die Scheißvokabeln.»

Dann schlug sie ihre Augen auf und starrte Baschir an.

«Ich mach's dir», sagte sie plötzlich, «ich mach's dir ganz umsonst. Besorg mir bloß 'nen Schuss dafür, Ali.»

Baschir glaubte, seine Ohren logen. Wie hatte ihn die kleine Nuttenfrau genannt? Und was hatte sie ihm angeboten? Er schüttelte ungläubig den Kopf. Er würde nicht einmal seinen Finger in das Drahtgestänge stecken, das stand fest. Er war doch kein stinkender Pakistani, der seit den Tagen, da er sich von zu Hause nach Deutschland aufgemacht hatte, keine Nummer mehr hatte schieben können.

Er ließ sie fallen und erhob sich.

«Nimm mich mit. Bittebittebitte.» Sie winselte an seinem Hosenbein. «Ich such mir auch die Freier selbst.»

Baschir machte sich wütend frei. Die Schnulli heulte auf.

Dann drehte sie sich auf den Bauch und versuchte, auf die Beine zu kommen. Sie kippte dabei auf den Alten, der immer noch an der Kachelwand lehnte und nun zu sabbern begann. Als er jedoch erkannte, wer da auf ihm lag, griff er gleich zu. Die Schnulli schlug auf ihn ein, doch hätten ihre Schläge nicht einmal Papier zerrissen.

Baschir wandte sich angewidert von dem Schauspiel ab. Die Schnulli brachte nichts. Nicht eine Mark.

Plötzlich fiel ihm Bigboys Schlüssel ein. Bigboy hatte ihn vor einer Woche besorgt, als er bei Malerarbeiten ausgeholfen hatte. Die Wohnung ist ganz leer, ganz ausgeräumt, so hatte Bigboy gesagt. Doch wenn du baden willst, dann geh dorthin, da ist ein Pool im Badezimmer. Der Schlüssel ist ein *Hadija*, ein Geschenk für dich, Baschir.

Zum Baden hatte Baschir keine Zeit. Aber vielleicht war nun schon etwas in der Wohnung, was er Bigboy bringen konnte, um seine Schuld ein bisschen abzutragen.

Noch besser wäre es, wenn in der Wohnung eine Dose war, in die man Telefone stecken konnte. Im letzten Jahr war Baschir einmal in einer solchen Wohnung gewesen. Die Wände waren ungestrichen, die Türen ausgehängt, die Fenster mit Zeitungen verklebt, aber auf dem Fußboden standen zwischen Pinseltöpfen und Farbeimern vier neue Telefone. Auf einer Kiste saß ein Mann, der eine fremde Sprache sprach und einen Zehnmarkschein hochhielt. Beinahe hätte Baschir nach dem Schein gefasst, doch zum Glück hatte er noch rechtzeitig verstanden. Man musste dem Mann mit der fremden Sprache das Geld geben. Dafür stellte der Mann eine kleine Uhr, wie man sie in Küchen hatte, und man konnte eine Stunde lang telefonieren, wohin man wollte.

Baschir besaß zwar keine vier Küchenuhren, aber falls es in dieser Wohnung so eine Dose gab, würde er schon einen

Weg finden, sich diese Uhren zu besorgen. Die Telefone natürlich auch.

Baschir holte den Schlüssel aus der Tasche.

Mauerseglerweg. Die Adresse stand in gedruckten Buchstaben auf dem Anhänger. Ein Glück, dass es nicht Bigboys Schrift war. Baschir wusste, wovon er sprach, denn er hatte auf dem *Erischkäsna* neben Bigboy gesessen und kein Wort aus seinen Heften abschreiben können.

Als er die Rolltreppe erreicht hatte, die aus dem Bonner Loch in den Bahnhof führte, sah er sich noch einmal um. Die Schnulli kniete jetzt auf allen Vieren auf der Pappe. Der Mutasakki hockte hinter ihr. Er war mit beiden Hände unter ihre Jacke gefahren und läutete die Glocken. Die Schnulli schrie. Der Mutasakki lachte.

Baschir sprang die Rolltreppe hinauf. Er lief durch die Eingangshalle des Bahnhofs und zu den Taxihalteplätzen.

Vor dem Bahnhof standen fünf Taxen. Baschir ging vorsichtig an den Autos entlang. Die ersten beiden Fahrer schieden aus. Es waren deutsche Rotgesichter, mit dicken Bäuchen und hellgrauen Strickwesten. Sie lasen den *Express*. Der dritte Fahrer war ein *Asnad*, ein *Abd*, ein Schwarzer.

Das war noch übler.

Die Schwarzen kannten weder links noch rechts und zeigten jeder Kreuzung ihre weißen Zähne. Einmal war Baschir mit einem Schwarzen über die Brücke gefahren und hatte ihm sogar den Rhein erklären müssen. (So gut es ging, denn der schwarze Mann sprach nur *Kanak*.)

Der vierte Fahrer schien ein *Arabi* zu sein. Baschir klopfte an die Scheibe, sagte – «*Massîk Bilchêr*» – den Abendgruß und zeigte dem Mann den Schlüssel

Der Fahrer schüttelte den Kopf. «Tut mir Leid, mein Freund», sagte er auf *Almanija*. Dann sah er in den Rückspiegel: «Frag den Kollega hinter mir.»

Der letzte Taxifahrer war eine Missgeburt mit kurzen Haaren und einer grünen Jacke. Baschir wäre lieber weitergegangen, aber er durfte sich jetzt keine Blöße geben. «*Jef-dah roho*», ermahnte er sich, «wahre das Gesicht, Baschir!»

Während er langsam auf das Taxi zuging, legte er sich die Worte zurecht, die er sagen wollte. Dann beugte er sich hinunter zum Fenster.

«Entschuldigen Sie bitte, ich suche diese Straße hier.»

Der Mann schaute Baschir so ausdruckslos an, wie es nur deutsche Taxifahrer können. Dann stellte er das Radio ab und nahm Baschir den Schlüssel aus der Hand.

«Geklaut?»

Mata 'ib! Trabbel! Schwierichkeiten!

«Nein», lachte Baschir und schüttelte den Kopf. «Der Schlüssel ist von einer Frau. Soll bei ihr sauber machen. Putzen. Fegen. Oder so.

«Fegen», sagte der Mann, ohne den Schlüssel zurückzugeben. «Die Wohnung? Die Frau? Oder beides?»

Hinter ihnen hupte es. Jetzt erst merkte Baschir, dass vorne eine Lücke entstanden war. Andere Taxis wollten auf den Halteplatz nachrücken, denn die beiden Rotgesichter waren verschwunden, und der Schwarze lud gerade einen Koffer ein. Und vor dem Wagen des Arabers stand ebenfalls schon ein Mann.

Der Taxifahrer warf den Schlüssel auf den Beifahrersitz, ließ den Motor an und zog den Wagen nach vorn. Baschir lief neben dem Auto auf der Straße her und streckte seinen Arm durchs Seitenfenster.

«Den Schlüssel! Bitte, Mann, den Schlüssel!»

Der Taxifahrer lachte und gab Gas. Als das Auto die weiße Linie am Anfang des Halteplatzes erreicht hatte, bremste er plötzlich, sodass Baschirs Arm gegen das Fenster knallte. Er schrie vor Schmerz laut auf und hielt sich seinen Ellbogen.

«Sind Sie frei?»

Ein Mann in einem eleganten Mantel hatte die Tür zum Beifahrersitz geöffnet und zeigte auf den Schlüssel. «Ist das Ihrer?»

Der Taxifahrer warf Baschir den Schlüssel durchs Fenster zu.

«Mauerseglerweg», knurrte er. «Ist oben auf dem Venusberg. Und noch viel Spaß beim Fegen, Mustafa.»

Dann gab er Gas und fuhr davon.

«Missgeburt», kreischte Baschir und zeigte seinen Mittelfinger. Seine Augen waren nass. Er zitterte vor Wut am ganzen Körper. *Jel'an Saua 'in al-Taxi!* Fluch allen Taxifahrern! Sowie den Scheiden ihrer Mütter, ihrer Schwestern!

Baschir zwang sich zur Ruhe. Er schloss die Finger so fest um Bigboys Schlüssel, dass die Knöchel weiß wurden. Auf diesen Venusberg würde er kein Taxi nehmen, das stand fest.

Er richtete sein Haar, das von dem Laufen in Unordnung geraten war. Dann sah er sich auf dem Vorplatz nach den Bushaltestellen um. Es dauerte eine Weile, bis er jemanden gefunden hatte, der ihm erklärte, mit welcher Linie man fahren musste.

Baschir überlegte gerade, ob er sich eine Fahrkarte kaufen sollte, als seine Aufmerksamkeit von zwei drallen sommersprossigen Mädchen in Anspruch genommen wurde, die eine Fahne mit einem blauroten Kreuz auf dem Rucksack hatten und sich auf Englisch nach dem Venusberg erkundigten.

Er wollte sich den beiden eben nähern, um ihnen Auskunft zu erteilen, als ihn jemand von hinten fest umklammerte.

Es war die Schnulli.

Bewerbungen für
die Eignungsfeststellung bitte an:
Deutsche Sporthochschule Köln
Dezernat 31 / 311
50927 Köln

Charlotte saß auf dem Fahrrad und fuhr durchs Nachtigallental zum Venusberg. Was für ein Name, dachte sie und musste lachen. Wie seltsam es doch war, dass die seltsamsten Namen den Leuten gar nicht mehr seltsam vorkamen. Als wäre es nicht seltsam, in *Essig* oder *Kuchenheim* zu wohnen.

Sie hatte diese beiden Orte neulich erst bei Euskirchen entdeckt. Wer von den Leuten, die dort wohnten, dachte dabei noch an *sauer* oder *süß*? Und wer hier oben noch an *Venus*?

Charlotte trat kichernd in die Pedale.

An ihrer guten Laune konnte auch der Wind nichts ändern, der ihr in dem schmalen Tal kräftig entgegenblies. Der Regen fiel in dichten Schleiern, sodass sie sich immer wieder das Gesicht abwischen wusste. Dabei war es am Morgen noch so kalt und klar gewesen. Doch als sie nach der sechsten Stunde aus der Schule kam, war plötzlich dieser Sturm da gewesen und hatte die Kälte vertrieben.

Gewiss war dieser Winter bald vorbei.

Genauso wie die Schule.

Unvorstellbar, aber wahr: Schon Ende März wurden die letzten drei Klausuren geschrieben, dann, nach den Osterferien, kam im Mai das vierte Fach. Anschließend würde sie studieren.

Und zwar nicht Jura, sondern Sport. Charlotte hatte sich längst entschieden. Da mochte Vater sagen, was er wollte.

Blieb noch die Eignungsprüfung für die Sporthochschule

Köln. *Felgaufschwung. Umschwung. Unterschwung.* Mit dem Turnen hatte sie es nicht. Zum Beispiel diese Hocke übers Pferd. Das war wohl nur mit einiger Übung zu machen. Sie musste Püster ebenfalls noch fragen, was ein *Handstützüberschlag seitwärts* sein sollte. (Der stand auch in den Leistungsanforderungen und kam beim Bodenturnen vor.)

Mensch, Püster, alte treue Seele.

Wenn einer all die Jahre zu ihr gehalten hatte, dann war es er. Am ersten Schultag gleich, als sie so furchtbar auf das Knie gefallen war. Und in der 6., als sie in jeder Stunde heulte, weil sich die Eltern trennen wollten. Und dann nachher, als sie ihn – peinlich, peinlich! – fragte, ob man vom Zungenküssen wirklich keine Kinder kriegte. Und selbst jetzt opferte der Alte seine Pausen, um mit ihr für die Prüfung zu üben. Heute zum Beispiel diese Sache mit dem Reck.

Schwimmen hingegen war leicht. 200 m in 4:30. Dann 20 m Streckentauchen. Kopfsprung mit Anlauf vom 1-m-Brett. Das schaffte sie, gar keine Frage.

Und dann das Mannschaftsspiel.

Fußball? Basketball?

Sie dachte an die Jungs, die bei diesen Spielen immer so furchtbar schwitzten: Und sabberten. Und laberten. Und schimpften.

Nein danke, lieber Volleyball. Ja, Volleyball war besser. Oberes Zuspiel. Unteres Zuspiel. Stellung zum Ball. Handhaltung. Beinarbeit. Das hatte sie im Sport oft genug gemacht. (Leider aber Bälle, die einem die Fingernägel verdarben.)

In Leichtathletik musste man 16,0 sek. über 100 m laufen.

Nun, in der Zeit konnte sie auch zu Fuß gehen.

Und dann die Sprünge: Weitsprung 3,50 m, Hochsprung 1,10 m. *Ein langer Schritt, ein hoher Schritt.* Darüber brauchte sie kein Wort mehr zu verlieren.

Etwas anderes war die Sache mit dem Kugelstoßen.

6,75 m – war das eigentlich schwer? (Wenn sie sich nur erinnern könnte, wie weit sie damals in der Mittelstufe gekommen war.)

Und dann war da noch der 2000-m-Lauf.

2000 m in 12 Minuten!

Dass sie davor am meisten Angst gehabt hatte!

Natürlich war es anfangs nicht einfach gewesen, länger als drei Minuten zu laufen. Aber sie hatte sich an Püsters Rat gehalten und die Zeit immer etwas weiter ausgedehnt. Zehn Minuten, eine Viertelstunde, eine halbe Stunde. Nach fünf Wochen hatte sie zum ersten Mal eine ganze Stunde geschafft. Zehn Kilometer in 60 Minuten. Wie stolz war sie gewesen, als sie die Strecke mit dem Rad nachgemessen hatte. Und nun? An manchen Tagen lief sie die 10-km-Runde schon unter 50 Minuten.

Sie stellte ihr Fahrrad vor dem Sportinstitut der Universität ab.

Schade, dass man in dieses Institut nicht hineinkonnte. Sie hätte zu gerne gewusst, was es in dem flachen Bau alles zu sehen gab. Der große Saal davor war wohl der Hörsaal. Charlotte sah sich schon mit einem Kollegheft zwischen den Studenten sitzen.

Das hieß – Studenten gab es hier nicht mehr. Jedenfalls keine, die hier Sport studierten. (Das wusste sie von Püster.)

Sie zog die Trainingshose aus und stopfte sie in den Stoffbeutel. Die lange gelbe Hose, die sie darunter trug, war neu und saß so eng wie eine zweite Haut.

Hoffentlich war das Ding nicht zu ordinär.

Charlotte fasste sich unwillkürlich an den Po. (Ein bisschen kräftig, insgesamt jedoch durchaus in Ordnung.)

Als sie sich ihre Haare binden wollte und nach dem grünen Gummiring suchte, fiel ihr ein, dass sie ihn heute Morgen ja ihrer Schwester gegeben hatte. Dann musste es trotz Sturm und Regen eben mit offenen Haaren gehen.

Charlotte sah auf ihre Uhr. Es war jetzt kurz nach vier. Wenn es gleich gut lief, war sie in einer Stunde schon wieder auf dem Weg nach Hause. Dann ging es ab unter die Brause. Dann musste sie ganz rasch noch etwas essen.

Geduscht, geföhnt, gestärkt – ogottogott – für Hürlimann. Er hatte sie tatsächlich gefragt, ob sie ihn heute Abend nicht mal besuchen wollte. Wegen seiner Meerjungfrau.

Hoffentlich rauchte er nicht die ganze Zeit Pfeife.

Ach wo, heute Abend war dieser Eugen fällig.

Charlotte rannte los.

Was gibt's Neues vom Diskus?
HARRY VALERIEN

«Die Folgen des Berlinumzugs» – Wahnsiedlers Dienstbesprechung zog sich in die Länge. Zum einen war der Umzug längst vorüber. Zum anderen wurde es jetzt bald vier. Silber hockte in der Ecke und schrieb alles auf, was er für wichtig hielt: Milch, Brot, Wurst, Feinwaschmittel.

Und dachte an die Jelinek. Seit einer Woche war es wie verhext mit ihr. Sie schlich um ihn herum, als ob sie irgendetwas Unerhörtes von ihm wollte.

Silbers Bedarf an Unerhörtem war durchaus gedeckt, hießen die Katastrophen seines Lebens nicht etwa München oder Pekka Vasala, sondern Hille, Judith und – o Gott – Andrea.

Am besten war's, ihr es gleich gründlich auszureden. Und zwar in der gebotenen Offenheit: *Nicht mehr in meinem Alter. Und bitte nicht im Dienst. Tür steht ansonsten immer offen. Als Mensch und Mitarbeiterin. Wenn ich Ihnen sonst noch irgendwie, liebe Frau Jelinek.*

So steckte er, kaum dass Wahnsiedler mit seinem Vortrag fertig war, den Einkaufszettel weg und rannte in den dritten Stock, um seine Sätze loszuwerden. Doch war die Jelinek schon fort.

Nun, das war schade. Aber nicht zu ändern. Er setzte sich auf ihren Sessel und blätterte ein bisschen in ihrem Terminkalender. Ach so, sie hatte Handball-Training. Und wer war das auf diesem Foto da?

Ein Kind von ungefähr zwölf, dreizehn Jahren sah kühl ins Objektiv. Das Kind war äußerst hübsch. Ganz blond. Mit braunen Augen. Einer runden Stirn. Einem energischen Mund. Und festem weißem Hals.

Das musste diese Tochter sein, von der die Jelinek ihm ab und zu erzählte. Wie hieß sie noch einmal? Nivea? Nee – Vega. (Und das war kaum weniger schlimm.) Das Bild sah übrigens so aus, als hätte es ein verzweifelter Vater gemacht: *Nun lach doch endlich einmal, Vega.* (Aber Vega hatte keine Lust.)

Die Schublade war abgeschlossen, doch im Papierkorb lag ein Briefumschlag. Zerknüllt zu einer runden Kugel. Silber entfaltete ihn und strich ihn glatt. Mit Handschrift: *Frau Nora Jelinek (privat).* Absender das Präsidium Wuppertal. Allerdings durchgestrichen. Also doch nichts Dienstliches? Der Umschlag selbst war leider leer.

Silber machte aus dem Umschlag wieder eine Kugel, legte sie zurück in den Papierkorb und verließ das Präsidium in Richtung Ollenhauerstraße. Da die Schranken am Willy-Brandt-Gymnasium ausnahmsweise offen standen, bog Silber, anstatt über die B 9 zu fahren, nach links ab Richtung Kessenich.

Als er auf dem Venusberg angekommen war, verließ er die Hauptstraße, die zu den Universitätskliniken führte, und fuhr in den Haager Weg, bis er den Zebrastreifen erreicht hatte. Links lag der rote Ziegelbau der Auferstehungskirche, rechts ging ein Fußweg ab zur Jugendherberge und zum Sportinstitut.

Silber hatte noch überlegt, ob er nicht in den Nachtigallenweg abbiegen und von dort loslaufen sollte, was viele Läufer taten, doch stimmten dann die Zwischenzeiten seiner Runde nicht mit den Wegemarken überein (*Klapsmühle – Fußangel – Hütte – Bänkchen – Rotes Kreuz – Hund – Altersheim – Im Sack*), die sich im Laufe der Jahre herausgebildet hatten.

Zudem war dieser Nachtigallenweg schmal, und Silber hielt nicht viel davon, Spaziergänger und Radfahrer ins Gebüsch zu drängen, bloß weil man zum Laufen auf vier Rädern kommen musste.

Er stellte den Wagen auf dem Parkplatz vor der Kirche ab und stieg aus. Ein feiner Regen fiel. Und es war warm geworden.

Am Himmel schaukelte eine seltsame Wolke. Silber hielt sie zuerst für Vögel, aber dazu flogen sie zu langsam. Dann sah er, dass es alte Blätter waren, denen der Sturm noch einmal das Fliegen beigebracht hatte. Er sah ihnen nach, wie sie hinter dem runden Dach der Kirche verschwanden. Wenn sie jetzt eine Kurve flögen und wiederkämen, dann waren es doch Vögel gewesen.

Das Wetter hatte sich am Vormittag geändert. Er war gerade mit der zweiten Vernehmung fertig geworden. Lenin Laabdallaoui – der Mann aus Mozambique promovierte in Augenheilkunde und wollte trotzdem nichts gesehen haben –, unterschrieb eben das Protokoll, als draußen ein Krachen zu hören gewesen war. Ein Sturmstoß hatte das Motorrad umgeblasen, das immer noch auf dem Seitenständer stand.

Auch Monsieur Laabdallaoui war beeindruckt von dem deutschen Wind gewesen. Der schwarze Doktorand hatte Silber nicht nur in elegantem Deutsch seine Anteilnahme an dem Schadensfall übermittelt, sondern zuvor auch noch den *Heiderhof* sowie die *Nietzschestraße Zwo* so tadellos als seinen Wohnort angegeben, dass Silber drauf und dran war, ihn zu bitten, ob er nicht – nur so zum Spaß und ihm zuliebe – einmal *Wolfstraße* sagen wolle.

Silber öffnete die Klappe seines Volvos und setzte sich auf die Ladefläche. Das Klappendach über der Ladefläche war das Beste an dem Auto. Besonders wenn es regnete.

Eine Gruppe Läufer kam über den Zebrastreifen getrabt. Drei junge Männer und zwei junge Frauen. Vermutlich waren sie eben erst losgelaufen, denn sie schnauften nicht, sondern unterhielten sich recht lautstark über irgendeine Zwischenprüfung. Silber hob grüßend die Hand, doch sie beachteten ihn nicht.

Silber nahm ein Paar Socken aus der Kiste. Obwohl die Strümpfe frisch gewaschen waren, strich er die Fußsohlen sorgfältig glatt, damit der Stoff keine Falten warf.

Mit seinen Füßen war es nämlich nicht weit her.

Ob denn ein Marathonläufer nicht einmal eine Viertelstunde stehen könne, hatte ihn die Jelinek neulich gefragt und war mit seiner Antwort, er sei nur ein Fünfzehnhundertmeterläufer gewesen und das dauere bekanntlich keine vier Minuten, selbst für den Zweiten nicht, nicht sonderlich zufrieden gewesen.

Er hatte eben seine Hosen ausgezogen, als eine junge Frau mit einem Kind auf einem Dreirad den Parkplatz betrat. Ein Hund war auch dabei. Golden Retriever. Die wurden auf Dämlichkeit gezüchtet. Würde also dauern.

Silber warf vorsichtshalber ein Handtuch über seinen Schoß.

Die junge Frau schaute trotzdem empört und zog das Kind rasch fort. Der Hund blieb jedoch erwartungsgemäß vor dem Auto stehen und kläffte.

Ein Jammer, dass das MK-3 noch nicht gekommen war. Der Köter hätte jetzt genau die richtige Distanz. Grosz, von dem die Empfehlung stammte, hatte erklärt, der Strahl käme sehr gerade, sehr direkt.

Für solche Fälle müsste unbedingt eine Dose hinten im Wagen sein. Man würde nur auf den Wind zu achten haben. Sonst wehte es das ganze Zeug zurück ins Auto.

Als die drei endlich im Wald verschwunden waren, warf Silber das Handtuch weg und schlüpfte in die Laufhose. Die dicke Jacke, die er heute Morgen eingepackt hatte, brauchte er jetzt nicht mehr. Er zog stattdessen ein schwarzes Laufhemd mit langen Armen an, setzte seine schwarze Mütze auf und schnürte die Schuhe zu.

Dann stand er auf und schloss den Wagen ab.

Am Absperrpfahl neben der Kirche nahm er die Zeit und lief los. Wie immer merkte er schon auf den ersten Metern seine Form. Sein Schritt war heute leicht und federnd, und er fühlte das Bedürfnis, gleich zu Beginn so abzuziehen wie damals, nachdem der Starter zum zweiten Male geschossen hatte.

Schau, was die andern machen. Hans-Jochen, und lauf taktisch! Das hatten ihm die Trainer hundertmal gesagt. Ihm war es immer wie Betrug erschienen. Und bei den Leuten auf der Tribüne hatte ihn das hohe Anfangstempo nur beliebt gemacht. Die Trainer hatten freilich Recht behalten: Gewinnen konnte man so nicht.

Die Leuchten, die den Weg am Anfang säumten, wirkten wie groß geratene Gartenlampen. Dass sie überhaupt da waren, hing mit der Villa hinterm Stacheldraht zusammen, in der einmal der Kanzler Brandt gewohnt hatte. Das Haus lag vorne hin zur Straße, und hier, im Wald, stand nur die Wachbaracke.

In dieser Baracke hatte er einige Monate Dienst geschoben. Fast dreißig Jahre war das her. Gleich nach der Olympiade in München hatte man ihn hinter diesen Zaun versetzt. Dort war er auf und ab gegangen. (Und ab und auf.)

Auf einmal war das Kind mit Dreirad wieder da. Jetzt fuhr es Zickzacklinien auf dem Weg. Mutter und Hund waren nicht zu sehen.

Silber entschied sich für links.

Doch links war falsch.

Schon blutete der Knöchel.

Dem Kind war nichts passiert, aber es plärrte.

Dann kläffte irgendwo der Hund.

Silber machte, dass er fortkam.

Jetzt schien das Neonlicht der Nervenklinik durch die Stämme. Die *Klapsmühlenmarke* lag bei 1000 m. Silber schaute auf die Uhr. 3:27 war vielleicht ein bisschen zu schnell. Auch war der Puls zu hoch. Er nahm das Tempo etwas heraus, behielt aber den langen, raumgreifenden Schritt.

Das Grüppchen kam in Sicht, das vor ihm über den Parkplatz gelaufen war. Noch immer waren sie in ihre Unterhaltung vertieft, sodass sie ihn nicht kommen hörten. Als Silber an ihnen vorüberflog, fuhren sie erschrocken zusammen. Einer der jungen Männer rief ihm etwas nach, doch Silber war schon längst davon.

Nun kam der schönste Teil der Strecke. Die dürren Buchenstämme, die zwischen den Eichen standen, sahen aus, als ob eine Armee ihre Lanzen in den Boden gerammt hätte und dann davongerannt wäre.

Dahinter tat sich eine schmale Schneise auf, durch die man in das Rheintal schauen konnte. Silber wandte rasch den Kopf. Noch war sie da, die grellrote Schrift der SPD-Baracke, die dunkelrote Schrift der CDU.

Auch Silber vermisste die Politiker, die nach Berlin gegangen waren. Sie klauten nicht, jedenfalls nicht in Läden, begingen keine Morde, jedenfalls nicht in Bonn, und führten sich auch sonst ganz ordentlich auf, sah man einmal von dem Lärm ab, den ihre Hubschrauber machten.

Der Weg hob und senkte sich nun bis zur *Fußangel* – Silbers nächster Marke. Die Wurzel wuchs wie eine Schlinge aus dem Boden und angelte nach den Füßen kurzsichtiger Läufer. Auch Silber wäre fast schon einmal da hineingeraten und hatte sich nur durch einen Sprung retten können. Trotzdem war ihm die Schlinge heilig, wuchs sie doch genau 1500 m nach der Auferstehungskirche aus dem Boden: *Was macht der Finne Pekka Vasala?* (Nicht da! Nicht da! Jedenfalls nicht hier an dieser Wurzel.)

Silber hatte sich schon oft überlegt, zu welchem Gewächs die Fußangel gehören mochte. Die Bäume lagen in der engen Kehre weit zurück, für einen Busch oder einen Strauch war die Wurzel jedoch zu stark, sodass die Sache rätselhaft blieb und ihn so lange beschäftigte, bis Waldarbeiter kamen und ausgerechnet an dieser Stelle Stämme sägten und aufeinander schichteten.

Den ganzen Winter über hatte Silber, wenn er die Stelle passierte, die Arbeiter verflucht, doch als die geschnittenen Stämmchen eines Tages verschwunden waren, war auch die Fußangel wieder da und alle Aufregung umsonst gewesen.

Dahinten reckte sie sich schon aus dem Boden. 5:37 für die 1500 m. Er lag noch immer ganz ordentlich in der Zeit. Auch hatte sich sein Puls beruhigt.

Spaziergänger kamen ihm entgegen. Radfahrer. Läufer. Ein Mann mit auffälliger Lippe, zwei Mädchen neben sich, mit bunten Anoraks und – aha, starker Vererber – gleicher Lippe. Schade. (Noch mehr sah man die Verwandtschaft am Ohr. Seit der Polizeischule konnte Silber an keiner Familie vorbeigehen, ohne auf die Ohren zu achten.)

Der schmale Weg mündete in einen asphaltierten Fahrweg, dessen Ränder scharf abfielen. An dieser Stelle hatte sich Silber einmal einen Bänderriss zugezogen und musste neun Wochen pausieren, was er mit einigen Pfunden und das Präsidium mit einer Laune zu bezahlen hatte, die selbst Grosz zu viel geworden war.

Der Asphaltweg führte über zwei unangenehme Buckel. Silber nahm an der ersten Steigung noch einmal das Tempo weg, obwohl er einen Radfahrer hätte überholen können, was er ansonsten gerne tat. Die Mittelstrecken ließen sich mit eisernem Willen durchstehen. Man musste nicht unbedingt einbrechen, konnte knautschen, konnte kämpfen. Silber hatte es oft genug erlebt.

Kein Mensch konnte sich aber bei einem Marathonlauf am Riemen reißen. Man schaffte es einfach nicht, nachdem man die ersten dreißig Kilometer zu schnell angelaufen war, die letzten zwölf Kilometer mit zusammengebissenen Zähnen so zu laufen, dass etwas anderes herauskam als ein fürchterlicher Krampf.

Und schon schwoll Lärm an. Ein Düsenflugzeug näherte sich, goss tonnenweise Krach über den Wald und machte sich nach Süden davon. Das Donnern und Rollen aber hielt sich noch lange in der Luft, als rühre es vom großen Thor persönlich. Und dabei waren es doch nur lauter dicke Menschen, die an die Costa Brava wollten.

Gab's so viel Lärm eigentlich auch über anderen Städten? Hundertprozentig nicht. Warum ergab sich eine stolze Stadt wie Bonn dann so bedingungslos dem Krach? Weil sie, nachdem die Regierung abgezogen war, unbedingt *Hauptstadt des Fluglärms* werden wollte? Denn mit den nächtlichen Frachtflügen war es keineswegs getan. Hubschrauber, Militärmaschinen, ja sogar alberne Reklamezeppeline, die keineswegs lautlos vorüberglitten, sondern mit nervösen Motörchen ausdauernd ihre Runden zogen, schien Bonn mit magischer Gewalt anzuziehen. Ganz abgesehen von dem Geschmeiß der Hobbyflieger, das pausenlos über dem Rheintal kreiste und jeden schönen Tag zersägte.

Dass diese Oberbürgermeisterin nichts gegen das Getöse unternahm. Es war doch ihre Stadt. Stattdessen wurden Radwege auf Schnellstraßen gepinselt, Verkehrsinselchen auf Kreuzungen gepflanzt und Tempo 30 nachts vor Schulen überwacht. Das alles unter der Devise der Verkehrsberuhigung. Der Mordsradau über der Stadt ließ diese Dame jedoch völlig kalt. Vielleicht hatte sie auch nur Angst vor dem Ministerpräsidenten, der alles förderte, wenn's denn bloß brummte, lärmte, krachte.

Auf alle Fälle würden diese ganzen Wissenschaftler, von denen nun andauernd die Rede war und die nach Bonn wegen der Ruhe und den Arbeitsmöglichkeiten kommen sollten, schon sehr bald merken, dass man sie fürchterlich hereingelegt hatte.

Silber schwor sich, nie wieder SPD zu wählen.

Und lief weiter.

Nachdem er eine kleine Brücke passiert hatte, verließ er den Asphaltweg und bog in einen Weg, der am Waldrand entlang führte. Links lag inmitten nasser Weiden das Gut mit den Silotürmen, rechts stand ein Eichenwald, in dem es krachend rauschte.

Plötzlich sah Silber einen gelben Fleck vor sich. Er war einige hundert Meter entfernt. Er versuchte zu schätzen, wie lange er wohl brauchen würde, um den gelben Fleck zu kriegen. Wenn der gelbe Fleck nur trabte und nicht richtig lief, musste er ihn an dem *Bänkchen*, seiner 5000-m-Marke, haben.

Silber lief an ...

Es sieht nicht schlecht aus für Sievers. Mensch, Junge, so lauf doch, lauf weiter, zieh durch, möchte man ihm von hier oben zurufen. Hans-Jochen Sievers, der Mann vom ASV Köln, er liegt immer noch weit vor dem Feld. Hat Sievers seine Kräfte verbraucht oder hat er noch etwas zuzulegen? Was macht Kipchoge Keino, der Kenianer; was macht der Finne Pekka Vasala? Er geht an Sievers vorbei, Pekka Vasala, der Finne, er ist vorbei, vorbei und durch, verloren – Silber, Sievers hat Silber, ist Zweiter, Zweiter vor Kipchoge Keino, Zweiter vor Mike Boit, eine großartige Leistung für den jungen Polizisten aus Bonn. Sievers will allerdings nicht glauben, dass er verloren hat – oder was soll man zu dieser Geste sagen? Enttäuschung, aus dieser Geste des frisch gebackenen Silbermedaillengewinners im 1500-m-Lauf der zwanzigsten Olympischen Spiele in München spricht die herbe Enttäuschung, das ist unsportlich, das ist unfair, das ist unschön, aber ich höre gerade von der Regie, dass wir abgeben müssen. Was gibt's Neues vom Diskus, Dieter Kürten?

Der gelbe Fleck war gar kein gelber Fleck, sondern ein blondes Mädchen in einer gelben Hose. Er sah das lange Haar des Mädchens, roch, dass es gut roch, erkannte von der Seite noch eben, dass es schön und jung war, sehr schön, sehr jung, und war auch schon vorbei.

Natürlich musste ihm jetzt die Schleiz einfallen.

Die Schleiz, das zweite Unglück jenes Tags von München. Er wäre fast mit ihr zusammengestoßen, als er vom Zwischenlauf gekommen war. Die Schleiz hatte gerade die 400 Meter gewonnen und war auf dem Weg in die Katakomben. Die Schleiz trug die knappste Hose der Arbeiter- und Bauernmannschaft und das mit Recht.

Er hatte gelächelt, sie hatte gelächelt, und auf einmal war er bis über beide Ohren verliebt und von der Schnapsidee besessen, ein westdeutscher Polizeibeamter könne etwas mit einem Kind der Spartakiade anfangen, bis ihn ein halbes Jahr später die Leute aus Pullach besuchten, die nicht nur alle seine Briefe vollständig vorliegen hatten, sondern auch die der Schleiz.

If you could read my mind – der BND hatte die Gitarrennummer, mit denn sie im Fernsehen jeden Tag nach den hübschesten Sportlerinnen suchten, auf seine Weise ausgelegt.

Am *Bänkchen* hatte er 17:35 für die 5000 m gebraucht. Kein Wunder, denn die Erinnerung an die Schleiz hatte ihn in Rage gebracht. Jetzt wollte er den schnellen Rhythmus halten bis zum Schluss.

H. W. Kaulich / S. Schimmelpennick
Einführung in die Mikrobiologie
München 1991 (Metzler)
352 S. DM 98,00

Was? Schon Verkehrsnachrichten? Schon halb fünf? Dann ging's jetzt wirklich um die Wurst. Und so fuhr Kaulich durch das Nachtigallental viel schneller, als er es für gewöhnlich tat.

Die Scheibenwischer schalteten sich ein. Nun auch noch Regen zu dem Wind. Es waren zwar nur feine Schleier, die sich über die Windschutzscheibe seines Wagens legten, doch falls es richtig nass werden würde, beschlug nachher das Glas und er sah in die Röhre.

Kurz nach halb fünf. Das Radio brachte schon Verkehrsnachrichten. Wenn Schimmelpennick ihn bloß nicht aufgehalten hätte.

Ich muss jetzt weg, bester Kollege, dringend weg. Fester Termin, die Herzsportgruppe, Sie wissen, meine Frau besteht darauf. Berichten Sie mir morgen mehr von Japan. In allen Einzelheiten. Bin gespannt. Im Übrigen, auch Ihnen täte Ruhe gut.

Doch Schimmelpennick, obschon krank und hustend, hatte in einem fort geschwätzt. Wie er den Mikrobiologen-Kongress in Taipeh mit dem Hinweis in Verzückung brachte, die strukturellen Eigenschaften aller Glutamat-Transporter zu den Aminosäuren in Bezug zu setzen. (Uralter Hut.) Und welche Aussichten sich dadurch für ihn auf der Hamburger Berufungsliste ergäben. (Keine.) Viel hätte nicht gefehlt, und Schimmelpennick wäre ihm wegen der Sache mit den Dicarboxylaten noch auf die Toilette nachgegangen, wohin er, Kaulich, sich in der Not geflüchtet hatte.

Anscheinend glaubte Schimmelpennick wirklich, so würde man Direktor eines Instituts.

Dabei waren sie kostbar, diese letzten dunklen Tage. In drei Wochen war schon März. Doch, doch, so schnell verging die Zeit. Und Ende März war's aus. Dann war's zu hell.

Kaulich biss sich auf die Lippe. Und während er noch überlegte, ob er es in diesem Jahr nicht endlich doch einmal mit den Schwimmbädern versuchen sollte, war in der Linkskurve plötzlich dieser Alte auf dem Fahrrad da. Und weil ihm Kaulich zwischen Kotflügel und Bordstein nur noch einen Streifen lassen konnte, der selbst für einen Briefumschlag zu schmal gewesen wäre, war die Katastrophe unausweichlich.

Kaulich trat heftig auf die Bremse. Der Alte flog nach rechts davon. Dann gab es einen dumpfen Knall.

Kaulich blieb wie gelähmt hinter dem Lenkrad sitzen. So war es also da, das Ende, vor dem er sich so oft gefürchtet hatte. Ein wenig komisch war es schon: Das Schicksal hatte ihn nicht oben im Gebüsch ereilt, sondern hier unten, auf dem Weg dorthin.

Das Radio plärrte, und da Kaulich im Augenblick nicht einfallen wollte, wie man es abstellte, drehte er den Zündschlüssel um. Der Motor ging aus und damit auch die Musik: Nun würde er aus dem Auto steigen, den Schwerverletzten (Toten?) bergen und die Polizei benachrichtigen müssen, denn ewig konnte er nicht sitzen bleiben.

Kaulich umklammerte das Lenkrad und gab sich einen Ruck. Dabei fiel sein Blick in den Rückspiegel, und er sah, dass der Radfahrer gar nicht tot war, sondern in einiger Entfernung am Straßenrand stand. Neben dem Rad lag ein Aktenordner, der vom Gepäckträger gefallen war.

Kaulich öffnete die Tür und stemmte sich, ohne das Lenkrad auszulassen, aus seinem Sitz: Dann drehte er sich um und hob den einen Arm zu einer Geste, von der er selber nicht wusste, was sie bedeuten sollte. «Ich habe Sie einfach nicht gesehen», rief er. «Entschuldigung, es tut mir Leid! Sind Sie verletzt?»

Der Mann gab keine Antwort. Er hob den Aktenordner auf und schob das Rad – ein merkwürdiges Rad übrigens, denn es war mit lauter bunten Wollfäden umwickelt – auf Kaulich zu.

Erst jetzt erkannte er, wie schmutzig und verwahrlost dieser Alte war. Er hatte keine Zähne mehr und trug einen silbrigen Overall der Firma Minol.

Der Alte bückte sich und warf einen Blick auf das Nummernschild von Kaulichs Wagen.

«Quersumme 13. Ist beschlagnahmt, so wahr ich Kokel heiße.»

Dann schrieb er etwas in den Aktenordner.

Auf einmal wurde Kaulich klar, was der Alte von ihm wollte. Er zog die Brieftasche hervor und hielt ihm einen klein gefalteten Schein hin.

«Nochmals Entschuldigung. Ich hoffe wirklich, Ihnen ist nichts passiert.»

Der Alte verzog keine Miene. Er ließ den Schein im Overall verschwinden, stieg auf das Rad und fuhr weiter.

Kaulich sah ihm erleichtert nach.

Dann sah er sich seinen Wagen an. Kein Kratzer, keine Beule, nichts. Bis auf den Außenspiegel. Aber der war nur umgeklappt. Das also war der dumpfe Knall gewesen.

Er ließ den Spiegel in die alte Stellung springen.

Dann stieg er in sein Auto und gab Gas.

Beten, er konnte nur beten, dass die Mannschaft auch in Verzug geraten war: Tatsächlich kam es manchmal vor, dass Rot-Weiß nach dem Training debattierte. Dann dauerte es, bis alle unter der Dusche standen.

Aber sie waren selten, diese Verzögerungen, drängten doch die nächsten Sportler in die Halle – ein Turnverein, der ausgeschnittene Unterhemdchen trug und enge Hosen, welche in der *rima ani* kniffen. Kaulich, der nicht viel für Männer übrig hatte, die auf Zehenspitzen gingen und sich die Achseln mit Magnesium puderten, wünschte diese Burschen auf den Mond.

Doch auch ohne die Turner hatte es seine Mannschaft meistens eilig, denn es gab keine Kneipen auf dem Venusberg. So fuhr man nach dem Training hinunter in die Stadt. Anfangs hatte sich Kaulich gern angeschlossen. Wenn alle um den großen Ecktisch saßen, dann hob auch er, ein wenig abseits stehend und völlig entspannt, sein Glas und trank der Mannschaft zu. Nie hatte er sich ihr mehr verbunden gefühlt als in solchen Augenblicken.

Da war der Parkplatz, da das Institut.

Kaulich stellte den Wagen ab, griff nach dem Rucksack, in dem er seine Siebensachen hatte, und – – –

Mein Gott, er würde doch nicht etwa?

Kaulich zog die Brieftasche heraus.

Tatsächlich, er war weg. Da half kein noch so langes Suchen. Er hatte dem Mann im Overall den Tausendmarkschein zugesteckt, den ihm der Pharmafritze für den Betriebsausflug des Instituts gegeben hatte.

Kaulich schlug mit der flachen Hand aufs Wagendach.

Dann raffte er sich auf und rannte los.

«Sie sind heute aber spät dran, Herr Professor», rief ihm der Pförtner aus der Loge zu und drohte mit dem Zeigefinger. «Die werden schon ganz ungeduldig sein.»

Kaulich stürzte die Treppe zu den Umkleideräumen hinab. Er war bis an den Raum gekommen, in dem die Herzsportleute saßen, als sich die Hallentüre öffnete und ihm *die Mannschaft* entgegentrat. Die weißen Trikots klebten an den Oberkörpern, die roten Hosen waren bis zur Leiste hochgerutscht. Der Trainer ging am Schluss. Er schwang das Ballnetz und kniff ein Auge zu.

Kaulich sah ihm unsicher nach.

Dann rannte er den Gang hinunter und riss die letzte Türe auf. Der Umkleideraum war dunkel und roch nach ungewaschenen Füßen. Das mit den Füßen konnte man nicht ändern, die Dunkelheit war Kaulich eher recht. Er wusste sie auch so zu finden, die Bank, die Latte mit den Aluminiumhaken, das Fenster mit der Milchglasscheibe. Schon stand er auf der Bank und machte das Fenster auf. Dann trat er auf die Hakenleiste, kroch durch die Öffnung und sprang hinaus ins Freie. Und rannte die Böschung hoch, bis er den Gitterzaun erreichte, der um das Sportgelände lief. Er folgte ihm bis zu der Ginsterhecke, die sich gegenüber der Schwimmhalle befand.

Die Halle war zum Glück wie immer dunkel. Kaulich atmete auf. Rasch nahm er den Rucksack von der Schulter, holte das Glas hervor und wischte mit dem Ärmel über die angelaufenen Linsen.

Schon wurde es im Stockwerk unter der Schwimmhalle lebendig. Licht flammte hinter Milchglasscheiben auf. Wasser brauste. Stimmen kreischten. Dann flog das linke Fensterchen weit auf, und weißer Dampf trat aus.

Gott steh' mir bei, das ist er!
ALGERNOON BLACKWOOD, Der Wendigo

Hoch droben saß auf seinem Ast der Wendigo und schaute nach der Beute aus. Von dort musste sein Hühnchen kommen. Jetzt oder später, über kurz oder lang. Das war ihm Maus wie Mutter, denn wer im Rohre sitzt, der hat gut Pfeifen schneiden.

Seit langem schon hatte er sein Auge auf das Hühnchen geworfen. Wenn es vom Fahrrad stieg und sich die Schuhe band, an seinen Strümpfen zog und sich die Kleidung richtete, die junge Brust nach vorne reckte und sich die goldenen Haare mit dem grünen Ring zusammenband, den er so dringend brauchte, brauchte, brauchte, dann stand er im Gesträuch, geduldig, still und sachte, sachte.

Womöglich trieb es ja der Sturm, sein Bruder, schneller heran. Der Wendigo fühlte sich so eins mit ihm, dass es ihm war, als sei es er, der die Wässer in den Gräben kräuselte, die Buchen jammern und die Eichen seufzen ließ und alle Spatzen vom Draht des Weidenzaunes wehte.

Sogar das weiße Hofgebäude mit den Silotürmen, um die herum sonst Vieh geduldig fraß und schiss, hatte der Sturm ins Wanken gebracht. Das Vieh war fort, doch in der Ferne schlug ein Mensch mit einem Hammer auf einen Pfahl, als könne er den Hof zwischen den wogenden Wiesen festnageln.

Die sieben Berge am Ende des Horizonts standen freilich ruhig und fest.

Rä! Grä! Rä! Grä!

Ein Eichelhäher flog auf, strich vorbei und war auch schon verschwanden. Der Wendigo – *Gut Freund, gut Freund!* – legte den Kopf schief und äugte durchs Geäst.

Ja, drunten kam etwas den Weg entlanggelaufen. Noch war bloß das Geläuf zu sehen. Nein, nein, zu dick, zu kurz. Das konnte nicht das Goldene Hühnchen sein.

Und richtig, es war bloß ein Kümmerwesen, kurzflüglig, holterdipolter und tripptrapp. Die Schlabberlitzchen buckelten großmächtig unterm nassgeschwitzten Stoff. Huh, was für ein hässliches Gesicht das hatte. Der Große Wendigo hätte der alten Ente am liebsten seinen Schnabel in das fette Rückenfleisch getrieben – nur kurz, zum Spaß, *krükrüü, krükrüü*.

Jetzt nahte jemand leichten Schritts.

So war's soweit.

Der Wendigo sprang hoch und straffte das Gefieder.

– – – nein, nein, das lief zu schnell. Das lief zu schnell fürs Goldene Huhn. War außerdem in Schwarz und hatte eisengraues Haar. Und nun auch schon vorbeigeflogen.

Der Wendigo reckte erstaunt den Kopf.

Wer war der Knochensack, der da so schnell und hurtig rannte? Ob er ihm schon einmal begegnet sein konnte? An alle die, die er hier überrannt hatte, brauchte er dabei nicht zu denken. Nur an die wenigen, die schneller gewesen waren als er. Das waren nicht sehr viele. Genau gesagt, es waren drei. Zwei Dachse, halbe Knaben noch und keine Männer. Nun gut, wer konnte sagen, woher sich diese beiden in den Wald verlaufen hatten. Und dann der morgenländische Strolch, der laufen konnte wie ein Ghoul, *krükrüü*.

Der Wendigo hasste den Morgenländer und sein braunes Gesicht. Der Allerschnellste war er nicht, doch zäh und listig, dieser Hund. Ein einziges Mal hatte der Wendigo sich auf den Kampf mit ihm eingelassen und war auf ihn aufgelaufen. Doch kaum hatte der Braune gemerkt, dass ihm Gefahr von hinten drohte, hatte er zu einer Finte gegriffen und sich zurückfallen lassen. Dann war er ihm dicht auf den Fersen geblieben, immer weiter und immer weiter, bis dem Wendigo das Spiel zuwider war und er sich bückte, um den Schuh zu schnüren.

So war der Braune an ihm vorbeigezogen. Seit diesem Tag wich der Wendigo ihm aus und wechselte den Pfad, sobald er seiner ansichtig wurde.

Nun aber dieser Alte hier ...

Der Wendigo überlegte. Wenn dieser Knochensack so hurtig weiterlief, würde er auch weit genug fort sein, wenn er, der Große Wendigo, sich auf das Hühnchen werfen würde. Der Gedanke gefiel ihm, und er hätte das wackere Alterchen am liebsten lauthals angefeuert, doch das empfahl sich nicht. Denn das Geschrei hätte das Hühnchen verscheucht, das nun endlich kommen musste. Musste. Musste. Musste.

> Del Shannon schoss sich,
> unter tiefen Depressionen leidend,
> am 8. Februar 1990 in den Kopf
> ROCK-LEXIKON

Ogottogott, was war das für ein Wind! Als Charlotte die Kurve erreichte, von der man die Weiden und die Silotürme sehen konnte, zog sie den Walkman aus der Jackentasche:

> As I walk along I wonder what went wrong
> With our love, a love that was so strong
> And as I still walk on, I think of the things we've done
> Together, while our hearts were young
>
> I'm a walkin' in the rain
> Tears are fallin' and I feel the pain
> Wishin' you were here by me
> To end this misery
> And I wonder
> I wa-wa-wa-wa-wonder
> Why
> Ah-why-why-why-why-why she ran away
> And I wonder where she will stay
> My little runaway, run-run-run-run-runaway
> My little runaway, a-run-run-run-run-runaway
> A-run-run-run-run-runaway

Tears are fallin' and I feel the pain. Charlotte schnaufte. Nee danke, hatte sie nicht vor. Sie würde was vom Leben haben. Gleich nach dem Laufen ging es los.

Den folgenden Teil der Geschichte übergehe ich ganz;
das bloß Abscheuliche hat nichts Unterrichtendes für den Leser.
F. SCHILLER, Der Verbrecher aus verlorener Ehre

Da kam es endlich. Unverkennbar war der leichte Schritt. Dem Wendigo hüpfte das Herz im Leibe, als er die goldenen Haare durch die Zweige leuchten sah.

Doch was war das? Das Haar war offen, nicht gebunden. Wo war der Ring? Der grüne Ring, der ihm gehörte?

Der Wendigo war wie zerschmettert. So war denn alles ganz umsonst gewesen – der Flug, das Warten, jede Mühe seiner Vorbereitung?

Womöglich trug's den Ring bei sich.

Die Hoffnung blieb ihm, immerhin.

Das war zwar nicht dasselbe wie im Haar und auch nicht klug vom Hühnchen, weil es dafür bluten, bluten, bluten musste, doch wenn es hergab, wonach ihm jetzt mehr als nach allem anderen verlangte, dann würde es bald wieder laufen können.

Der Wendigo hüpfte vom Ast und setzte dem Goldenen Hühnchen langsam nach.

Noch war er nicht mehr als ein Läufer, wie jeder andere in dem Wald – natürlich abgesehen davon, dass er viel stärker, schneller und auch größer war als irgendwer hier sonst.

Noch konnte er das Hühnchen laufen lassen und im Gebüsch das eigene Fleisch zwischen die Finger nehmen, wie er's heute früh getan hatte, nachdem sie am Fenster gestanden und ihn gelockt hatte.

Doch wer will's sickern lassen, wenn er strömen lassen kann?

Entschlossen trat er an und war schnell auf das Hühnchen aufgelaufen. Es war nicht leicht, ein Gott zu sein und seinen Schritt so zu verhalten. Doch hieß es warten, bis die Opferstelle kam, wo Knebel, Fessel, Haube lagen. Und auch der Opferstein, für alle Fälle.

Der Große Wendigo versuchte, sich im Zaum zu halten. Er hob die Knie an, drehte sich im Kreise und schlug die Fersen an wie einer, der noch große Pläne hatte. Und als es gar nicht anders ging, da blieb er mit gestreckten Beinen stehen und beugte Arm und Rumpf, erst rechts, dann links.

Und solche Possen treibend, lief er seiner Beute bis zum Tannenwäldchen nach, wo es geschehen musste. Er zog die Federmaske vors Gesicht und stürmte vor, bis er das Hühnchen greifen konnte.

Es war zu albern, dass es gar nichts von ihm merken wollte. Es trabte einfach vor sich hin und schwenkte seinen goldenen Schopf.

Da sah der Wendigo, dass sich das Hühnchen beide Ohren mit Musik verschlossen hatte.

Nun, umso besser, dachte er und hielt noch zwei, drei Schritte aus. Dann aber war die Zeit gekommen. Er fuhr die Krallen aus und warf das Hühnchen um.

Es wollte schreien, doch schon hatte ihm der Wendigo den Mund verschlossen. Und als es seine Maske sah, da wurde es ganz schlaff und ließ sich ohne Gegenwehr den Knebel in den Schnabel schieben.

Der Wendigo nahm es auf und brachte es rasch fort.

Hinter den Bäumen setzte er's ab. Ganz sachte, sachte, dass es nicht erwachte. Zuerst die Schlingen um die Arme. Passten, passten. Die Pflöcke? Waren recht gesetzt. Das Hühnchen blieb beweglich in den Schultern. Nun rasch die Schlingen um die Beine.

Jetzt kam es darauf an.

Die *Große Spreize* ... passte auch.

Und als er merkte, wie der Sporn ihm schwoll und groß und größer wurde, da schrie er auf vor Lust und gab dem Hühnchen einen Klaps, dass es den Kopf nach hinten wandte. Wie weiteten sich die Augen, als es sah, was die Bilder meinten. Genug geschaut! Schon saß die Lederkappe überm Kopf. Dann griff's der Wendigo hurtig nach dem Ringe ab.

Der grüne Ring, *sein* Ring, *sein* Schatz, war nirgendwo zu finden.

Krükrüü! Der Wendigo wurde weiß vor Wut und riss – ritz, ratz – die gelben Hosen auf.

Kaum aber lag das Hühnchen hinten bloß, begann es so zu zucken und zu zappeln, dass der Wendigo es zu Boden drücken musste. Und dabei kamen die Füße los. Schon kniete es und zerrte an den oberen Fesseln.

Erst als der Wendigo den Opferstein zum zweiten Male fallen ließ, gab's endlich Ruhe und war still. Still. Still. Der Wendigo öffnete den Schnabel, legte den Kopf schief und lauschte.

Die Welt schrie, spuckte und erbrach sich. Am Himmel drehte sich ein Feuerrad. Doch unten pendelte das Purpurhaupt. Und fuhr schon in die dunkle Pforte.

Ich habe Alfred Biolek erschaffen.
KOKEL DER AUSSERIRDISCHE

Die Fahrt auf diesen Venusberg war für Baschir ein *Hilm Musig*, ein übler Traum gewesen. Schon in der ersten Kurve war die Schnulli umgefallen und von den Rucksackmädchen – obwohl er aus dem Fenster sah und allen dadurch zeigte, dass er nichts mit dieser Kreatur zu schaffen hatte – wieder neben ihn gesetzt worden. Dann fing sie an, ganz fürchterlich zu zittern und zu schwitzen. Nachdem der Anfall vorüber war, begann sie, dem alten türkischen Herrn Augen zu machen.

Doch der blickte nicht einmal auf von seiner *Hürriyet*. (Und hätte vermutlich ohnehin nur *Kanak* gesprochen.) Viel schlimmer aber waren die zwei jungen deutschen Schnatterweiber, die zwischen ihm und Schnulli etwas laufen sahen, worüber sie auch laut und deutlich sprachen: «Er bringt sie in die Klinik, der Araber.»

Wortlos war er aufgestanden und hatte sich nach vorn gesetzt. Die Schnulli aber hatte gewartet, bis der Bus an einer Ampel hielt. Dann hatte sie den Griff ausgelassen und war durch den Gang auf ihn, Baschir, zugestürzt, mit weit nach vorn gestreckten Armen.

Jetzt stand sie mit ihm an der Haltestelle und zitterte am ganzen Körper.

Zum Glück waren die Leute aus dem Bus verschwunden. Die Schnatterweiber in die Einfamilienhäuser, die links und rechts der Straße standen, die *Rucksack-Bints* zwei Stationen vorher an einer runden Ziegelkirche.

Der Bus hatte gewendet und stand jetzt, riesengroß und grün, auf der anderen Straßenseite, wo es ein Wartehäuschen gab. Dort stand der Fahrer, rauchte eine Zigarette und schaute ihnen zu.

Baschir kannte diese Art von Leuten. Die meisten *Almans* sahen weg, wenn er und seine Freunde auf den Gassen ihre Späße trieben. Dann gab es leider auch die, die sich in alles einzumischen pflegten. Sie taten meist, als schauten sie nur zu. Dann griffen sie in ihre Jackentasche und telefonierten nach der Polizei.

Der Fahrer war so einer dieser Leute.

Sie konnten hier unmöglich länger stehen bleiben. Am besten wäre es, er zog die Schnulli bis zur nächsten Ecke fort und ließ sie dort im Regen stehen.

Er zog an ihrem Jackenärmel, doch sie entwand sich seinem Griff.

«Ich brauch 'nen Schuss», kreischte sie so laut, dass es die ganze Straße hören musste. «Und zwar sofort.»

Baschir zwang sich zur Ruhe.

«Da hinten in der Straße wohnt ein guter Freund», wisperte er ihr ins Ohr. «Ich bring dich hin, der gibt uns was.»

Die Schnulli presste sich vor lauter Freude gegen ihn. Ihr warmes Fleisch rieb sich an seinem Ellenbogen.

Für einen Junkie war die Schnulli ziemlich dick.

Plötzlich befiel Baschir ein Verdacht. Er versuchte sich zu erinnern, wann er sie zum ersten Mal im Bonner Loch gesehen hatte. Das war jetzt wohl drei Wochen her. Sie war auf einmal aufgetaucht.

Er sah sie prüfend von der Seite an. Das Gesicht war zwar nass und verschmiert, das Haar sah jedoch aus, als sei es noch vor nicht allzu langer Zeit geschnitten worden. Dann war da noch die Klammer in ihrem Mund. Die AOK verteilte diese Klammern nur an Kinder. So war es jedenfalls am *Erischkäsna* gewesen.

Mata 'ib! Trabbel! Schwierichkeiten!

Die Schnulli war ein Kind und von zu Hause abgehauen. So gut es daher war, dass er sie nicht wie alle anderen benutzt hatte, so schlecht war es, dass sie nun mit ihm hier durch die Straßen lief.

Mit ihm, Baschir, der einen Schlüssel in der Tasche hatte, der ihm nicht gehörte.

Baschir fuhr sich erbleichend durch das Haar.

Als er nach dem Wohnungsschlüssel griff, um ihn der Schnulli zuzustecken, fiel ihm ein, dass in den Taschen seiner Jacke auch noch der Schlüssel für das Schließfach steckte. So war nicht nur Bigboys *Hadija* fort, sondern auch die *Echt Scheffini,* die er dem Ohrenmenschen heute Morgen abgezogen hatte. Und dennoch ging's nicht anders. Mit einem Fluch ließ er beide Schlüssel in Schnullis Jacke gleiten.

Wenn gleich die Polizei kam – und dass sie kommen würde, das stand fest –, dann spazierte hier nur noch Herr Baschir Abdel-El-Rahman. Und irgendwo an einer Straßenecke stand ein Wesen, das *Die Schnulli* hieß und Lederjacken stahl und fremde Wohnungsschlüssel mit sich führte.

Am besten war's, die Schnulli für die Polizei in so ein Wartehaus zu setzen. Das nächste war nur ein paar hundert Meter weit entfernt. Geschwind schritt Baschir aus. Die Schnulli folgte ihm so gut sie konnte. Als das Wartehaus in Sicht kam, musste Baschir jedoch erkennen, dass es nicht leer war.

Es war von einem Mann in einem schmutzigen Gewand besetzt, der dort hockte und etwas in einen Aktenordner schrieb. Das Fahrrad, das neben ihm stand, war mit tausend Fäden umwickelt. Baschir atmete auf. Der Mann war bloß ein *Madschnun*, ein Verrückter, ein alter *Mutasakki-Penner*.

Von solchen Leuten war nichts zu befürchten. Baschir wischte sich den Regen aus den Augen. Er hörte, wie der Busfahrer an der Endhaltestelle den Motor anließ. Gleich würde er hier sein. Es musste jetzt sehr schnell gehen. Er stieß die Schnulli auf die Bank. «Da drüben wohnt mein Freund», zischte er und wies auf ein graues Doppelhaus, das auf der anderen Straßenseite lag. «Gib mir dein Geld. Ich bin gleich wieder da.»

Die Schnulli starrte ihn blöde an.

«Das Geld für meinen Freund. Kapierst du, Schnulli?»

Jetzt verstand die Schnulli. Sie steckte beide Hände in die Hosentasche und kramte hastig ein paar Münzen vor. «Mehr habe ich nicht, Baschir.»

«Da, nimm!» Der Penner hielt der Schnulli einen klein gefalteten Schein hin. Und fügte zahnlos grinsend an: «Ich habe genug davon. Ich habe schließlich Alfred Biolek erschaffen.»

Baschir riss der verrückten *Madschnun*-Birne das Geld aus der Hand. Und noch bevor er über die Straße rannte, entfaltete er den Schein. Er schrie laut auf vor Freude. Das Geld, das er den ganzen Tag gesucht hatte, es hatte ihn gefunden und war, *Alhamdulillah, zu* ihm gekommen.

In diesem Augenblick erwischte ihn der Bus.

Spiel mit uns Handball!
Rot-Weiß Bonn

Nachdem Kaulich vor ein paar Jahren – es war beim Mikrobiologenkongress in Nizza gewesen, und eine Radfahrerin hatte sich, während er auf einen Anruf Schimmelpennicks wartete, in der Garage gegenüber umgezogen – nachdem Kaulich also feststellen musste, dass ihn der gute alte Sport noch immer so auf Trab brachte, hatte er's fürs beste gehalten, mit dem Laufen zu beginnen.

Das war am einfachsten. Er stand bei Volksläufen herum, schaute hinter die Büsche und die Bäume und tat, wenn's denn zu machen war, den einen oder anderen Blick in ein Umkleidezelt.

Doch reichte das auf Dauer nicht.

So hatte er sich unters Läufervolk gemischt. Der Trainingsanzug und die Sportschuhe waren aus dem Schlussverkauf, das Handtuch und die Seifendose von daheim. In diesem Aufzug gab er vor, sich in der Tür getäuscht zu haben.

Obwohl man ihn – und wenn auch nur, weil man erschöpft von all dem Laufen war – gewähren ließ, war Kaulichs Glück in den Damenduschen nicht vollkommen. Er suchte Frauen und fand Knabenkörper vor. Gazellenhaft, anmutig, gertenschlank – gewiss.

Doch fehlte die Substanz. Als damals sich die Ruderinnen die Leibchen ausgezogen hatten, war alles nämlich furchtbar groß und furchtbar prall gewesen.

Nein, solche Formen hatten die, die liefen, nicht. Und weil sich unterm weißen Dunst der Duschen auch noch der Rest von dem verlor, was Kaulichs Innerstes bewegte, seit der Pennäler auf das Astloch im Bootshaus gestoßen war, so sah man den verwirrten älteren Herrn, der stets die falschen Türen öffnete, in Läuferkreisen bald nicht mehr.

Dass eine Rückkehr an den Ort der früh geschauten Protuberanzen nicht möglich war – das Bootshaus in Bad Honnef war 1948 abgebrannt und Kaulich kein Sextaner mehr, der in der Badehose planschen und unbemerkt vom Steg verschwinden durfte, wenn sich der Damendoppelzweier näherte –, hatte er dem Laufsport Lebewohl gesagt und sich, nach längerer Umschau in der Welt des regionalen Sports, der Meckenheimer Damenfußballmannschaft zugewandt, besaß der Abwehrblock doch das im Übermaß, was ihm, Kaulich, frommte.

Die Duschen freilich lagen jenseits von Kaulichs Möglichkeiten.

Ja, wenn es eine Kamera gegeben hätte, die für ihn aufnahm, wie man sich da drinnen die Trikots über die Köpfe zog. Wie in den durchgeschwitzten Stoffen, obschon sie längst am Haken hingen, die Zwillingsfurchen blieben. Wie man aus Unterhosen, die den Namen noch verdienten, in dreigestreifte Adiletten stieg! Wie an den Büstenhaltern – die keines Meckenheimers Hand zu öffnen vermochte, weil vorne alles maßlos spannte, presste, dehnte – die Häkchen rissen: Plopp! Plopp! Plopp!

Am Meckenheimer «Tag der Offenen Tür» (welche Verheißung, welch Versprechen!) war Kaulich gerade mal bis in den Vorraum vorgestoßen, wo es nach Deo roch und Franzbranntwein. Zu sehen gab es jedoch nichts. Bloß einen blauen Wadenstutzen, der in einer Ecke lag.

Was aber war ein Stutzen ohne Waden?

An jenem Sonntagnachmittag hatte Kaulich ernsthaft die Mitgliedschaft in Meckenheim erwogen. Doch dass ein Beitritt zum Verein auch freien Zugang zu den Damenduschen brächte, schien ihm am Ende eher unwahrscheinlich.

So war er auf den Schiedsrichter verfallen, lag doch das Schiedsrichterkabuff genau zwischen den Brausen.

Wie aber wurde man zum Mann in Schwarz? (Musste man *Abseits* können? Oder *Hohes Bein*? Wem gab man *Freistoß*, wem *Elfmeter*?) Wo bohrte man das Loch? (Und wie, vor allem, war es zu verbergen?)

Er hatte sich bereits in einer Baustoffhandlung umgetan und war dabei auf eine Lüftungsklappe gestoßen, die sich anheben ließ, als er im letzten Herbst beim Pilzesammeln – und übrigens mit der eigenen Frau – die Stelle hier am Zaun entdeckte, auf dessen anderer Seite er jetzt nass, aber zufrieden hockte, denn wenn man sich auf etwas verlassen konnte, dann waren es die Spielerinnen von Rot-Weiß. Selbst Kaulichs neuer Stern, die Lilienweiße mit der Walkürenbrust, war wieder da gewesen.

Das Taschentuch entglitt ihm, nachdem er sich gesäubert hatte. Der Wind wehte es in den Ginster, wo es sich zu all den anderen gesellte, die Kaulich in den letzten Wochen und Monaten zu gleichem Zweck gebraucht und fortgeworfen hatte.

Kaulich seufzte. Zum einen war der Spaß für heute aus. Und außerdem stand der Rückzug an, das Stemmen übers Fensterbrett, der obligate blaue Fleck am Schienbein, das

Warten in der finsteren Kabine, bis sich die Alten umgezogen hatten, fiel es doch auf, wenn er das Institut allein verließ.

Er überlegte, ob er *die Zigarette danach* heute ausnahmsweise an Ort und Stelle rauchen sollte. Schon hatte er die Packung in der Hand, als etwas höchst Beunruhigendes geschah.

Blätter raschelten. Zweige brachen. Steine bewegten sich und polterten gegen das Gitter. Etwas sehr Großes und Gewaltiges rannte am Zaun entlang. Und schoss genau auf Kaulich zu.

> Ihr waret gut im Lauf;
> wer hielt euch ab, der Wahrheit zu folgen?
> GALATHER 5,7

Silber war es gelungen, sein Tempo bis zur Auferstehungskirche zu halten. Es war bereits so dunkel geworden, dass er, verschwitzt und außer Atem, wie er war, die Uhr nicht mehr ablesen konnte. Er widerstand dem Verlangen, bis zur Straße zu laufen und nach der Zeit zu sehen. So trabte er erst einmal über den Parkplatz, bis sich der Puls beruhigt hatte. Dann schloss er das Auto auf, legte sich ein Handtuch über den Kopf und zog die warme Jacke über.

Nachdem er etwas getrunken hatte, ging er zur Laterne, stützte sich mit beiden Armen ab, drückte die Ferse des linken Beines auf den Boden und neigte den Körper nach vorne. Als der rechte Jackenärmel über sein Handgelenk glitt, sah er, dass die Uhr bei 38:10 stehen geblieben war.

Silber ging zum Auto zurück, setzte sich auf die Ladefläche und zog die Schuhe und die Strümpfe aus. Die Füße waren rot und dampften. Der eine Knöchel war vom Dreirad etwas aufgeschrammt.

Silber kroch ins Wageninnere und zog sich seine feuchten Hosen aus. Während er sich mit einem Handtuch trocken rieb, merkte er, wie müde er war. Zu Hause würde er ein Bad nehmen und früh zu Bett gehen. Und morgen mit dem Rad zur Arbeit fahren.

Er richtete sich auf, um nach der Unterhose zu suchen.

Von irgendwoher tönten Sirenen. Noch waren sie entfernt, doch näherten sie sich rasch. Dann flackerte Blaulicht. Ein Rettungswagen raste an der Kirche vorbei, gefolgt von einem Notarztwagen und einem Streifenwagen.

Silber sah dem grünweißen Wagen nach.

Ein Glück, dass es bei der Kripo bloß Mord und Totschlag gab und keine abgetrennten Arme, Beine und Köpfe, die von der Straße aufgesammelt werden mussten: Die wahren Helden bei der Polizei nahmen die Verkehrsunfälle auf.

Als Silber in die Hosen fahren wollte, sah er eine Gestalt über den Parkplatz laufen. Sie kam genau auf seinen Wagen zu.

Es war die junge Frau. Sie hatte das Kind unter dem Arm und zerrte den Hund an der Leine hinter sich her.

Der Hund kläffte.

Das Kind heulte.

Die Frau schrie.

Der Beamte hat sich mit voller Hingabe
seinen Beruf zu widmen.
§ 57 LBG

«– – – ein Handtuch, Sievers?»

Silber nickte zerknirscht. «Genauso wie beim ersten Mal.»

«– – – beim ersten Mal? Sie waren der Zeugin schon einmal begegnet?»

«Bevor ich losgelaufen bin, ja. Und daher dachte ich –»
«Was dachten Sie, Sievers?»
«Und daher dachte ich, es wäre besser, wenn ich führe.»
«– – – führe?»
« Etwas weiter führe. Wegen der Kleidung. Ja.»
«Nur dass ich alles recht verstanden habe, Herr Kollege: Einer meiner Beamten befindet sich in unmittelbarer Tatortnähe eines Kapitalverbrechens, eine Zeugin läuft auf ihn zu, um Hilfe zu holen, doch anstatt erste polizeiliche Maßnahmen einzuleiten, fährt der Beamte einfach davon, sodass – Wahnsiedler, bitte helfen Sie uns weiter ...»

Wahnsiedler hob bedauernd die Schultern.

«... sodass die Zeugin uns als Tatverdächtigen nennt: *Mann um die fünfzig, klein, schlank, halb nackt. Trägt einen Walrossbart und flüchtet mit dunkelgrünem Volvo, Kennzeichen soundso.* Nun sind Sie dran, Sievers.»

«Kollege Sievers trainiert für den Köln-Marathon 2000», half Wahnsiedler aus.»

«Was Sie nicht sagen», sagte der Polizeipräsident. «Und der wird diesmal ohne Hosen ausgetragen?»

> Silber galt in den Tagen Salomos nichts.
> BUCH DER KÖNIGE 10,21

«Ich bin's gewesen. Ich gestehe», sagte Silber auf dem Flur und hielt Wahnsiedler die Arme hin. «Nimm mich also bitte fest.»
Wahnsiedler hob die Schultern. «Mein Gott, du musst den PP verstehen. Er sorgt sich bloß um den Ruf der Truppe. Ein junges Mädchen ist, nach allem, was wir bisher von der Sache wissen, im Wald erschlagen und vergewaltigt worden.

Das erste, was auf der Leitstelle eingeht, ist dein Autokennzeichen und deine Beschreibung.»

«Walrossbart», wiederholte Silber. «Lachhaft. Schlicht und einfach lachhaft. Das ist ein stinknormaler Bart.»

«Das Kennzeichen deines Autos hat aber gestimmt», wandte Wahnsiedler ein. «Der Rest ist einfach dumm gelaufen, Hans-Jochen.»

«Wenn es bloß nicht über den Funk gegangen wäre», seufzte Silber. Er war vor einem Fenster stehen geblieben und sah hinaus auf die dunkle Stadt.

Es war jetzt kurz nach acht. Der Anruf aus dem Präsidium hatte ihn vor einer Stunde in der Badewanne erreicht. Vermutlich würde Wahnsiedler gleich vorschlagen, zum Tatort zu fahren, obwohl sie keinen Dienst mehr hatten.

Silber hielt wenig davon, sich in die Arbeit anderer Leute einzumischen. Morgen würde die Kommission gebildet, die Wahnsiedler führen würde. Dann konnte er ihm immer noch irgendwelche Aufgaben zuweisen.

Die dichte Wolkendecke über der Stadt schimmerte perlmutt. (Beziehungsweise wie der Ikea-Duschvorhang, der seit Wochen ausverkauft war, obschon ihn Silber dringend brauchte.) Auf dem Venusberg blinkte groß und rot der Sendemast des WDR. Den flogen diese Flieger immer an, weil sie zu faul waren, auf die Karte zu sehen.

«Wir sollten längst dort oben sein», sagte Wahnsiedler, der hinter ihn getreten war, «und unsere Leute unterstützen. Die Leiche ist vermutlich weg, doch Droese könnte schon etwas gefunden haben.»

«Meine Dienstmarke», schlug Silber vor. «Vorne ihr Blut, hinten mein Sperma.»

«Das hätte Droese längst gemeldet», erwiderte Wahnsiedler. «Ich hoffe bloß, dass du dem Opfer nicht auch noch begegnet bist.»

«Ich weiß nicht», sagte Silber unbestimmt. Er war ein bisschen irritiert, wie Wahnsiedler auf seinen Witz reagiert hatte. «Es waren nicht sehr viele Leute in dem Wald. Aber es war halb dunkel, und ich hatte mit dem Weg genug zu tun. Du weißt doch selbst am besten, wie es ist, wenn man läuft.»

Wahnsiedler nickte.

«Bestimmt haben wir Glück», sagte er dann, «und es gibt jemand heute Nacht noch die Vermisstenmeldung auf. Das ist bei jungen Mädchen immer so.»

Ich suche meine Tochter.
Ich suche meine Schwester.
Ich suche meine Freundin.

In irgendeinem Haus, dachte Silber, warteten sie jetzt schon auf das Mädchen. Und hatten noch nicht die leiseste Ahnung, dass sie nie mehr kommen würde.

Wahnsiedler sah Silber von der Seite an.

«Was ich dich übrigens vorm Chef nicht fragen wollte – wieso konntest du am Abend eigentlich laufen, obwohl du es am Morgen noch so an der Wade hattest?»

> We gotta keep searchin' searchin'
> DEL SHANNON

Das Gelände hinter der Auferstehungskirche war weiträumig abgesperrt. Und das war gut so, denn der Parkplatz, auf dem Silber heute Nachmittag gestanden hatte, war jetzt von bunten Kleinlastwagen zugestellt.

Selbst gegenüber, bis zur Jugendherberge, stand in dicht gedrängter Reihe Ritter, Tod und Teufel, die Große Pest, die Parabolantenne auf dem Dach.

Das tote Mädchen musste allerdings schon weggebracht worden sein. Männer in Overalls rollten Kabel auf und schleppten Aluminiumkisten fort. Von den Reportern war niemand mehr zu sehen.

Wahnsiedler fuhr auf den Bürgersteig, dass das gelbe Band über die Kühlerhaube bis zur Windschutzscheibe glitt. Dann stieg er aus, winkte den Posten zu, die dort mit Handlampen Wache hielten, und setzte im Scherensprung über die Absperrung. Sein langer Mantel verfing sich in dem Band. Beinahe wäre Wahnsiedler gestürzt.

Silber schüttelte den Kopf. Er hob das Band ein wenig an und kroch unten durch. Da Wahnsiedler vor ihm ging, konnte er sich zwar das Humpeln sparen. (Ob dieser ihm jedoch den Blödsinn mit dem regenerativen Lauf abgenommen hatte, stand auf einem anderen Blatt.)

Sie brauchten nicht zu fragen, in welche Richtung sie gehen mussten. Dort hinten war ein Waldstück taghell ausgeleuchtet. Zwischen den Bäumen geisterten die Leute vom Erkennungsdienst in ihren weißen Kapuzenoveralls herum. Ein Notstromdiesel lief, Breitstrahler und Lichtgiraffen machten die Nacht zum Tage.

Auf dem Weg stand Bereitschaftspolizei und wartete auf den Einsatzbefehl. Wahnsiedler ging auf den Hundertschaftsführer zu, um sich nach dem Stand der Dinge zu erkundigen. Silber entdeckte Kenntemichs gedrungene Figur vor einer Tannenschonung. Er hockte neben einer Pfütze und schrieb etwas auf.

Silber konnte zunächst nicht erkennen, worauf Kenntemich saß, denn die Schöße seiner Lederjacke verdeckten den Gegenstand. Doch dann sah Silber, dass es das Dreirad war, an dem er sich vor einigen Stunden den Knöchel gestoßen hatte.

Das Dreirad. Natürlich. Die Mutter war mit Kind und Hund aus dem Wald gekommen, aber das Dreirad hatte gefehlt.

Silber rieb sich die Nase. Er hatte es zwar nicht geschafft, seine Dienstmarke am Tatort zu verlieren, aber immerhin, sein Blut klebte an dem verdammten Ding, und nur der Umstand, dass sich Kenntemich darauf niedergelassen hatte, beruhigte ihn, denn dies hieß, dass der Erkennungsdienst nichts mit dem Dreirad vorhatte.

Als Kenntemich Silber sah, klappte er das Notizbuch zu und erhob sich ächzend.

«Komm mit, sag Onkel Droese guten Tag.»

Als Silber folgte, stieß er gegen das Dreirad. Es kippte um und fiel in die Pfütze.

«Mein Gott», knurrte Kenntemich, ohne sich umzudrehen. «Kannst du nicht aufpassen, Silber.»

Sie umschritten die Tannenschonung. Die Bäumchen stand dicht an dicht. Doch dann fehlten einige Bäume, und es öffnete sich eine kleine Lichtung.

Das war er also, der Tatort. Die Tafeln und Markierungen steckten noch in dem nassen Waldboden. Die Umrisslinie des Körpers war mit weißer Farbe nachgezogen. Die Arme gestreckt, die Beine gespreizt.

Weit gespreizt.

Silber schluckte.

Droese kniete, die Kapuze des weißen Overalls über den Kopf gezogen, vor der Markierung und trug den Boden mit einem Schäufelchen ab.

«Ah, unser Hauptverdächtiger!»

Silber verzog das Gesicht. «Irgend etwas gefunden, Kollege?»

«Jede Menge: Sieben Getränkedosen, leer – einen Herrenhalbschuh, rechts, dunkelbraun – einen Kassenbon, ALDI – ein Mädchen, tot. Aber keine Sorgen, deine Hosen finden wir auch noch.»

«Deine Witze waren auch schon besser, Droese.»

Droeses Brille funkelte. «Die Tatwaffe, mutmaßlich – Stein, 2730 Gramm. Weit über Faustgröße, ziemlich viel Blut. Lag an die dreißig Meter vom Tatort entfernt. Muss jemand über die Bäume geworfen haben, denn es gibt keine Fußspuren in der Richtung.»

«Dreißig Meter», wiederholte Kenntemich. «Ob man einen schweren Stein überhaupt so weit werfen kann, Hans-Jochen? Du sollst doch mal bei einer Olympiade gewesen sein.»

Silber überhörte die letzte Bemerkung. «Kann man den Stein mal sehen?»

Droese zuckte mit den Schultern und wies auf eine Kunststoffkiste. Silber bückte sich und öffnete vorsichtig die durchsichtige Hülle. Er zog eine kleine Taschenlampe aus seinem Mantel und beleuchtete den Stein.

«Merkwürdiges Ding. Sonst keine Spuren?»

«Zwischen Fußweg und Tatort erstaunlicherweise nicht viel. Wenn ihr mich fragt – der Kerl muss ganz schön stark gewesen sein, wenn er das Mädchen bis hierhin getragen hat. Wegen der Spuren haben wir natürlich einen Hundeführer angefordert.»

«Wen?»

Droese zögerte. Dann sah er Kenntemich an.

«Na ja, die Poetschke», erklärte Kenntemich.

«Die Poetschke?»

Kenntemich hob abwehrend die Hand. «Nein, lass man, Silber. Der Hund ist ganz in Ordnung. Er ist der Poetschke zwar wieder ausgekommen, aber dafür hat er auch den Stein gefunden.»

«Und Silbers Spur», ergänzte Droese.

«Meine Spur?»

«Du sollst doch auf dem Parkplatz an der Kirche gestanden haben.»

«Natürlich», sagte Silber. «Dort fängt sie an, die Runde, die ich immer laufe.»

«Der Hund hat die Poetschke genau bis zu dem Parkplatz gezerrt, wo sie dann ...»

«Dann was?

«... dann hingefallen ist, weil der Hund durchgedreht hat.»

Silber stöhnte. «Die Zeugin hatte auch einen Köter dabei. Vermutlich hat unser Kläffer die Spur des anderen Kläffers verfolgt und danach den Überblick verloren.»

«Wäre möglich», sagte Droese. «Muss aber nicht sein.»

Silber machte eine unwillige Handbewegung.

Dann zeigte er auf den Fleck, wo die Leiche gelegen hatte. Neben den Linien der Arme und der Beine befanden sich vier kreisrunde Löcher. «Was soll denn das sein – Tafel 8, 9, 10 und 11?»

«Löcher», sagte Droese.

«Dort müssen Pfähle oder Pflöcke gesteckt haben, an denen das Mädchen festgebunden worden ist», erklärte Kenntemich. «Die Dinger haben wir allerdings noch nicht gefunden.»

«Hatte sie irgendetwas dabei?», fragte Silber.

«Keine Papiere, aber einen Schlüsselbund. Ein Wohnungsschlüssel, ein Fahrradschlüssel. Gehört vermutlich zu einem dieser Schlösser, die schwerer als das ganze Fahrrad sind. Einen Kamm. Und einen Walkman mit Kassette. Aufschrift *Del Shannon, Runaway*. Sagt mir nichts.»

«Mir schon», murmelte Silber. Er bückte sich zu Droese. «Wie sah das Mädchen aus?»

«Von hinten nicht sehr gut», sagte Droese.

«Mein Gott, Droese. Deine Art ist manchmal wirklich kaum ...» Silber hustete und stand auf.

Auch Droese hatte sich erhoben. Er trat ganz dicht an Silber heran. Mit seinem Overall und der Kapuze sah er aus wie ein großer weißer Hase ohne Ohren.

«Nichts als Verzweiflung kann uns retten», sagte er, und seine Brillengläser funkelten. «Der Arzt meint, nach allem, was er dazu sagen kann, hat er sie vorher noch gefesselt und geknebelt und in den Arsch gefickt. Dafür gibt es leider kein anderes Wort, Hans-Jochen.»

«Er? Wer soll das sein?», fragte Silber irritiert.

«Der Täter. Also eure Sache. Und jetzt lass mich in Ruhe – ich habe zu tun.»

Doch Silber hielt ihn am Arm fest.

«Du hast die Frage eben nicht beantwortet. Wie sah das Mädchen aus?»

«Ziemlich groß und blond.»

«Und was trug sie?»

«Blaue Jacke, gelbe Hose.»

«Scheiße», sagte Silber und ließ Droese los

Unbekannte Tote –
siehe *Tote, unbekannte*
HANDBUCH DER POLIZEI

Wahnsiedler hockte im Wagen der Bereitschaftspolizei und telefonierte.

Silber klopfte an die Scheibe

Wahnsiedler sprach noch ein, zwei Sätze. Dann legte er den Hörer zurück auf das Armaturenbrett und kurbelte die Scheibe hinunter.

Silber deutete in den Wald.

«Ich fürchte, ich bin dem Mädchen tatsächlich unterwegs begegnet. Hinten, an der kleinen Straße, die zum Annaberger Gut führt. An der Kreuzung steht eine kleine Bank. An dieser Bank habe ich sie überholt. Sie muss dann nach rechts abgebogen sein, in diesen Weg zum Altenheim. Ich bin danach geradeaus weiter gelaufen. Denn als die Zeugin mich auf dem Parkplatz zum zweiten Mal gesehen hat, war die ganze Sache vermutlich schon passiert.»

Wahnsiedler sah Silber mit seinen Nussknackeraugen an.

«Ich brauche einen genauen Bericht, Hans-Jochen», sagte er dann. «Wo du gelaufen bist, wen du getroffen hast, wie lange du gebraucht hast. Du schreibst ihn am besten noch heute Abend.»

«Natürlich», sagte Silber. «Bloß eine Frage noch, Chef. Wer soll eigentlich für Grosz morgen zur Sektion?»

Zweiter Tag

Aus den Scherben erkennt man den Topf
SPRICHWORT

«Betrifft: Kühne, Anne Sophie Charlotte. Geboren 21. 3. 1981. Aktenzeichen: 98 Schrägstrich Römisch Zwo KB 237. Nächste Zeile: Obduktion am Dienstag, dem 9. 2. 1998, zur Feststellung der Todesursache. Absatz: Erste Obduzentin: Frau Dr. med. Marie-Christine Badenschneider. Zweiter Obduzent: Herr Dr. med. Muwafag Bandaranayake. Präparator: Herr Willi Poll. Außerdem anwesend Herr Staatsanwalt Peter Ingensand sowie Herr Kommissar Hans Bindestrich Jochen Sievers.»

«Hauptkommissar», sagte Silber und gab dem Staatsanwalt die Hand. «Ist nur der Ordnung halber.»

Verbessere: Hauptkommissar Hans Bindestrich Jochen Sievers.

Die Stimme war ausgesprochen schön und melodisch und gehörte einer jungen Frau im weißen Kittel.

Auf dem Sektionstisch der Gerichtsmedizin lag Charlotte Kühne auf dem Bauch. Noch war sie so, wie sie im Wald gefunden wurde. Ihr Haar war golden (bis auf den dunkelroten Fleck), ihr Po leuchtete weiß (bis auf den braunen Fleck), die gelbe Laufhose war voller Blätter und bis zu den Knien hinuntergezogen.

Silber beugte sich über das Gesicht der Toten.

Fast immer sahen sie so aus, als ob sie schliefen. Hier schlief allerdings nur die linke Seite des Gesichts. Das Auge war geschlossen, die Nasenseite unversehrt und gerade. Der Mund berührte den Sektionstisch, als ob er ihn küssen wollte.

Wahnsiedler hatte Recht gehabt. Die Vermisstenanzeige war eingegangen. Eine Frau Dr. Kühne war noch in der Nacht in die Gerichtsmedizin gekommen und hatte das Mädchen als ihre Stieftochter identifiziert. Hoffentlich, dachte Silber, hatten sie ihr nur die linke Seite des Gesichts gezeigt.

Er trat vor den kleinen Wagen und schaute sich die Geräte an, die zur Obduktion bereitlagen. Sägen und Hämmer. Zangen, Pinzetten. Gabeln aus Stahl mit krallenförmigen Spitzen. Und eine Bohrmaschine. Das Sägeblatt darauf war rund und oszillierte. Alles aus *Edelstahl Rostfrei.* Immerhin.

«Grosz ist krank», sagte er dann und wandte sich an die Frau mit der schönen Stimme. «Er hat's am Herzen. Ich am Rücken. Leider. Ich werde daher kaum die ganze Zeit hier am Tisch stehen können.»

Die Pathologin lächelte. Dann wies sie auf einen Stuhl am Fenster und hob wieder das Diktiergerät:

«Die Sachverständige schildert den Verlauf der Obduktion nach eigenem Diktat auf Tonträger wie folgt: Leiche einer Frau in jungen Jahren von 181 cm Körperlänge und 66 kg Körpergewicht. Die Leiche ist bekleidet mit einer gelben Trainingshose, zwei türkisfarbenen Socken, einer weißen Unterhose, einem weißen Sportbüstenhalter, einer blauen Windjacke, darunter ein mittelblaues Sporthemd Die gesamte Kleidung ist angefeuchtet und vor allem auf der Vorderseite mit Erdreich und Tannennadeln behaftet.

Die Kleidung ist im Nackenbereich blutig durchtränkt. Eingetrocknete, rötlich bräunliche Flecken im gesamten hinteren Bereich der Oberbekleidung. An der Rückseite der Trainingsjacke z. T. spritzerartige Ausziehung der Flecken. Die Trainingshose ist bis zu den Knien heruntergezogen. Die Unterhose ist vom Bund bis in den Zwickelbereich aufgerissen und gibt das gesamte Gesäß frei. Das rückwärtige Band des Büstenhalters ist ebenfalls aufgerissen. Die Kleidung wird entfernt und dem Erkennungsdienst zur weiteren Asservierung übergeben.»

Silber saß auf dem Stuhl und schaute aus dem Fenster. In der spiegelnden Scheibe erschien das Gesicht der Jelinek.

«Die Totenstarre an den großen und kleinen Gelenken teils gebrochen, teils noch gut erhalten. Die Totenstarre an den großen Gelenken kann nur gegen erheblichen Widerstand gebrochen werden. Die Leiche fühlt sich stellenweise noch etwas warm an.»

Er hätte sie nicht küssen dürfen.

Nein, nein.

Auf keinen Fall.

«Blaurote, zusammengeflossene, auf Druck mit harten Gegenständen nicht mehr verschiebliche Totenflecken in folgenden Körperbereichen: Rechte seitliche Körperregion zwischen Achselhöhle und Oberschenkelansatz, Außenseite des rechten Beines, rechte Bauchseite, rechte Unterarmstreckseite, rechte Ellenbeuge, rechte Schulterhöhe, Brustbereich rechts und links, unter Aussparung der Brustbeingegend, linke Oberschenkelinnenseite, rechte Oberschenkelinnenseite im körpernah gelegenen Bereich.»

Die Jelinek hatte ihren Schreibtischstuhl gedreht und sich ein wenig vorgebeugt. Er war genau vor ihr gestanden und hatte den Bericht diktiert, da war es schon passiert.

«Kopfhaar und Gesicht rechtsseitig bräunlich rötlich verkrustet. Aus den Nasenlöchern sowie aus dem rechten äußeren Gehörgang fließt etwas rötliche Flüssigkeit ab.»

Im übrigen gab es viele Männer, deren Frauen größer waren. Cäsar und Cleopatra. Helmut und Loki Schmidt. John F. und Jackie Kennedy. (Nein, die nicht. Bloß dieser Grieche, der Onassis, der musste kleiner gewesen sein.)

«Die linke Ohrmuschel unverletzt. An der tiefblau verfärbten Rückfläche des rechten Ohres findet sich im Bereich des Ohrläppchens eine 20 mm lange, unregelmäßig geformte und bis zu 2 mm tiefe Rissbildung der Haut. Nach Entfernung des Haupthaares im Hinterkopfbereich erkennt man hier zwei mercedessternartig geformte Hautverletzungen. Die erste mit dem Schwerpunkt 6 cm fußwärts der Scheitelhöhe und in der Körpermittellinie, eine insgesamt 4,5 cm lange, von links oben nach rechts unten verlaufende Hautdefektbildung, welche 1 cm rechts der Körpermittellinie endet. Die zweite mit dem Schwerpunkt 11 cm fußwärts der Scheitelhöhe und 3 cm links der Körpermittellinie, eine 24 cm lange, von scheitelwärts rechts nach fußwärts und links verlaufende Hautdefektbildung mit einem 1,5 cm langen Ausläufer nach fußwärts und rechts.»

Sie hatte allerdings nicht zurückgeküsst, die Jelinek. Womöglich nur, so fiel Silber jetzt ein, weil sie dazu hätte aufstehen müssen. Denn wenn sie ihn an sich gezogen hätte, während sie noch saß, dann hätte er erst in die Knie gehen müssen, um mit ihr auf einer Höhe zu sein.

«Die Augen geschlossen. Die Haut im Bereich der Lider rechts tiefblau verfärbt, Ober- und Unterlid sind ange-

schwollen. Die Augenlider links unauffällig. Die Augäpfel fest. Farbe der Regenbogenhaut blau.»

Sie hatte ihn bloß angeschaut. Und dann auf einmal losgeweint.

«Die Lippen spaltweise geöffnet. Die Oberlippe angeschwollen. In Oberkiefer und Unterkiefer vollständiges körpereigenes Schneidegebiss. Die Zunge hinter die Kieferleisten zurückgesunken. Im Bereich des Gaumens sind Verletzungen nicht erkennbar.»

Und ihn gefragt, ob sie ihn mal was fragen dürfe. Nicht jetzt. Doch heute Abend. Und ihm das Lokal am Bonner Markt genannt. So gegen neun.

«Der Hals nicht regelwidrig beweglich. Nach Entfernung flächenhafter Blutanhaftungen erkennt man eine 3 cm links der Körpermittellinie und 143 cm über Stand gelegene 3 mm lange oberflächliche Kratzerbildung der Halshaut. Die Haut des Halses ansonsten unverletzt.»

Nun, neun war ziemlich spät für einen, der am nächsten Morgen ins Präsidium laufen wollte.

«An der Brusthaut starke Kratzspuren. Der Brustkorb nicht regelwidrig beweglich. Bauchniveau circa 8 Querfinger unter Brustniveau. Die Bauchhaut unverletzt. Regelrechte weibliche Schambehaarung. Das äußere Genitale regelrecht gebildet. Das Hymen ganz vorhanden, nicht eingerissen. Virgo intacta. Der After unsauber und an den Rändern stark eingerissen. Vor der inneren Besichtigung eine Kaffeepause, meine Herren.»

Genetische Fingerabdrücke können beispielsweise
noch nach Jahren aus geringsten Mengen von Körpersekreten
wie Speichel oder Sperma gewonnen werden.
H. W. KAULICH / S. SCHIMMELPENNICK
Mikrobiologie; S. 103

Verdächtige Beobachtungen.
Vertrauliche Hinweise.
Nähere Umstände.

Kaulich lehnte an der lederbespannten Tür seines Dienstzimmers. In der einen Hand hielt er den *Bonner General-Anzeiger,* in der anderen die Lesebrille.

Durch die Tür drangen gedämpfte Stimmen.

Es waren seine Damen, die Termine machten. Für ihn, den Chef, den Institutsdirektor.

Wozu? Bald hatte er keine Termine mehr zu vergeben.

Kaulich war noch immer starr vor Entsetzen. Die Sache mit dem toten Mädchen war eine Katastrophe. Für ihn, Kaulich. (Und natürlich für das Mädchen selbst.)

Selbst wenn die Sache gar nichts mit dem Mann zu tun hatte, der ihm am Zaun begegnet war. Was allerdings kaum glaublich war. Wozu sonst hätte der Mann mit der Vogelmaske seine Kleidung ausgezogen und mit Benzin übergossen, bevor er nackt im Gebüsch verschwunden war?

Früher oder später würde die Polizei die Stelle finden. Gar keine Frage. Mitten im feuchten Februar ein Feuerchen im Wald! Und gar nicht weit entfernt von der Stelle, an der man eine Leiche gefunden hatte. Ja, gab es etwas, was mehr Aufmerksamkeit erregen konnte? Nun, vielleicht eine Leuchtreklame.

Und keine zwanzig Meter von dem Haufen mit der verbrannten Kleidung hatte er Spuren hinterlassen, mit der die Polizei nicht nur seine Person bestimmen konnte, sondern auch das, was er dort betrieben hatte. *(Seit wann? Wie oft? Allein? Oder mit anderen?)*

Luft! Luft! Kaulich riss sich den Kragen auf.

Er sah die Ginsterhecke, die lilienweiße, dann die Habichtsmaske. Und hörte einen vierschrötigen Polizisten brüllen: *Sucht auch die Stelle hinterm Zaun ab, Leute! Und bringt mir jedes vollgewichste Taschentuch!*

So war die Sprache dieser Leute. Einfach. Direkt. Und manchmal sehr gewöhnlich. Doch die Methoden waren effektiv.

Niemand wusste das besser als ein Mikrobiologe. Sie brauchten nur unter dem Mikroskop das Muster der Desoxyribonukleinsäure zu lesen, um sich in aller Ruhe nach der molekularen Verwandtschaft umzusehen.

Natürlich stand davon nichts in dieser Zeitung. Aber vielleicht musste man mehr zwischen den Zeilen lesen. Er setzte seine Brille auf und nahm sich den Artikel noch einmal vor:

Spaziergängerin entdeckt Tote auf dem Venusberg

Gewaltverbrechen nicht auszuschließen – Polizei bittet um Mithilfe

(Eig. Ber.) Eine furchtbare Entdeckung machte gestern gegen 17 Uhr 30 eine Spaziergängerin, die mit Tochter und Hund auf dem Venusberg unterwegs gewesen war. In einer Schonung nahe der Auferstehungskirche stöberte der Hund die Leiche einer jungen Frau auf. Wenig später wurde der Fundort großräumig von der Polizei abgesperrt und nach Hinweisen auf ein Verbrechen abgesucht. Dabei wurde eine Hundeführerin der Polizei unter noch ungeklärten Umständen leicht verletzt.

Bei der Toten soll es sich um die 18-jährige Schülerin eines Bonner Gymnasiums handeln,

> die wenige Stunden später von ihrer Familie als vermisst gemeldet worden ist. Die Schülerin war offensichtlich als Joggerin auf dem Venusberg unterwegs gewesen. Dafür sprachen Sportschuhe und Sportbekleidung.
> Nach Angaben eines Polizeisprechers kann ein Gewaltverbrechen nicht ausgeschlossen werden. Die Leiche ist ins Institut für Rechtsmedizin gebracht worden.
> Der Tod soll unmittelbar vor dem Auffinden der Leiche eingetreten sein. Deshalb hofft die Polizei auf Hinweise aus der Bevölkerung, die helfen könnten, die näheren Umstände des Todes aufzuklären.
> Die Schülerin soll das elterliche Haus in der Bonner Weststadt gegen 15 Uhr 30 mit dem Fahrrad verlassen haben. Nach diesem Rad wird noch gesucht. Es soll sich dabei um ein silberfarbenes Mountainbike der Marke «Scott» handeln.
> Die Polizei fragt: Wer hat sich am Montag, dem 7. Februar 2000, zwischen 16 und 18 Uhr in der Nähe des Tatortes (Waldstück hinter der Auferstehungskirche) aufgehalten und verdächtige Beobachtungen gemacht?
> Wer ist zur Tatzeit auf dem Venusberg als Läufer oder Spaziergänger unterwegs gewesen und hat eine junge Frau mit blonden Haaren gesehen, die mit einer gelben Laufhose, einem blauen Anorak und Sportschuhen bekleidet gewesen ist?
> Hinweise, die auf Wunsch auch vertraulich behandelt werden, nimmt die Bonner Polizei unter ☏ 150 entgegen.

Der Hund! Der Hund!

Er hatte die Sache mit dem Hund übersehen.

Kaulich stöhnte.

Was, wenn das Tier mit hocherhobener Rute sofort den Weg zur Pförtnerloge gefunden hatte, die Treppe abwärts gesprungen war, den Flur zum Umkleideraum durchhetzt und winselnd an der Tür gekratzt hatte, um, hopps, hinauf zur Bank zu springen und über die Hakenleiste mit einem Satz durchs Fenster – ob auf, ob zu, was kümmerte das die Bestie schon – zu setzen? Dann gleich hinauf zur Böschung,

Nase tief am Boden, und hin zum Ginster, wo die Taschentücher hingen, wau, wau.

Dann brauchte bloß noch eins zum anderen kommen, und es war aus: *Gestehen Sie, Professor Kaulich.*

Schon pochte es.

Kaulich erstarrte.

Das war sie schon, die Polizei. Und zwar mit Hund.

Kaulich vernahm ganz deutlich das Gebell.

Nein, Unsinn – es war Schimmelpennicks Husten.

Kaulich wusste, dass er sich zusammenreißen musste.

Und während er den Kragen schloss und die Krawatte rückte, trat vor sein geistiges Auge ein Plan, der ebenso durch Kühnheit wie durch Einfachheit bestach: Sie mussten eingesammelt werden, die Taschentücher.

Von ihm.

Gleich heute Abend, wenn es dunkel war.

> Offenkundig sind die Werke des Fleisches;
> es sind Unzucht, Unlauterkeit, Ausschweifung,
> **GALATHER 5,19**

«Vorläufiges Gutachten. Wesentliches Ergebnis der Leichenöffnung: Leiche einer 18 Jahre alt gewordenen Frau. Bruch der knöchernen Schädelkapsel (so genannte linksseitige Impressionsfraktur) und der Schädelbasis. Zerreißungen der harten Hirnhaut. Unterblutungen der weichen Hirnhaut, Verletzungen der Großhirnrinde. Bruch des knöchernen Daches der linken Augenhöhle. Bruch des knöchernen Nasengerüsts. Stückbruchbildung des Unterkiefers. Bruch der großen Zungenbeinhörner sowie der oberen Kehlkopfhörner. Einblutung in die Zungenbeinmuskulatur. Rötliche Flüssigkeit in der Luftröhre. Verdacht auf Bluteinatmung. Wässrige Schwellung des Gehirns.

Die Obduzenten haben erfahren, dass diese Frau in einem Waldgebiet auf dem Venusberg erschlagen worden sein soll. Der Auffindungszeitpunkt war gegen 17 Uhr 30. Aus rechtsmedizinischer Sicht ist der Tod einer erheblichen Gewalteinwirkung auf das knöcherne Schädelgerüst zuzurechnen. Die Art der Verletzungen ist mit dem der Kriminalpolizei gegenüber angegebenen Tatwerkzeug (Stein) in Einklang zu bringen.

Für feingewebliche Untersuchungen wurden Teile der inneren Organe einbehalten. Das Gehirn wurde als Ganzes in Formalin fixiert, damit es einer fachneuropathologischen Untersuchung zugänglich gemacht werden kann. Weiterhin wurden Teile der inneren Organe, Blut, Urin und Mageninhalt für eine toxikologisch-chemische Untersuchung asserviert. Das Blut soll auf seinen Äthanolgehalt untersucht werden. Ebenfalls wurde Blut für eine serologische Untersuchung einbehalten. Eine Blutprobe wurde dem Erkennungsdienst übergeben. Ein abschließendes Gutachten kann auf Antrag der Staatsanwaltschaft erstattet werden. Bonn, 9. 2. 2000.

Das wär's für heute, meine Herren.

Die Gesundheitskasse bin ich
AOK Rheinland

Das erste, was Baschir sah, nachdem er seine Augen öffnete, waren die schwarzen Ränder seiner Zehennägel.

Natürlich war man nach so einem Unfall nicht der Hellste im Kopf. Wer wusste schon, was sie einem in den Bodykörper taten. Doch eines stand für Baschir fest – er lag in einem weißen Bett, weiß war das Hemd, weiß der Verband an beiden Armen, beiden Beinen. Und weiß vermutlich auch die Binden um den Kopf. Wenn diese AOK alles an ihm weiß gemacht hatte, warum dann nicht auch die Zehennägel?

Baschir wurde wütend. Er versuchte, seine Füße unter der Decke zu verstecken. Das strengte ihn so an, dass er sich eine Weile ausruhen musste. Erst dann konnte er sich in dem Zimmer umsehen. Links neben ihm lag eine Mumie ohne Zähne. Und rechts ein Sack mit einem steifen Bein, das von der Decke hing. Hinten an der Wand standen drei Schränke. Einer davon musste seiner sein. Er erkannte seine Sporttasche auf dem mittleren Schrank. Sie war von Adidas und grün. Das musste wohl bedeuten, dass die Kusinen schon da gewesen waren.

Er wusste nicht genau, wie lange seit dem Augenblick vergangen war, in dem er auf die Straße gelaufen war und die Erinnerung verloren hatte. Er wusste nur noch, dass er Geld in seiner Hand gehabt hatte. Und da er es nun nicht mehr in der Hand hatte, musste es dieses Mädchen haben, diese ...

Baschir drückte auf den Klingelknopf, um nach der AOK zu rufen.

Doch statt der AOK kam, *hamadilluhah*, eine dicke Frau aus Afrika.

Baschir verdrehte die Augen.

Die Schwarze trat an das Bett und beugte sich zu ihm herab. Er hob den Kopf und versuchte, das Namensschild auf ihrem Kittel zu lesen, doch die Buchstaben tanzten vor seinen Augen. Die Schwarze richtete sich auf und schloss den obersten Knopf der Bluse.

Baschir schüttelte unwillig den Kopf.

«Hör tschu, du ...», flüsterte er.

Oje, was war mit seiner Sprache los? Das klang ja wie *Kanak*.

Die Zunge huschte durch den Mund.

Die Zähne waren vorne alle weg.

Weg auch der Name dieses Mädchens. Wie konnte er der Schwarzen sagen, wen sie suchen sollte, wenn er nicht wusste, wie das Mädchen hieß? Baschir versuchte sich zu erinnern, wie das Mädchen ausgesehen hatte. Gesichter kamen und verschwanden. Das ihre aber war nicht dabei. Doch da war etwas, an das er sich erinnern konnte. Sie hatte eine Zahnklammer und war eine Durchlöcherte ... eine ... eine ...

«... kleine Nuttenschau!»

Die Schwarze machte Kulleraugen. Dann zog sie sein Bettzeug so heftig zurecht, dass Baschir seine Zehennägel wieder sehen konnte.

Baschir sah ihr wütend zu, wie sie auch bei Mumie und Steifbein an den Betten zupfte und sich dann neben der Tür aufstellte.

Die Tür ging auf. Drei Männer in weißen Kitteln traten ein. Zuerst besuchten sie das Bett der Mumie. Dann ging es zu dem steifen Bein.

Dann endlich kamen sie zu seinem Bett.

«Wie geht es unserem jungen Mann?»

Baschir dachte eine Weile angestrengt nach.

Dann fiel es ihm auf einmal ein.

«Schnulli», sagte er und zeigte glücklich den Rest der Zähne.

> Ich möcht für tausend Taler nicht,
> Dass mir der Kopf ab wäre:
> Sonst lief ich mit dem Rumpf herum
> Und wüsst nicht, wo ich wäre.
> **ALTER KINDERREIM**

Silber fühlte sich tatsächlich recht benommen, als er aus der Gerichtsmedizin trat, und so machte er, obwohl es regnete, seinen Schirm gar nicht erst auf. Die feuchte Kühle auf der Haut tat gut, denn die Geräusche und Gerüche des Sektionsraums hatten ihn so verwirrt, dass er sich fragte, ob es am Ende nicht besser gewesen wäre, wenn auch er an den Tisch getreten wäre und an der *Inneren Besichtigung* des Mädchens teilgenommen hätte. Dass ihr Herzmuskel von *brauner Farbe* war, die Gallenblase von *Leichendaumengröße*, die Nebenniere *fünfmarkstückgroß mit goldgelber gefältelter Rinde und braun-zerfließlichem Mark*, war nämlich auch am Fenster nicht zu überhören gewesen, sodass Charlotte Kühne in den letzten drei Stunden tiefere Eindrücke bei ihm hinterlassen hatte als so mancher Mensch, den er seit fünfundzwanzig Jahren kannte.

Er sah auf seine Uhr. Es war jetzt kurz vor zwölf. Da ihn die Jelinek erst in einer Stunde bei den Eltern des Mädchens angemeldet hatte, machte er an einem Zeitungsständer

Nackt und tot – Charlotte (18)

kehrt und ging zurück zu dem Bäckerladen, an dem er eben vorbeigelaufen war.

Er kaufte sich zwei trockene Brötchen und einen halben

Liter Milch, ließ sich in einer Ecke nieder und dachte darüber nach, was bei der Obduktion herausgekommen war.

Wenn der Täter wirklich kein Sperma hinterlassen hatte, musste er ein Kondom benutzt haben. Oder er war, wie es der Staatsanwalt ausgedrückt hatte, *nicht zum Erguss gekommen.* (Oder nicht mit dem Penis eingedrungen.)

Mit einem Kondom war es keine spontane Tat. Aber dafür sprach ja sowieso nichts. Weder die Pflöcke noch die Art der Fesselung. Wenn es dem Täter nicht gekommen war, war er entweder impotent, oder er war gestört worden. Wenn er den Finger oder etwas anderes benutzt hatte, war er ein Schwein.

Silber seufzte. Irgendwann würde dieser Typ vor ihm auf dem Stuhl sitzen, schwitzen und alles bestreiten. (Selbst dass er einen Pimmel hatte.)

Und dabei reichte dem Labor doch schon ein Härchen oder Schüppchen Haut. So was wurde man bei solchen Sachen immer los. Die Ärztin mit der schönen Stimme hatte beim Abkleben der Leiche nicht gerade den Eindruck gemacht, als ob sie etwas übersehen würde.

Er überlegte, was er den Angehörigen von den Ergebnissen der Obduktion berichten sollte.

Am besten war es wohl, ihnen so wenig wie möglich zu sagen, denn alles, was sie erfuhren, lebte und bohrte so lange in ihnen fort, bis sie ihre Tochter und die Art und Weise vergessen hatten, auf die sie umgekommen war. Und das würde vermutlich nie der Fall sein. Bei dem Gerichtsverfahren kamen alle traurigen Einzelheiten noch früh genug zur Sprache. Außerdem war es besser, wenn die Polizei alles Täterwissen erst einmal für sich behielt.

Nackt und tot.

Wie es wohl sein musste, wenn man das über seine Tochter las. Grosz wäre vermutlich wieder ausgeklinkt. Wie damals bei dem Jungen mit den abgeschnittenen Hoden. Grosz war am nächsten Morgen, als sie im Maisfeld die Sichel gefunden hatten, auf die Frau von der Zeitung zugewalzt: «Ich hab hier was für Sie, gnädige Frau. Eine einstweilige Erschießung wegen Revolverjournalismus.» Und dabei hatte er seinen Wurstfinger an den Kopf der blöden Kuh gesetzt: «Peng. Peng. Peng.» Dann hatte er sie noch vors Schienbein getreten. (Was war eigentlich aus dem Disziplinarverfahren geworden?)

Silber überlegte, ob er Grosz noch im Krankenhaus besuchen sollte. Doch fehlten ihm dafür die Nerven. Er würde es erst morgen tun. Erst nach der Sache mit der Jelinek.

Und plötzlich wurde ihm recht warm. Er nahm noch einen Schluck Milch. Dann zog er sein Notizbuch vor, um die Adresse der Kühnes nachzuschlagen.

Baumschulallee 25.

Nun, das war ganz in der Nähe. Weil dort das Parken schwierig sein würde und immer noch genügend Zeit war, beschloss er, den Wagen stehen zu lassen und über die Viktoriabrücke zu laufen.

Aber erst musste er Wahnsiedler anrufen, um ihm zu sagen, was die Obduktion ergeben hatte. Er sah sich in der Bäckerei um. An der Theke erläuterte eine junge Frau einen komplizierten Brotwunsch: «Es war so eins mit Körnern drin.»

Sonst war aber niemand mehr im Laden, dem man den Appetit verderben konnte. Silber griff in seine Jackentasche und holte das Telefon hervor.

Saïd Kharis, Marokko
10 000 m: 28:45,2 (1987)

«Saïd? Grüß dich, hier ist Silber ... Ja, lange nicht gesehen ... Was macht das Geschäft, was die Familie ... Freut mich, Saïd, freut mich ... Ja danke, mir auch ... Sag mal, läufst du noch ab und zu da oben unsere alte Runde ... Ach was ... Und heute schon wieder? Na, sieh mal einer an ... Ich? Viel zu selten, Saïd, viel zu selten ... Augenblick, Saïd, ich stehe gerade auf der Straße und da ist so ein Lärm ... Warum ich anrufe ... Richtig, du hast es in der Zeitung gelesen ... Ach so, im Fernsehen ... Ja, furchtbar, ganz furchtbar ... Und so ein hübsches junges Ding ...»

Schlaf, Kindchen, schlaf,
Im Garten steht ein Schaf.
WIEGENLIED

Es hätte vor dem Haus der Kühnes schon Parkplätze gegeben. Es war nämlich aus einer Zeit, in der es noch Auffahrten gegeben hatte.

Silber befühlte nachdenklich die schmiedeeisernen Lanzen des Gitterzauns. Man musste so etwas wohl erben. Denn kaufen konnte man das nicht.

Er ging über die kiesbestreute Einfahrt auf den Eingang zu. Links stand eine offene Remise mit Satteldach, rechts führte ein Weg in den hinteren Teil des Gartens.

Die Wände des Hauses waren, soweit der Efeu sie überhaupt sehen ließ, in mattem Gelb gestrichen, die Fenster und Türen grün abgesetzt. In der Remise befanden sich zwei Autos, eine graue Mercedes-Limousine mit Berliner Nummer und ein ziemlich neues BMW-Cabrio.

Silber warf einen prüfenden Blick aufs Haus. Hinter den

Fenstern regte sich nichts. So trat er rasch in die Remise, um sich die Autos anzusehen.

Der dunkelgraue Mercedes war aufgeräumt und sauber. Die Kopfstützen waren weiß bezogen. Im Seitenfach steckte ein Stadtplan von Berlin. Und auf dem Sitz unter der Leselampe lag die *BZ* von gestern.

Sein Auto, dachte Silber. Interessant. Er bückte sich und schaute in das Cabrio. Dann war das wohl das *ihre*.

Die schwarzledernen Sitze waren mit Aschenflocken bestreut, die Fußmatten mit Bonbonpapier. Das Bündel angerauchter Zigaretten, das in dem Aschenbecher steckte, stammte von jemandem mit Lippenstift. Hinter der Scheibe dann ein Stadtplan von Rom, ein abgelaufener Parkausweis sowie ein Kistchen mit Prospekten, die für abstrakte Kunst aus Finnland warben. Ganz hinten lag ein Kissen mit dem Bild des Papstes.

Silber verspürte leichten Schwindel.

Er ging zum Haus und stieg die Stufen zum Eingang hinauf. Ein blank poliertes Messingschild – «K. B. Kühne» – mit einem Klingelknopf. Silber drückte.

Im Inneren des Hauses erscholl ein Gong und dann Gekläff und eine Frauenstimme schimpfte.

Silber trat eine Stufe zurück.

Die Tür ging auf, und eine große Frau in einem schwarzen Kleid erschien.

«Guten Tag», sagte Silber und hielt den Ausweis hoch. «Mein Name ist Sievers, Hauptkommissar Sievers. Ich komme von der Bonner Kriminalpolizei. Sie sind Frau Dr. Kühne?»

«Ich?» Die große Frau legte erschrocken beide Hände auf die Brust. Dann schüttelte sie heftig den Kopf und verschwand.

Silber beugte sich ein wenig vor, um ihr nachzuschauen,

doch hatte sich die Türe halb geschlossen, sodass außer den Mäandern nichts zu sehen war, die auf dem Mosaik des Steinfußbodens um ein SALVE liefen.

Dann ging die Türe wieder auf, und eine zweite Frau trat aus dem dunklen Haus.

Auch sie war groß, doch schlank und schmal in ihrem schwarzen Hosenanzug aus schimmerndem Stoff. Das Gesicht war blass und beherrscht, das Haar ganz kurz und dunkelrot. Silber kam sie recht jung vor.

«Frau Dr. Kühne?», fragte er daher zögernd und sah in sein Notizbuch. «Dr. *Sophia* Kühne?»

Die junge Frau bewegte unwillig den Kopf.

«Wie gesagt, Sievers», fuhr Silber fort. «Von der Kripo Bonn. Es müsste jemand bei Ihnen angerufen haben.»

«Nein», sagte die junge Frau. «Oder doch. Warten Sie.» Sie wandte sich nach hinten. «Da war doch so ein Anruf von der Polizei, nicht wahr, Frau Reifferscheidt?»

Von drinnen kam keine Antwort.

Die junge Frau sah Silber unschlüssig an. Dann gab sie die Türe frei.

Silber trat über die Mäander in ein tiefes Braun. Während sich seine Augen an die Dunkelheit in der getäfelten Eingangshalle gewöhnten, nahm er verschiedene Geräusche wahr. Etwas schlug laut und regelmäßig, etwas klapperte und klirrte. Und dann war da noch ein Scharren und Schaben.

Das Schlagen kam von einer Standuhr. Sie war alt, hatte ein rundes Messingpendel und stand vor einer breiten Holztreppe, die in das obere Stockwerk führte.

Das Klappern kam aus einer Türe neben der Treppe. Über das Kachelmuster fiel Neonlicht. Ein schwarzer Rücken erschien und verschwand. Es roch nach Kaffee und Gebäck.

Das Scharren und Schaben kam aus der Mitte der Halle.

Hinter den eingefärbten Scheiben einer Schwingtür hopste ein kleiner Schatten auf und nieder und mühte sich, die Flügel aufzustoßen.

«Der Hund von Jenny», sagte die Stimme der jungen Frau aus der Dunkelheit, «der anderen Tochter meines Manns.» Dann klappte eine Tür in der Wand, und Silber stand allein in der Halle.

Silber sah sich nach einem Haken für seinen Mantel um. Neben dem Eingang gab es einen kleinen Seitenraum mit einem bunten Bleiglasfenster. An einer Stange hing, was man in solchen Häusern trug – englische Wachsjacken, dunkle und helle Regenmäntel, einige elegante Damensachen, Webpelze, bunte Kinderanoraks.

Und eine abgewetzte dunkelgrüne Lederjacke mit silbernen Knöpfen. Die Sterne auf den Schulterstücken waren zwar abgetrennt, aber die Schlaufe für die Pistole hing noch rechts aus der Tasche. So eine Jacke besaß Silber auch. Sie musste noch irgendwo in den Umzugskisten sein. Er beugte sich vor und schnupperte am Jackenärmel. Der Ärmel roch vorschriftsmäßig nach *Linnich 1966*. Gemischt mit dem Duft eines jungen Mädchens. Silber bildete sich ein, diesen Duft gestern im Wald gerochen zu haben, als er an Charlotte vorbeigelaufen war.

Die rechte Tasche war leer, links fand sich jedoch ein Lippenstift und ein klein gefalteter Zettel. Silber legte Schirm und Mantel ab und trat wieder in die Halle.

Die Uhr tickte. Auch der Hund schabte noch immer. Doch aus der dunklen Wand, in der die Kühne vorhin verschwunden war, leuchtete jetzt grellweiß eine Tür.

Silber ging auf die Türe zu. Der hohe Raum, in dem Sophia Kühne auf ihn wartete, war hell ausgeleuchtet. Er war voll gestopft mit Bildern, Büchern und schimmernden Metallfiguren, die zwischen den Beinen eine Art Ofenrohr trugen.

Sophia Kühne saß auf einem roten Ledersofa, hatte die Beine untergeschlagen und rauchte.

«Charlotte war so einzigartig», sagte sie. «So jung. So schön. Und so begabt. Und nun liegt sie in einem Sarg aus Zink.»

Ach, dachte Silber, wenn Sie wüssten.

Dann sagte er: «Mein Beileid. Tut mir wirklich Leid.» Und sah sich nach einer Sitzgelegenheit um.

Aber es gab keinen Stuhl in diesem Zimmer. Jedenfalls keinen, auf dem man sitzen konnte. Sie waren alle irgendwie beladen. Mit Büchern, Katalogen, Mappen, Aschenbechern. So lehnte er sich an den Schreibtisch vorm Fenster und holte Notizbuch und Stift hervor.

«Ich werde Ihnen jetzt einige Fragen stellen. Und es wird wichtig sein, dass Sie diese Fragen so genau wie möglich beantworten, damit wir Charlottes letzten Tag lückenlos rekonstruieren können.»

Zu mehr kam er nicht. Die Tür flog auf. Ein Mann in einem weißen Hemd stürzte in den Raum. Er war ungefähr vierzig, nicht groß, aber sehr breit und kräftig und hatte volles grau meliertes Haar.

«Was habt ihr mit Charlotte gemacht, ihr Schweine?», brüllte der Mann und sah sich wild um. «Was? Was?»

Dann breitete er die Arme aus, gab einen gurgelnden Laut von sich und warf sich der Länge nach über Frau Dr. Kühne.

«K. B.», sagte sie über die Schulter des Mannes zu Silber, «mein Mann. Er ist noch in der Nacht aus Berlin gekommen.» Sie klemmte die Zigarette zwischen die Lippen und begann, den schweren Mann wie ein Kind zu wiegen.

> Da liegt's, so sprach die Magd,
> als ihr das Kind entfiel beim Tanze.

Saïd lief jetzt im Wald.

Und er saß hier auf dieser Treppe. Die Uhr tickte. Der Hund schabte. Sonst war alles ruhig. Die zehn Minuten, die er den Kühnes gegeben hatte, waren längst vorbei.

Den Kaffee hatte die große Frau offenbar für sich selbst gemacht, denn auch von ihr war nichts mehr zu sehen.

Silber gähnte.

Natürlich war Saïd niemand aufgefallen. Ja, wer denn auch? Ein Mann, der Pflöcke bei sich trug und einen seltsamen Stein und dessen Hose sich bei jeder Blondine beulte?

Silber fühlte, wie sein linkes Bein einschlief. Er hob es an und streckte die Zehen. Mehr war heute nicht zu machen, das magere Fräulein bestand auf einem Ruhetag. Die Pulswerte waren übrigens ganz ordentlich gewesen. Bloß warum dann der Unfug heute früh?

Sie sahen so traurig aus, Frau Jelinek.

Vielleicht *der Satz* für heute Abend.

Er überlegte, was er anziehen sollte. Dabei fiel ihm der Zettel aus der Jacke ein. Er faltete ihn auseinander. *Schumannstraße 94*. Die Schrift hatte Schwung und war sauber. Er nahm sein Notizbuch heraus und schrieb sich die Adresse auf. Dann ging er zur Garderobe und steckte den Zettel zurück.

«Das ist Lalottas Jacke.»

Silber drehte sich um.

Die Stimme gehörte einem kleinen Mädchen. Es stand am Treppengeländer, war ungefähr zehn Jahre alt, ziemlich dick, trug eine Brille und sah Silber misstrauisch an.

«Lalotta?», fragte er. «Wer ist das?»

«Sie ist gestorben», erklärte das kleine Mädchen. «Und wer sind Sie?»

«Ein Polizist», sagte Silber. «Und wie ist dein Name?»
Das kleine Mädchen schwieg.
Nach einer Weile sagte es: «Wenn Sie wirklich Polizist sind, dann sollten Sie mal den Herrn Püster befragen.»

Denis Denis, oh
with your eyes so blue
BLONDIE

– – – krükrüü!
«O Gott, jetzt habe ich dich aufgeweckt.»
«Ach was, ich habe bloß ein bisschen vor mich hingedöst. Wie spät ist es, Natalie? Du liebe Güte, schon halb drei.»
«So bleib doch liegen, Denis. Ich werde Marie sagen, dass sie still und leise sein soll.»
«Nein, lass sie spielen, ich bin nicht müde.»
«Vergangene Nacht hast du aber kaum geschlafen.»
«Du phantasierst, Natalie. Ich habe tief und fest geschlafen.»
«Nein, du warst unruhig, hast die ganze Nacht erzählt.»
«Die ganze Nacht erzählt?»
«Beruhige dich, es war gewiss nur Unsinn. Nicht der geringste Grund, sich darüber aufzuregen. Bloß ...»
«Was?»
«Bloß diese Schreie, Denis. Du hast die ganze Nacht geschrien. Genau wie jetzt, dieses merkwürdige Krü-Krü ...»
«Unsinn, das bildest du dir nur ein.»
«Vielleicht hättest du gestern Abend nicht noch laufen sollen.»
«Gott! Gibt es denn kein anderes Thema?»
«Ich mache mir nur Sorgen, Denis. Ich finde, manchmal übertreibst du es. Du bist gestern sehr lange weggewesen.»

«Zum Teufel, warum kannst du nicht verstehen, wie wichtig für mich dieses Laufen ist! Nein, sag jetzt nichts. Ich bin vier Tage unterwegs gewesen. Hier ist es Tag, dort ist es Nacht. Und dann das andere Wetter in New York, das fremde Bett, das Essen im Hotel. Alles zusammen mit einer Crew, die aus zwei fetten Koreanern besteht und einer trägen Schlampe aus Puerto Rico. Und wenn du laufen willst, brauchst du ein Taxi von Newark bis hinunter in den Central Park.»

«Ach, Denis, Liebling, hör zu ...»

«Nein, du hörst zu. Weißt du, wie schön es ist, gleich von zu Hause aus loszulaufen? Nur ein paar Schritte, und schon ist man am Rhein.»

«Als ich mit den Kindern aus der Stadt zurückgekommen bin, da war dein Auto aber gar nicht da.»

«Nicht da. Nicht da. Was spielt das für eine Rolle?»

«Weil du gesagt hast, du wärst von unserem Haus aus losgelaufen.»

«Was willst du damit sagen?»

«Nichts, Denis. Nur, dass dein Auto nicht in der Einfahrt stand. Mehr nicht. Ist das für dich ein Grund für einen Streit?»

«Ich streite nicht. Ich bin ganz ruhig. Und falls es dich noch interessiert: Ich habe die Einfahrt für dich und die Kinder freigemacht und meinen Wagen irgendwo um die Ecke abgestellt. Und jetzt lass mich in Ruhe, ich muss schlafen.»

Genaue Orts-, Sach- und Tatkenntnis
ist Vorbedingung.
POLIZEIKALENDER 1966

«Herr Püster», wiederholte Silber. «Und Herr Püster ist ...»

«Ein Riesenferkel», antwortete das kleine Mädchen mit der Brille. Dann fing es an zu weinen und lief die Treppe hoch.

Silber kratzte sich am Kopf

Einerseits unterlag die Zeugeneinvernahme von Kindern strengen Regeln und war so ziemlich das Schlimmste, was man sich als Polizist vorstellen konnte. Andererseits hatte Silber nicht vor, ohne Ergebnis ins Präsidium zurückzukehren. Und so stieg er die Treppe hoch, um nachzusehen, hinter welcher Tür das kleine Mädchen verschwunden war.

Hinter dieser Türe jedenfalls nicht.

Das musste das Schlafzimmer der Kühnes sein. Silber sah sich nicht ohne Interesse um. In der Mitte des Raumes stand ein französisches Bett mit einer Nackenrolle. Über dem Bett gab es ein Regal mit Büchern. An den Seitenwänden hingen zwei großformatige Bilder. Auf dem einen war eine junge Mutter mit zwei kleinen Mädchen zu sehen. Die Frau hatte die Marmoraugen einer Göttin. Sie trug eine schwarze Lederjacke, die vorne offen stand und die Brust freigab. Die beiden Kinder drängten sich von den Seiten zu. Das eine Kind kniff die Mutter in die Brust, dem anderen rutschte eine Geburtstagstorte mit drei Kerzen aus der Hand. Das andere Bild zeigte einen nackten Mann mit Hut, der vor seinem Unterleib eine Schiefertafel trug, auf der die Umrisse eines Gliedes gemalt waren.

Na ja, Kunst. Noch merkwürdiger waren die Bücher. Das obere Drittel des Regals war mit alten Computerbücherei gefüllt – Atari, DOS, Word Perfect, Word 4.1 und andere dickleibige Führer durch die DOS-Zeit, die kein Mensch mehr brauchte. Die Mitte des Regals bestand aus zerlesenen spanischen Taschenbüchern. Hinter den Büchern, die vom Bett aus zu erreichen waren, schien jedoch kein System zu stehen. Silber legte den Kopf schief und ließ den Blick über das kunterbunte Durcheinander gleiten: Rudolf Scharping, *Meine Tour de France*. Oskar Lafontaine, *Das Herz schlägt links*. Gerhard Schröder, *Innovationen für Deutschland*. (Und alle drei noch eingeschweißt in Folie.) Nun, etwas Verstand schien man in diesem Haus doch zu besitzen.

Silber hob die Decke an.

Und auch die Ehe stimmte.

Zwei, drei, vier, fünf. (Flecken auf dem Laken.)

Als er sich bückte, um auch unters Bett zu sehen, fiepte das Telefon in seiner Jackentasche. Es war Wahnsiedler.

«Wo bist du jetzt?»

«Bei den Eltern des Mädchens.»

«Und? Wie schaut's aus?»

«Schlecht. Jedenfalls bis jetzt.»

«Wie meinst du das?»

«Sie sind im Augenblick nicht recht vernehmungsfähig.»

«Und warum flüsterst du?»

«Ich liege gerade unter ihrem Ehebett.»

Wahnsiedlers Lachen klang gezwungen.

«Warum ich anrufe – ein Streifenwagen hat das gesuchte Fahrrad vorm Sportinstitut sichergestellt. Wir möchten, dass du dich dort oben ein bisschen umsiehst. Am besten gleich im Anschluss.»

«Wenn's denn sein muss. Mein Auto steht nämlich immer noch vor der Gerichtsmedizin.»

«Muss sein. Und noch etwas – ich gratuliere.»

«Wozu?»

«Ich habe eben deinen Bericht gelesen.»
«Und?»
«Ich habe nachgerechnet.»
«Was?
«So schnell kann doch kein Mensch laufen, Silber ...»

Vom 12. Lebensjahr an ist die Genauigkeit
der Wahrnehmung nicht mehr so gut,
da Phantasie und Unausgeglichenheit den Gehalt beeinflussen.
HANDBUCH DER KRIMINALPOLIZEI

Die nächste Tür war abgesperrt. Das Badezimmer konnte es nicht sein. Das hatte Silber schon besichtigt. Die anderen Zimmer übrigens auch.

Er klopfte an die Tür und horchte.

Zunächst blieb alles still, dann hörte er, wie der Schlüssel herumgedreht wurde. Das kleine Mädchen erschien. Sie hatte die Brille abgenommen. Die Augen waren verweint und aufgequollen.

Silber beschloss, es kurz zu machen.

«Püster», sagte er und nahm Stift und Notizbuch heraus. «Straße. Hausnummer. Telefon.»

«Ollenhauerstraße 5. Gleich hinter der Schranke. Aber da wohnt er nicht.»

«Wieso?»

«Weil er nur Lehrer ist.»

«Aha», sagte Silber und steckte das Notizbuch weg. «Noch eine letzte Frage – wo ist das Zimmer deiner Schwester?»

Das kleine Mädchen deutete auf eine schmale Treppe, die Silber für den Zugang zum Speicher gehalten hatte.

«Vielen Dank», sagte Silber. «Und es tut mir wirklich sehr Leid mit deiner Schwester.»

> Hier lag das Kind, mit warmem Leben
> Den zarten Busen angefüllt
> GOETHE, Faust

In einem hatte Sophia Kühne Recht: Charlotte war tatsächlich einzigartig. In ihrem Zimmer gab es nämlich keine Poster.

Silber atmete auf. Im letzten Sommer hatte er zwei Tage lang ein Kinderzimmer unter die Lupe nehmen müssen, an dessen Wänden lauter Einfaltspinsel mit Goldkettchen und Wollmützen um brennende Mülltonnen hüpften und fürchterliche Grimassen schnitten. Kein Wunder, dass das Kind in das Auto des erstbesten Idioten gestiegen war. (So jedenfalls Grosz.)

Charlottes Zimmer wirkte jedoch sauber und ordentlich. Vorm Fenster, das bis zum Boden reichte, stand ein Bett, neben der Tür ein großer alter Kleiderschrank mit einem ovalen Spiegel. Ansonsten hatte es schräge Wände wie alle Mansarden.

Silber trat an das Fenster. Von hier oben konnte man den Zaun und die Straße sehen. Und die große Frau, die eben mit dem Hund und einer Einkaufstasche das Haus verließ.

Er öffnete den Kleiderschrank. Unterhosen, Unterhemden, Büstenhalter. Hemden, Hosen, Röcke, Pullover. Und Trainingsanzüge, Trikots, Spikes.

Silber ging zum Schreibtisch. Über der Lehne des Stuhls hingen ein rosa Pullover, ein schwarzer Minirock und eine Strumpfhose. Vermutlich waren das die Sachen, die das Mädchen in der Schule getragen hatte.

Er hob die Schreibtischunterlage an. Eine Quittung über eine «Laufhose, gelb», eine Busfahrkarte, eine Bedienungsanleitung für eine Sportuhr und ein Schwarzweißfoto von Charlotte Kühne.

Das Foto musste ein richtiger Fotograf gemacht haben. Das Licht war gut gesetzt, die Schärfen stimmten. Das Mädchen lehnte vor einem hellen Hintergrund, machte einen großen Mund und sah am Fotografen ruhig und sicher vorbei. Sie hatte den einen Arm hinter den Kopf gelegt, sodass der Pullover ein wenig hochgerutscht war und den Bauchnabel freigab.

An einem Wandbrett hing der Stundenplan. Montags war nach der sechsten Stunde frei. Silber machte sich eine entsprechende Notiz.

Daneben waren zwei Schreiben angeheftet. Eine Anmeldung für einen Übungsleiterlehrgang beim Stadtsportbund Bonn. Und ein Formular der Sporthochschule Köln.

Im Regal Ringordner, Schulbücher, Reclamhefte. Silber nahm eines der gelben Hefte aus dem Regal. Friedrich Schiller, *Der Verbrecher aus verlorener Ehre*. Charlotte musste eine gründliche Leserin gewesen sein. Vieles war mit Bleistift angemerkt. Die Schrift war übrigens dieselbe wie auf dem Zettel aus der Lederjacke.

Darüber standen Sartre, Camus, Genet, Celine und Virginia Woolf. Alles Leute, die Silber wenig sagten. In den meisten Büchern steckten Lesezeichen und Zettel. Dann gab es noch einige Sportbücher. Laufen, Volleyball, Rhythmische Sportgymnastik, Marathon. Und *Sophies Welt*.

Bestimmt ein schönes Buch. Die Jelinek hatte es neulich in der Mittagspause besorgt und ihm unter die Nase gehalten, damit er sah, wie schlau ihre Tochter schon war.

Er nahm den Band aus dem Regal und las die Widmung auf dem Titelblatt: *Zu Weihnachten von Tante Dorothee.*

Das Buch selbst sah recht ungelesen aus.

Silber war ein bisschen überrascht.

Aber vielleicht war Charlotte schon zu alt für solche Bücher.

Er ging ans Bett und schlug die Decke hoch. Das Laken hatte keine Flecken. Er fand allerdings zwei, drei gekräuselte Härchen. Er zog eine kleine Plastiktüte aus der Jackentasche, beschriftete sie und schob die Haare mit einem Taschenmesser hinein. Dass sie noch Jungfrau gewesen war, musste nicht unbedingt heißen, dass sie wie eine Jungfrau gelebt hatte.

Der Blick unter das Bett erbrachte noch zwei kleine Überraschungen.

Die erste kleine Überraschung war ein einbeiniger Mann, der in ein Leintuch eingewickelt war. Er trug einen blauen Rock mit goldenen Knöpfen und hatte einen schwarzen Dreispitz auf. Das ganze war aus Holz geschnitzt und trug ein Schildchen: «Charlotte K., LK Kunst.»

Die zweite kleine Überraschung hatte mit dem hinteren Bettpfosten zu tun. Er fehlte. Statt dessen trug den Rahmen jetzt ein Stapel Bücher. Wenn Silber richtig gezählt hatte, gab es sieben weitere Tanten, die *Sophies Welt* für ein Buch hielten, das junge Mädchen unbedingt gelesen haben mussten.

> Namentlich sind Mädchenaussagen
> in diesem Alter mit großer Vorsicht aufzunehmen.
> **HANDBUCH DER KRIMINALPOLIZEI**

Name? Adresse? Telefon?

Die alte Masche, sie funktionierte immer noch am besten.

Nun, vielleicht nicht bei jedem. Silber dachte an Sophia Kühne, die keine seiner Fragen beantwortet hatte.

Das dicke Kind war jedoch darauf hereingefallen. Silber

klopfte auf seine Brusttasche, in der das Notizbuch steckte. Es mussten Stift und Papier sein, die den Leuten die Fragen stellten, nicht die Polizei, denn der konnte man erzählen, was man wollte.

Püster war also Lehrer am Willy-Brandt-Gymnasium. Zusammen mit dem Hinweis auf die Schumannstraße hatte er jetzt immerhin zwei Spuren, mit denen er ein bisschen glänzen konnte.

Dafür hatte die Vernehmung der Eltern kaum etwas gebracht. Als sich Charlotte zum Laufen aufgemacht hatte, war ihre Stiefmutter noch nicht zu Hause gewesen. Sie war erst gegen 19 Uhr aus der Bundeskunsthalle gekommen, wo sie an der Vorbereitung für eine Ausstellung gearbeitet hatte. (Vermutlich irgendetwas mit Ofenrohren. Silber fiel ein, dass er sich nicht genau danach erkundigt hatte.)

Gegen 20 Uhr 30 hatte dann ein junger Mann angerufen und nach Charlotte gefragt. Natürlich hatte sich diese Frau Dr. Kühne – seltsam, dass eine so junge und so unordentliche Person einen Doktortitel trug – nicht merken können, wie der junge Mann hieß. Sie war aber nach dem Anruf immerhin in Charlottes Zimmer gegangen und hatte nach Rücksprache mit dem dicken Kind festgestellt, dass Charlotte vor fünf Stunden aus dem Haus gegangen war, in Sportkleidung, denn ihre anderen Sachen lagen über dem Stuhl. Dann hatte sie um 22 Uhr bei der Leitstelle angerufen, um sich zu erkundigen, ob Charlotte vielleicht in einen Verkehrsunfall verwickelt worden war.

Charlottes Vater hatte noch weniger ausgesagt. Er war am Sonntagabend nach Berlin geflogen und Montagnacht mit seinem Berliner Dienstwagen zurück nach Bonn gefahren, weil er keinen Flug mehr bekommen hatte. Als Silber nach einem Foto von Charlotte fragte, wäre der Mann fast auf ihn losgegangen. Insofern war es nicht schlecht, fand

Silber, dass er das Bild unter der Schreibtischunterlage mitgenommen hatte.

Als er das Haus der Kühnes verließ, regnete es wieder stärker. Er spannte den Schirm auf und ging zurück zur Gerichtsmedizin.

> Der Lahme entläuft, aber
> der Lügner wird eingeholt
> SPRICHWORT

Der Umzug nach Berlin hatte die Lage in Bonn keineswegs entspannt. Wenn die Büros schlossen, brach der Verkehr immer noch regelmäßig zusammen. Als Silber endlich auf dem Parkplatz hinter dem Sportinstitut stand, sah er entnervt auf die Uhr.

Es war jetzt kurz nach vier. Gestern um diese Zeit hatte das Mädchen noch gelebt.

Wenn er sie nicht am Bänkchen überholt hätte, sondern langsam hinter ihr hergelaufen wäre, dann wäre sie jetzt nicht tot. Also war es seine Schuld.

Aber warum hätte er langsam laufen sollen?

Halt. War die Sache nicht noch komplizierter? Das magere Fräulein hatte ruhigen Dauerlauf vorgeschrieben. Den hätte er auch gemacht, wenn er nicht die gelbe Hose von Charlotte gesehen hätte.

Also war es ihre Schuld.

Silber war ein bisschen verwirrt.

Die Lösung war vermutlich, dass Charlotte Kühne noch leben würde, wenn es nicht irgendein Schwein gegeben hätte, der sie umgebracht und vergewaltigt hatte.

Er zog den Zündschlüssel ab und stieg aus. Hoffentlich war noch jemand da, der Auskunft geben konnte.

Er hatte Glück. In der Loge saßen zwei Männer in grauen

Kitteln und tranken Kaffee. Der eine Mann war groß, der andere Mann war klein. Und beide waren ziemlich dick und alt.

«Ich hab die falsche Brille auf», jammerte der Große durch die Scheibe, als Silber seinen Ausweis zeigte. Der Kleine schob den Großen vom Fensterchen weg und winkte Silber energisch um den Glaskasten herum.

«Sie gehen bitte durch, Herr Kommissar.»

Silber betrat die Loge durch eine Seitentür.

Der Kleine rückte einen Stuhl an den Tisch und schob Silber eine Tasse Kaffee hin. «Milch, Zucker, Süßstoff?» Dann faltete er seine Hände über dem Bauch. «Was kann ich für Sie tun?»

«Zuerst wüsste ich gerne», sagte Silber und tat einen Löffel Zucker in den Kaffee, «wer von Ihnen gestern Nachmittag Dienst hatte.»

«Ich», sagte der Kleine. «Ich und er.»

Der Große nickte bedächtig.

«Sie wissen, was gestern im Wald hinter der Kirche passiert ist?»

«Furchtbar», sagte der Kleine und hob den *Express*. «Ganz furchtbar. Und wenn man bedenkt, dass das Fahrrad von dem armen Ding die ganze Nacht bei uns am Zaun gestanden hat.»

Silber holte das Foto hervor und legte es auf den Tisch.

Der Kleine beäugte Charlottes Bauchnabel. Dann schüttelte er den Kopf. «Ich kenne sie alle, Herr Kommissar», sagte er, «aber das Mädchen habe ich hier noch nie gesehen.»

Der Große zuckte mit den Schultern. «Woher willst du das denn so genau wissen?»

«Weil ich die richtige Brille aufhabe, Karl», sagte der Kleine. «Und außerdem darf hier nur rein, wer rein darf: Vereine, Universitätsangehörige, Übungsteilnehmer.»

«Und wer durfte gestern herein? So zwischen 16 und 18 Uhr?»

«Den Belegungsplan, Karl», sagte der Kleine und streckte die Hand aus. Der Große reichte ihm einen Ordner.

Der Kleine begann zu blättern. «In Halle A ist montags der RWB, und zwar von 16 bis 17 Uhr.»

«Der RWB?»

«Rot-Weiß Bonn», erläuterte der Große. «Handball Damen.»

«Ach», entfuhr es Silber. Doch der Kleine erzählte munter weiter.

«Dann der Turnverein von 17 bis 18 Uhr. In Halle B ist Fechten von 16 bis 17 Uhr, dann die Herzsportgruppe von 17 bis 18 Uhr. Das Schwimmbad ist zu der Zeit leer. Da geht es erst nach 18 Uhr wieder rund.»

«Rund?»

«Sonnenfreunde e. V.», sagte der Kleine und tippte auf den Plan. «Die schwimmen alle nackt. Doch mir sind sie zu dick.»

«Es sind auch ein paar Schlanke dabei», protestierte der Große.

Der Kleine verdrehte die Augen. «Ich sage nur Brille, Herr Kommissar», flüsterte er.

Silber musste lachen.

Die beiden Alten in den grauen Kitteln gefielen ihm. Wie lange mochten sie schon hier arbeiten? Das Sportinstitut war Mitte der sechziger Jahre aufgemacht worden. Silber glaubte, sich noch an die Bahneröffnung erinnern zu können – Sievers, Hans-Jochen (ASV Köln). Männliche Jugend A. War er zweihundert oder vierhundert Meter gelaufen? Und hatte es nicht furchtbar geregnet? *Listen to the rhythm of the falling rain.* War das nicht das, was er damals gesummt hatte, als er die Startblöcke eingeschlagen hatte?

Auf alle Fälle waren die beiden ein besseres Paar, als es die Kühnes jemals werden würden. Die Villa an der Baumschulallee kam ihm auf einmal so kulissenhaft vor, dass er sich fragte, ob alles das, was ihm hinter den Mäandern begegnet war, tatsächlich existiert hatte.

Er klappte sein Notizbuch auf und sah die beiden Männer an.

«Gab es gestern irgendetwas, was anders abgelaufen ist als sonst?»

«Nicht dass ich wüsste», sagte der Kleine.

«Doch», sagte der Große. «Der eine, für den du immer Herr Professor sagst, der ist gestern Abend mitten aus der Herzsportgruppe weg.»

«Ist mir nicht aufgefallen, Karl.»

«Du warst auch gerade am Klo. Der ist die Treppe hinaufgelaufen, als wäre der Teufel hinter ihm her. Und gleich zum Auto und dann fort.»

«Können Sie den Mann beschreiben?», fragte Silber den Großen.

«Könnten wir, könnten wir», sagte der Kleine. «Aber wozu?» Er sprang hoch und riss das ovale Fensterchen auf. «Tag, Herr Professor. Wir sprachen gerade von Ihnen, der Herr Kommissar und ich.»

The bigger the fool
The harder the fall
KRIS KRISTOFFERSON

Silber betrat kurz vor neun das Lokal, in dem er sich mit der Jelinek verabredet hatte. Es war zwar nicht so hell wie das Arbeitszimmer der Kühne, aber das Licht blendete doch so, dass er zunächst die Augen zusammenkneifen musste. Die Tische standen eng beisammen, die Stühle wirkten schmal und zerbrechlich. Und überall dudelte Musik.

Ein Kellner lehnte an der Kasse. Es war ein junger Mann mit einer Schürze und einer Frisur, die weitgehend aus Öl bestand.

«Wir haben einen Tisch bestellt», sagte Silber. «Auf den Namen Jelinek.»

Der Kellner wies auf ein Tischchen, das mitten im Raum stand.

«Ist mir zu sehr in der Mitte», sagte Silber.

Der Kellner zuckte mit den Schultern, obwohl mehr als die Hälfte der anderen Tische nicht besetzt waren.

«Falls jemand nach mir fragt – Hauptkommissar Sievers von der Kripo Bonn», sagte Silber. «Ich sitze an dem Tisch dort hinten in der Ecke.»

Der Kellner wollte etwas sagen, aber Silber ließ ihn stehen, denn die Jelinek war ins Lokal getreten.

«Vielen Dank, dass Sie gekommen sind, Herr Sievers.»

Silber verbeugte sich und half ihr aus dem Mantel. Die Jelinek trug ein graues Kostüm, dessen Jacke einen viereckigen Ausschnitt hatte und ihren weißen Hals sowie den Ansatz ihrer Brust frei gab. Der Rock war kurz und eng und zeigte ihre Sündenbeine.

«Wie war Ihr Tag?»

«Es hat schon schlimmere gegeben», sagte Silber und verschwand hinter der Speisekarte. «War noch etwas im Büro?»

Die Jelinek schüttelte den Kopf. «Nichts. Abgesehen davon, dass die Mordkommission jetzt *Naik* heißt.»

«Naik?», hustete Silber.

«Die Turnschuhmarke der Toten. Wahnsiedlers Idee. Doch keiner weiß, wie man das richtig ausspricht. Wahnsiedler selbst sagt *Naik*, Kenntemich *Nike*, und Oberkommissar Krell meint, man müsse *Naikie* sagen.»

Silber schüttelte sich.

«Die kleine Schwester nannte sie *Lalotta*», sagte er dann. «Das wäre der richtige Name gewesen.»

«Ja, das klingt schön», stimmte die Jelinek zu. «Wie war's denn überhaupt bei diesen Kühnes?»

«Das Übliche, mehr oder weniger», sagte Silber. «Vielleicht ein bisschen mehr. Auf alle Fälle habe ich zwei Spuren mitgebracht. Die eine ist eine Adresse in der Schumannstraße, die andere geht in Richtung Willy-Brandt-Gymnasium. Da schaue ich morgen früh gleich einmal vorbei. Auf welcher Schule ist eigentlich Ihre Tochter?»

«Vega? Auf der Gesamtschule Bonn-Beuel.»

Die Jelinek seufzte.

«Manchmal denke ich, sie ist zu gut für die Gesamtschule. Sie lernt nämlich ganz ordentlich. Bloß lesen will sie nichts.»

«Vielleicht liest sie das Falsche», sagte Silber. «Zum Beispiel dieses Buch, das Sie mir neulich gezeigt haben – *Sophies Welt*. Ich habe jetzt gehört, dass es doch nicht so besonders sein soll.»

«Das mit dem Lesen hat Vega von ihrem Vater», erklärte die Jelinek. «Der hatte es auch nicht mit den Büchern.»

Silber war nicht ganz sicher, ob das ein Vorwurf sein sollte.

«Ach, noch etwas, Frau Jelinek. Wahnsiedler hat mich dann noch ins Sportinstitut der Universität geschickt. Aber da war nichts außer einem völlig konfusen Professor. Ich hoffe bloß, dass der uns nicht auch noch auf die Nerven geht. Wahnsiedler will bis jetzt schon über hundert Einzelhinweise bekommen haben. Doch was ich sagen wollte – Sie spielen doch dort oben Handball?»

Die Jelinek nickte. «Ja, bei Rot-Weiß Bonn. Warum fragen Sie, Herr Sievers?»

«Sie wissen, dass das nicht sehr weit vom Tatort ist. Ich hoffe bloß, Sie haben ein besseres Alibi als ich, Frau Jelinek.»

«Für wann?»

«Na, so um 17 Uhr.»

Die Jelinek kicherte.

«Da stand ich unter der Dusche.»

Silber merkte, dass er rot wurde. Er gab sich einen Ruck. Jetzt mussten sie kommen, die Mordssätze.

Er räusperte sich.

«Frau Jelinek, es tut mir wirklich Leid wegen heute Morgen. Sie sahen so traurig aus. Und da ist es eben passiert.»

«Was?»

«Was?» Silber war irritiert. «Na, heute Morgen, die Sache der ...»

«Ach das», sagte die Jelinek. «Das war doch lieb von Ihnen.»

Sie berührte seine Hand.

«Herr Sievers, ich brauche Sie.»

«Was Sie nicht sagen, Frau Jelinek», sagte Silber.

> Der Geist der Medizin ist leicht zu fassen
> GOETHE, Faust

Kaulich lag auf dem Sofa, hatte die Dienstagsbeilage der *Frankfurter Allgemeinen* («Motor und Technik») über sich gebreitet und wünschte seinen Tod herbei.

Es sei denn, es gelänge ihm, jetzt jenen klugen Kopf zu wahren, den diese Zeitung ihren Lesern seit vielen Jahren versprach. Doch musste er dafür bei Kräften bleiben. Und daher lugte er unter dem Blatt hervor, um nachzusehen, wie's mit dem Abendessen stand.

Soeben legte seine Frau die Teller auf.

Natürlich war Kaulich glücklich verheiratet. Wer war das nicht nach vierunddreißig Ehejahren. Es hatte sich bei seiner Frau längst jener Zustand eingestellt, in dem die Sorge um die Gattentreue der Sorge um den Cholesterinwert gewichen war. Insofern war sie nur zu froh gewesen, als er vor einem guten halben Jahr den Bluthochdruck mit einer Herzsportgruppe angegangen hatte.

Was aber würde sie sagen, wenn sie von der Polizei erführe, dass ihn kein Mensch in dieser Herzsportgruppe kannte? Dass dafür seine Taschentücher eine ganze Ginsterhecke schmückten?

Und was geschähe wohl, wenn Schimmelpennick Wind von der Sache mit dem Fensterchen bekäme? Was, wenn der Rest des Instituts von diesen Damenduschen erführe – was, wenn die ganze Universität darüber tuschelte, dass ausgerechnet er, Kaulich, ein Mikrobiologe ...?

Um Gottes willen, nein.

Kaulich wurde es heiß unter der Zeitung. Doch dann befiel ihn Zorn. Was war denn schon Besonderes an geschauten Brüsten?

Stand ihm der Blick auf sie nicht sogar zu? Als Arzt? Als Therapeut? Als Mann der Wissenschaft? Galt nicht der Eid des Hippokrates für Mammographen wie für Mikrobiologen?

Insofern war's verbrieftes Recht. Und Kaulich schnaufte.

Natürlich war das Institut nicht ebenjener Ort, an dem sich Frauen gern und reihenweise entblößten. Natürlich gab es unterm Mikroskop nichts zum Betasten, zum Befühlen. Natürlich war die Analyse der β-Lactamasen nicht zu vergleichen mit der Diagnose einer juvenilen Gigantomastie.

Und dennoch musste diese Arbeit auch erledigt werden.

Wer also wollte einem unterm Strich verübeln, wenn man sich anders half?

Und konnte man sich rücksichtsvoller erregen als durchs Betrachten einer entblößten Brust? War denn die Schädigung eines Körpers möglich, der von der Schädigung nichts spürte?

Und überhaupt – strotzte und pulste es unter all der lilienweißen Haut nicht ganz allein zu diesem Zweck? Wieso sonst wölbte sich das derart doppelt vor, wenn's nicht beschaut, bewundert und gebilligt werden wollte?

Bizarr, dass man sich deswegen überhaupt verteidigen musste.

Vielleicht musste auch etwas Bizarres getan werden, um aus der Sache rauszukommen.

In The Flesh
BLONDIE

Der Große Wendigo steckte fest. Und musste doch zum Ende kommen. So bog er ihr den Kopf zurück, den kurzgeschorenen Kopf – wo waren sie, die langen Haare, an denen er sonst so riss und zerrte! – und schlug den Schnabel in den weißen Hals.

Er wusste, dass er nur noch wenig weitermachen musste, bis sie die Zeichen zeigen würde, die sie immer zeigte – Gestöhn, Gekreisch, schweißnasse Haut und endlich dann, die Zehen eingebogen, das Brüllen in sein Ohr, sein armes Ohr, o weh, o weh.

Dann endlich durfte er sich lösen und auf die Stange springen. Und hockte schon, die langen Vogelbeine angezogen, überm Bett. Wie gerne hätte er – *krükrüü* – den Wutschrei ausgestoßen. Doch war dies nicht die Zeit. So saß er da und klappte mit dem Schnabel.

Schwer atmend lag sein Weibstier da, die Augen zu, die Flanken bebten. Und schäumte immer noch wie Hennen, wenn sie brütig sind. Nein, nichts für seinen Großen Purpurknauf.

Der Wendigo schüttelte sein Gefieder.

Was für ein Fehler, dass der Opferstein schon vor der Zeit gefallen war. Zwar war die dunkle Pforte noch blutwarm gewesen, doch als er eingefahren war, hatte sich nichts im Goldenen Hühnchen mehr geregt. Wenn's wenigstens den Ring für ihn getragen hätte, für ihn und seinen Großen Sporn.

Er brauchte diesen Ring, er musste ihn haben. Gewiss lag er irgendwo noch in dieser Kammer unterm Dach ...

Es ist möglich, dass bei manchen Männern
der Anblick einer jeden Frau Kastrationsangst hervorruft
OTTO FENCHEL, Psychoanalytische Neurosenlehre, Band II

Der Kellner kam und räumte das Essen weg.

Die Jelinek lächelte. «Ich sagte vorhin, dass ich Sie brauche. Ich hoffe, Sie haben mich nicht missverstanden.»

«Keineswegs», sagte Silber. «Noch einmal dasselbe?»

Die Jelinek nickte. (Also eine weitere Flasche.)

«Ich weiß nicht recht, wie ich anfangen soll, Herr Sievers.»

Endlich mal jemand, der nicht andauernd *Silber* sagte. Silber faltete die Hände unterm Kinn und legte den Kopf zur Seite. Dies schien zu helfen, denn die Jelinek fuhr, wenn auch stockend, fort:

«Ein Mann, dem ich in Wuppertal einmal sehr nahe gestanden habe, möchte, dass ich zu ihm zurückkomme.»

Silber machte ein betroffenes Gesicht.

«Und was sagt Ihre Tochter dazu?»

«Die Vega?» Die Jelinek sah Silber verständnislos an. Doch dann verstand sie und lachte. «Ach wo, die Vega ist von meinem ersten Mann.»

«Sie sollen also zurück nach Wuppertal», half Silber taktvoll weiter.

«Das will ich nicht, Herr Sievers», rief die Jelinek empört und schlug auf den Tisch, dass die Teller klirrten. «Und jetzt kommt er am Samstag nach Bonn. Ich aber habe ihm geschrieben, dass das nicht geht, weil ich mich neu gebunden hätte.»

«Ausgezeichnet», sagte Silber. «Ihr alter Mann wird Ihren neuen Mann sehen und wieder verschwinden. Oder ihm den Schädel einschlagen.»

«Das ist es ja», sagte die Jelinek. «Den neuen Mann, den gibt es nicht. Deswegen brauche ich Sie.»

Sie beugte sich vor und griff nach Silbers Hand. Ihre Jacke tat sich auf, und der obere Teil der Brust trat über den Rand des Kleides.

«Frau Jelinek», sagte Silber verwirrt.

«Ach was», sagte die Jelinek und schob alles wieder zurecht. «Was ich sagen will – könnten wir nicht übers Wochenende zu Ihnen kommen?»

«Zu mir? Und was heißt *wir*?»

«Ich und die Vega», nickte die Jelinek. «Und dann so tun als ob.»

«So tun als ob?»

«Bloß dass er sieht, dass wir in festen Händen sind», sagte die Jelinek und sah ihn voller Hoffnung an.

Silber schwanden die Sinne.

«Was ist er denn?», fragte er dann matt. «Möbelpacker? Schmied? Hammerwerfer?»

Die Jelinek schlug verschämt die schönen Augen nieder. «Ach wo, Herr Sievers», lispelte sie trunken, «der ist PP. PP in Wuppertal.»

Für Wertsachen können wir
keine Haftung übernehmen!
ST.-PETRUS-KRANKENHAUS BONN

Kabumm. Kabumm. Unüberhörbar *Sister Fîl*, der schwarze Elefant. Baschir lauschte dem Getrampel nach, das, mächtig dröhnend, im Flur nachhallte.

Er richtete sich langsam auf. Der Kopf tat ihm noch ordentlich weh. Ein Bus, o weh, o weh! Er war mit einem Bus der Stadtwerke Bonn zusammengestoßen. Wer wusste, wie grün und groß dieser Bus gewesen war, der könnte ermessen, welche Schmerzen Baschir nun auszustehen hatte. Doch er war noch am Leben, *hamadillulah*, Allah sei gepriesen.

Und dennoch, wenn morgen die Kusinen kamen, um sich nach seinen Wünschen zu erkundigen, so sollten sie ihm ein paar Mittelchen von zu Hause bringen. Was man von der AOK bekam, war schlechter Dreck.

Die Tritte *Sister Fîls* waren verhallt. Vermutlich war sie in ihrem Stall, trank Wasser und fraß Heu. Baschir gefiel das Bild vom Elefanten.

Er schlug die Bettdecke zurück und setzte seine Füße auf den Boden. Die Zehennägel waren natürlich noch immer schwarz, aber das sah man nicht in der Dunkelheit.

Steifbein und Mumie ruhten. Soweit man es ruhen nennen konnte, wenn man dabei schmatzte, schnarchte, stöhnte. Die Mumie war an ein Gerät gestöpselt, in dem ein rotes Lichtchen blinkte. Und in das Steifbein floss Flüssigkeit, tropf, tropf.

Das Hemd, das im Genick zugebunden war und hinten offen stand, war Baschir leider nicht losgeworden. Zum Glück war in der Sporttasche eine Trainingshose gewesen, sodass er sich das Ärgste bedecken konnte.

Er öffnete vorsichtig die Tür.

Der Flur war so hell, dass Baschirs Augen schmerzten.

So sah es also in einem Krankenhaus aus. Baschir war nicht sehr beeindruckt. Ein Flur mit vielen Türen. Und über allem eine Bahnhofsuhr. Es war jetzt kurz nach eins.

Das Zimmer am Ende des Flurs hatte eine Wand aus Glas. Dort saß der Elefant und schlief. Der Kopf war weit zurückgesunken, der Mund stand auf, die Beine waren weggestreckt. Baschir wandte sich ab. Zehn Steifbeins und zehn Mumien hätten nicht lauter schnarchen können als diese eine schwarze Frau.

Baschir schlich langsam zurück. Es waren jetzt noch drei Türen bis zu der Tür, hinter der Steifbein und Mumie lagen und verwesten. Baschir entschied sich für die erste Tür.

Er zog sie vorsichtig auf und schlüpfte hinein.

Das Zimmer war bis auf einen schmalen Lichtstreifen, der unten durch die Tür fiel und Baschirs Zehen beleuchtete, vollständig dunkel. Hastig trat Baschir aus dem Licht und presste sich seitwärts an die Wand. Er wartete, bis sich seine Augen an die Dunkelheit gewöhnt hatten. Noch hatte er nicht erkennen können, wo in diesem Raum die Betten standen. Geräusche waren nicht zu vernehmen, kein Schnarchen, Schmatzen, Stöhnen, sodass Baschir sich fragte, ob er nicht in eine Abstellkammer geraten war.

Doch dann gewahrte er ein Bett. Es lag eine Person darin mit einem hochgewölbten Leib.

Baschir war enttäuscht. Weiber, die Kinder unterm Herzen trugen, hatten kein Geld in ihren Schränken. Sie hatten Männer, die für sie bezahlten.

Er wollte sich eben abwenden, als er erkannte, dass es kein Weib, sondern ein Mann mit einem ungeheuer dicken Bauch war.

Baschir lächelte. Dickwänste hatten immer Geld, um ihren Bauch zu füttern. Er schlich zum Schrank, öffnete ihn und tastete die Fächer ab. Zwischen der Wäsche fand sich freilich nichts. Nur einige knisternde Tüten.

So trat er vor das Bett des dicken Manns und zog ganz langsam, langsam die Schublade des Nachttischchens auf. Dort lag, neben einer angebrochenen Süßigkeit, eine Börse aus Leder.

Baschir lächelte abermals. Er streckte die Hand nach der Geldtasche aus und brachte sie an sich, doch dann entfuhr ihm ein gurgelnder Laut, denn eine eiserne Klammer hatte sich um seinen Hals gelegt.

Bei sportlicher Betätigung bis zu einer Stunde reichen Wasser oder Tee als Ersatz völlig aus.
DAS EINMALEINS DES AUSDAUERSPORTS, S. 35

Kein Zweifel, Silber war betrunken. Er ließ sich in das Taxi fallen, das die Jelinek gerufen hatte. Warum? Nun, um sie ein bisschen zu begleiten. Die Fahrt von Bonn nach Bad Godesberg nahm er kaum wahr. Juridicum, Museum Koenig, Bundeskanzlerplatz, halt, eine rote Ampel, Präsidium, Hochkreuzallee und Wurzerstraße. *Dann bitte einmal rechts und einmal links.* Wie schnell die Welt sich drehte, wenn man nicht mehr ganz nüchtern war.

Die Jelinek saß neben ihm und sah starr geradeaus. Sie hatte fast das Doppelte getrunken. Auf einmal fühlte Silber starke Sympathie für sie und hätte gerne ihre Hand genommen und gedrückt. Doch hielt das Taxi schon in einer engen Gasse, und Silber langte nach dem Portemonnaie.

Und ließ es stecken.

Denn zahlte er den Taxifahrer jetzt, so musste die Jelinek glauben, er, Silber, sähe in der engen Gasse auch schon das Ende seiner Fahrt. Und das war kaum im Sinne eines So-tun-als-ob.

«Da wären wir», sagte die Jelinek und stieß auf.

Silber ergriff Verantwortung für die Jelinek. Er würde sie zumindest bis zur Haustür bringen müssen. Und dann ein neues Taxi nehmen und nach Hause fahren.

So schob er dem Fahrer einen Schein nach vorne, stieg aus und trat ans offene Wagenfenster, um sich das Wechselgeld geben zu lassen.

Doch schon hatte die Jelinek die Wagentür geöffnet und streckte ein Sündenbein vor. Silber erschrak. Aber dann besann er sich und griff zu.

Gleich sank ihm die Jelinek in die Arme.

Das Taxi glitt rücksichtsvoll davon.

Silber sah den roten Lichtern nach. Dann fühlte er etwas in seiner Hand. Es war ein Schlüsselbund.

«Soll ich denn mit nach oben kommen?», fragte Silber, abermals erschrocken.

«Jetzt, wo Sie einmal da sind», sagte die Jelinek und zog die Schuhe aus.

Aha. Hierher kamen die Flugzeuge auch.

Zunächst aus weiter Ferne das bekannte Rumpeln. Rasch schwoll's zum Brausen. Und wuchs und wuchs, bis die Turbinen pfiffen. Nachts um halb zwei in Bonn: Die Post, die tagsüber nie kam, trug nun die Päckchen aus. Verkehrte Welt.

Silber floh ins Haus.

Die Jelinek wohnte im zweiten Stock. Weil Silber Schwierigkeiten mit den Schlüsseln hatte, schloss sie die Wohnungstüre selber auf.

Dann blieb sie stehen, legte den Finger auf den Mund und horchte in ein Zimmer.

Ach so, das Kind. (Und daher auch die Schuhe.)

Die Jelinek zog Silber bis zum Ende des Flurs, tat eine Türe auf und zeigte auf das Bett, das in der Ecke stand, und verschwand.

Silber zog sich rasch aus und breitete die Decke über sich.

Die Decke fühlte sich frisch an und kühl. Seersucker, dachte Silber. Wahnsiedler trug sommers ein Jackett aus diesem Stoff. Hoffentlich wurde, unterm Strich, die Sache nicht zu peinlich. Von morgen früh ganz zu schweigen. Oder erwartete sie, dass er das Bett gleich wieder räumte? (Seiten- statt Mittelständer, sozusagen.) Vielleicht war alles aber nur ein Missverständnis. Und dies hier nur das Bett für Gäste.

Der Ausweg blieb noch. Immerhin.

Silber hob den Kopf, um sich im Zimmer zu orientieren.

Doch da kam schon die Jelinek. Sie schritt mit Grazie auf ihn zu. Das Becken schwang, die Brüste wogten. Ansonsten war sie splitternackt.

Silber schluckte.

Das war sie also, die berühmte Brust, die das Präsidium seit dem Tage umtrieb, da ihm die Jelinek aus Wuppertal zugeordnet worden war. Es war dies Schwingen und dies Wogen des zartblau Geäderten unter weißer Haut, weswegen sein Büro so oft dem bekannten Taubenschlage geglichen hatte, in dem jeder, aber auch wirklich jeder – selbst der Dicke, ja, auch der Verräter Grosz – nach Heftklammern, Essensmarken und verlegten Obduktionsberichten zu suchen vorgab.

Die Jelinek kniete sich vors Bett, schlug die Decke hoch

und sah sich seinen Körper an. Dann stieg sie auf ihn und fragte, während sie ihn langsam eindringen ließ: «Wieso sagt eigentlich jeder *Silber* zu Ihnen?»

a'udhu billahi minasch-schaytanir-radschim
GEBET BEI ALBTRÄUMEN

Mata 'ib, Trabbel, Schwierichkeiten – sein armer Kopf stand lichterloh in Flammen. Glühende Nadeln hoben und senkten sich. Sosehr sich auch Baschir wand und drehte, er konnte sich aus der Umklammerung nicht lösen. Die Augen traten aus den Höhlen, die Nasenflügel blähten sich, der Mund ward trocken und die Zunge schwoll.

Viel schlimmer als die Nadeln aber war, dass Baschir nicht erkennen konnte, was ihn so gewaltig niederhielt.

Ein Mensch besaß unmöglich solche Kräfte. Am wenigsten der dicke Mann, vor dessen Bett er, Baschir, umgesunken war. So war's wohl ein Dämon der Hölle, der über ihn gekommen war – Allah allein mochte wissen, warum.

Nun begann auch noch der Verband vom Kopf zu rutschen. Das leichte Gewebe glitt über die Augen und verstopfte Baschirs Nase, sodass er vollends zu ersticken drohte.

Da gab er auf und ließ die Börse fallen, die er noch immer fest umfangen hielt.

Die Klammer löste sich. Baschir bekam auf einmal wieder Luft. Die schoss jedoch wie glühendes Blei durch seine Kehle. Er heulte auf und fuhr sich mit beiden Händen an den Hals. Die Schmerzen waren unbeschreiblich.

Nun fühlte er auch noch Stöße an seinem Leib.

Baschir sah winselnd auf. Er hatte Recht gehabt, es war ein Dämon. Der Dämon thronte oben auf dem Bett und gab ihm üble Püffe. Doch war er nicht allein, denn hinter ihm hatte sich ein weiteres Wesen aufgebaut, riesig und schwarz, mit furchtbar großen Zähnen.

Licht flammte auf in viereckigen Quadraten. Es kam von oben, von der Decke. Und mit ihm hatten die Dämonen sich verwandelt. Sie waren jetzt der dicke Mann und *Sister Fîl*. Der schwarze Elefant trompetete vor Vergnügen, und auch der dicke Mann hielt sich den Bauch vor Lachen.

Baschir verzog gekränkt das Gesicht. Doch dann zeigte er die Lücke zwischen seinen Zähnen und lachte auch.

Bei stundenlangen Wettkämpfen sollte jedoch
eine Elektrolyt-Komponente im Getränk enthalten sein.
DAS EINMALEINS DES AUSDAUERSPORTS, S. 36

Die Jelinek war nun schon eine ganze Weile über ihm.

Zunächst hatte er sich damit beschäftigt, die Brust zu berühren und zu küssen. Groß genug war sie schließlich und etwas anderes als beim mageren Fräulein allemal. Dann aber hatte er geglaubt, dass es nicht schaden könne, der Jelinek in all dem Auf und Nieder beizustehen.

Doch führte dies zu nichts. Die Sache mit der Brust schien der Jelinek jedoch zu gefallen, so wie sie sich wand und drehte und ihm die runden Spitzen immer wieder in den Mund schob, zumeist die rechte, denn links zeigte sie sich empfindlich und wollte nicht gebissen werden. Auch für den Rest hatte sie eigene Pläne, sodass sich Silber bald damit beschied, bloß dann, wenn auch sie zulegte, heftig zu werden. Ansonsten nahm er sich zurück und ließ allenfalls die Muskeln der Oberschenkel spielen, um die Jelinek ein paar Zentimeter anzuheben.

Einige Male löste sie sich ganz von ihm und glitt über ihn hinweg. Dann schloss Silber die Augen und hoffte, dass das

Kind in diesem Augenblick nicht in das Zimmer träte. (Und es ihm nicht so erging wie Kasperle mit dem Krokodil, was ihm als Fünfjähriger solche Angst machte, dass er jedes Mal laut schrie.)

Vielleicht nicht ganz so laut wie jetzt die Jelinek.

Sie war noch einmal ziemlich rasch geworden und hatte sich so plötzlich aufgerichtet, dass Silber die Brust mit schmatzendem Geräusch entfahren war. Dann legte sie sich zurück, bis sie seine Knöchel mit den Händen umgreifen konnte, und gab, ohne mit der Bewegung aufzuhören, einige sehr heftige Laute von sich.

Silber, der eben überlegte, ob er nicht ebenfalls besser gekommen wäre, verspürte einen stechenden Schmerz. So war er froh, dass er es sein gelassen hatte. Um allen Fragen vorzubeugen, stöhnte er jedoch zweimal heftig auf

Die Jelinek hörte ganz plötzlich auf und sah ihn prüfend an. Ihr Körper glänzte. Von ihren Brüsten tropfte Schweiß.

Silber legte beide Hände auf ihre Hüften.

Die Jelinek verstand. Sie hob das Gesäß ein wenig an. Silber fuhr aus ihr heraus und drehte sich auf den Bauch.

Die Jelinek legte sich seitwärts neben ihn und fuhr ihm mit den Fingernägeln über den Rücken.

«Du Lieber», sagte sie.

«Ja, du auch», sagte er und fasste, während er schon halb schlief, noch rasch nach ihrem Hintern.

«Mmmh», gurrte die Jelinek und kniff die Backen zusammen. Dann wackelte die Matratze, und Silber spürte, wie etwas sehr Weiches, Warmes über seine Schultern glitt.

Dritter Tag

LEHMANN & LECHHARDT GmbH • WIESENDAMM 1 • 22305 HAMBURG

Fax an Herrn KHK Hans-Jochen Sievers

                Hamburg, den 9. Februar 2000

Sehr geehrter Herr Sievers,
vielen Dank für Ihr Schreiben. Ihre Bestellung – *6 Stück MK-3 Defense Technology* – ist am 17. Januar 2000 bei uns abgegangen. Bevor wir Ihnen eine neue Lieferung schicken, würden wir uns gerne bei unserem Auslieferungsservice nach dem Verbleib der Ware erkundigen. Wir müssen Sie deshalb noch um ein wenig Geduld bitten.

Mit freundlichen Grüßen
Lehmann & Lechhardt GmbH

Indianer entfernen nie den Lendenschurz,
damit sie nicht den Mond oder die Sonne kränken.
H. P. DUERR, Obszönität und Gewalt

«Sievers», wiederholte der Mann im Trainingsanzug und legte seine Hand, ohne den Blick vom Schulhof zu wenden, an die Stirn. «Nee, sagen Sie nichts – Mexiko 1968 ... 800 Meter ... Sie sind Dritter geworden ... Dritter hinter Juantorena. Und war da nicht noch irgendetwas hinter dem Ziel?»

«München 1972», sagte Silber. «1500 Meter und Zweiter. Der Erste war ein Finne namens Pekka Vasala.»

Der Mann im Trainingsanzug sah Silber zweifelnd an. «Tatsächlich?»

«Glauben Sie's mir», sagte Silber. «Ich war dabei.»

Der Mann im Trainingsanzug zuckte die Schultern. «Grüß dich, Sievers, ich bin Püster», sagte er dann, nahm die rechte Hand vom Geländer der Turnhallentreppe und hielt sie Silber hin: «400 Meter. Deutscher Meister 1965. Aber nur in der Staffel.»

Püster hatte rötliches Kräuselhaar, ziemliches Übergewicht und war etwas über die sechzig. Wie ein 400-m-Läufer sah er nicht gerade aus.

«Frankfurt?», fragte Silber matt.

«Nee, Wuppertal. Mit Kinder.»

Wuppertal stimmte. Und Manfred Kinder auch. (Der andere *Laufende Polizist*.) Also ergriff Silber Püsters Hand und schüttelte sie brav.

«Und jetzt?», fragte Püster. «Ich meine – läufst du noch immer?»

«Ich komme wegen Charlotte Kühne», sagte Silber.

Püster hatte sich offenbar im Griff. Sein Gesicht zeigte nicht die geringste Bewegung. Er hatte beide Hände wieder auf das Treppengeländer gestemmt und starrte auf den Schulhof, wo sich die Schüler sammelten.

«Ich war gestern Nachmittag bei ihrer Familie», sagte Silber. «Da war so ein kleines Mädchen mit einer Brille.»

«Jennifer», bestätigte Püster. «Die habe ich in der dritten Stunde gleich in Sport. Schwimmt ganz gut. Für den Rest ist sie allerdings zu fett. So was wie Basketball mal ausgenommen.»

Es begann zu regnen. Die meisten Schüler strebten einer Überdachung am Hauptgebäude zu. Silber spannte seinen Schirm auf und hielt ihn so, dass er auch Püsters Kopf bedeckte.

«Ich glaube kaum, dass Jennifer vor der Beerdigung in die Schule kommen wird», sagte er dann.

Püster gab einen merkwürdigen Laut von sich. Für einen Augenblick dachte Silber, dass er weinte. Aber es war wohl nur eine Art Räuspern gewesen.

«Viel war aus dem Mädchen nicht herauszubekommen», fuhr Silber fort. «Aber was sie sagte, war ganz interessant.»

«Augenblick mal.» Püster steckte zwei Finger in den Mund und stieß einen gellenden Pfiff aus. «He, du da», brüllte er quer über den Schulhof. «Ja, du da, der Abdullah – heb sofort das Papier da auf!»

Ein bräunlicher Knabe rannte zurück zu der Tüte, die er gerade fortgeworfen hatte, und trug sie eilig zum Papierkorb.

«Ich sollte den Herrn Püster fragen. Das hat sie gesagt. Einfach so. Irgendeine Idee, nach was ich fragen sollte?»

Püster gab keine Antwort. Stattdessen zeigte er auf ein paar Unterstufenschüler, die sich mit Dreck bewarfen.

«Der Tag wird kommen», sagte er dann düster. «Zunächst der Aufstand der Idioten. Danach die Diktatur der Nervensägen.»

«Ich verstehe Sie nicht», sagte Silber.

«Die verstehen auch nichts», knurrte Püster. «Verlange bloß nicht mehr von ihnen, als man im Ministerium für sozialverträglich hält. Schau ihre Hefte nach, schreib ihnen Noten drunter und sitz tausend Konferenzen ab. Was für ein Job.»

Püster ächzte.

«Was bist du, Sievers?»

«Was ich bin?», fragte Silber irritiert. Langsam ging ihm dieser Lehrer auf die Nerven.

«Bei der Polizei natürlich», knurrte Püster.

«Kommissar. Hauptkommissar. Besoldungsgruppe A 12.»

«Gratuliere», sagte Püster. «Ich bin A 15. Studiendirektor. In deinem Laden wäre das doch Kriminaldirektor, oder?»

Silber hob die Schultern.

«Ein Parkplatz in der Tiefgarage – markiert, für mich, Püster», sann Püster, «und ein Büro und eine Sekretärin. Und ich könnte dir, Sievers, den Marsch blasen, wenn ich wollte. Doch hier», und dabei wies sein Arm über das Schulgelände, «bist du der letzte Arsch.»

Eine Blechdose flog scheppernd über das Pflaster. Drei fette Knaben stürzten hinterher.

«Wärst», verbesserte sich Püster. «Wärst du der letzte Arsch – falls du dich dazu machen lässt.»

Silber trat von einem Bein auf das andere.

«Nee, du», fuhr Püster fort, «es ist wirklich kaum noch auszuhalten an der Schule. Die Mittelstufe – gut und schön. Wer von uns war nicht bescheuert, als er vierzehn war. Dass aber heute schon die Kleinen völlig meschugge sind, ist neu und schmerzt.» Und dabei wies er auf eine Klasse, die in breiter Linie auf die Turnhalle lostrottete. «Klein Fritzchen mit den goldgefärbten Haaren. Klein Erna, ebenfalls lackiert. Und all die Massuds und Mohammeds, die wie Lamas spucken und auf die Scheiden ihrer Schwestern fluchen. Der Rest heißt Aysha und trägt Kopftuch.»

Die frohe Botschaft von Johannes Rau schien Püster offenbar noch nicht erreicht zu haben.

Auf Silbers Stirn erschienen Falten.

«Wenn du nun denkst, dass es nicht schlimmer werden kann, dann warte, bis die Eltern kommen. Sagte ich *Eltern*?» Püster lachte höhnisch auf. «Im besten Fall die zweite Mutter und der dritte Vater. Anscheinend dürfen Ehen heute nicht länger als fünf Minuten halten. Wen wundert's, wenn die Bälger melancholisch werden.»

Er schwieg einen Augenblick. Dann fuhr er fort:

«Doch immerhin – unter den tausend, die da hopsen und quieken, gibt's immer wieder mal ein paar, die anders sind. Verstehst du mich? Wie war noch mal dein Vorname?»

«Hans-Jochen», sagte Silber.

«Verstehst du mich, Hans-Jochen?», fragte Püster.

«Ich glaube schon», sagte Silber.

Püster gab wieder diesen eigentümlichen Laut von sich.

«Charlotte Kühne war so eine», sagte er dann nach einer Pause, und seine Stimme war auf einmal klein und leise. «Ich hatte sie von Anfang an. Ein blondes Ding mit blauen Augen. Stabil und kräftig», Püsters Pranken formten etwas in der Luft, «ernst und ruhig. Schon damals hat sie Abstand gehalten. Charlotte wusste, wer sie war. Und wusste, wer die anderen waren. Und kam bloß an, wenn sie mal Fragen hatte.»

«Fragen? Was für Fragen?»

«Welches Papier man bei Aquarellen nimmt. Ob man von Zungenküssen Kinder kriegt. Wie man die Prüfung an der Sporthochschule schafft.»

Püster hatte einen Sprung in der Schüssel. Das stand fest. Silber überlegte, ob der Mann als Tatverdächtiger zu gelten hatte. Dann musste er ihn festnehmen und aufs Präsidium bringen. (Wer aber kümmerte sich dann um diese Schüler?)

«Sonst nichts?», fragte Silber. «Ich meine, wollte sie sonst nichts von Ihnen? Oder Sie vielleicht von ihr?»

Püster sah Silber an. Dann lachte er, kurz, bellend, freudlos und stieg die Treppe hoch.

Sofort erscholl ein fürchterliches Geheul.

Es war die Klasse. Sie hatte die Linie aufgegeben und stürzte nun, ein keilförmiger Haufen, auf die Turnhalle zu.

Mein Gott – diese Figuren, diese Köpfe ...

Silber erschrak. Und setzte Püster eilig nach.

Ein gellend lauter Pfiff aus einer Trillerpfeife. Der Keil löste sich auf, die Klasse fiel zurück in ihren Trott und blieb schließlich mit gesenktem Kopf vor der Treppe stehen.

Püster ließ ein leises Knurren hören. Dann drehte er sich um und öffnete den Eingang.

Im Vorraum lag ein Sportschuh. Und ein angebissenes Käsebrot. Püster kickte den Schuh und das Brot die dunkle Treppe hinunter, die offenbar zu einem Schwimmbad führte. Es stank dort unten jedenfalls nach Chlor und nach Urin.

Links und rechts gingen die Türen zu den Umkleidekabinen der Jungen und der Mädchen ab. An der Jungentür hing eine feuchte Unterhose. An der Mädchentür hatte jemand dem Aluminiumsymbol mit einem spitzen Gegenstand ein Loch zwischen die Beine gemacht.

Püster öffnete eine Tür, die zwischen den Umkleidekabinen lag. An das Schild, das hier gehangen hatte, erinnerte nur noch der Schmutzrand.

Aha – die Lehrerkabine, Püsters Reich. Silber sah sich in

dem engen Raum um. Auf einer zerschlissenen grünen Liege lagen ein Klassenbuch und ein Lehrerkalender. An einem Brett hingen ein Handtuch, eine Trillerpfeife, eine Herrenhose, ein kariertes Hemd und ein dunkelblauer Pullover. Darunter standen ein Paar Herrenslipper, in denen karierte Socken steckten.

Püster setzte sich auf die Liege, ließ die Beine hängen und betrachtete den Fußboden.

«Du willst also einen Beweis, dass zwischen mir und Charlotte alles korrekt gelaufen ist?»

Silber nickte.

Püster wies auf die Wand, vor der Silber stand.

Silber drehte sich um. Doch an der Wand gab es nichts zu sehen. Außer einem verstaubten Spiegel.

Silbers Gesicht rötete sich.

Püster erhob sich seufzend, stellte sich neben ihn und knipste das Deckenlicht an.

Im Spiegel erschienen zwei steinalte Männer.

«Das soll natürlich nicht heißen», sagte Püster tröstend, «dass uns niemand mehr schön findet. Bloß vielleicht Siebzehnjährige nicht.»

Er ließ Silbers Schulter los, bückte sich und zog etwas aus dem Seitenfach seiner Sporttasche. «Dafür habe ich das eben in meinem Fach gefunden.»

Es war ein Brief.

Der Umschlag sah aus, als hätte ihn jemand mit einem ziemlich dicken Zeigefinger aufgerissen. Über der Schuladresse stand in runder Kinderschrift *Betrifft Püster*.

«Der Wisch ist allerdings nicht für mich bestimmt gewesen», fuhr Püster fort, «sondern für unseren Chef. Ich schätze, die Sekretärin hat beim Sortieren der Post nicht richtig aufgepasst und das Ding in mein Fach gelegt.»

Silber zog eine durchsichtige Plastikhülle aus der Jacke

und ließ das Kuvert hineinfallen. Dann nahm er sein Taschenmesser, hob die Vorderseite des Umschlags an und ließ den Inhalt auf das Klassenbuch gleiten.

Es waren zwei Polaroidfotos.

Das erste war die Seitenansicht eines männlichen Gliedes. Es stand, beschnitten, hoch aufgerichtet und mit einigen bunten Bändern umschlungen, von einem haarlosen Unterleib ab, sodass Silber zuerst dachte, es müsse einem Kind gehören. Doch dafür war es viel zu groß und dick. Den Hintergrund bildete eine graue Wand mit regelmäßigem Muster. Die Aufnahme war mit Blitzlicht gemacht und ziemlich unscharf.

Auf dem zweiten Bild war dasselbe Glied zu sehen. Doch hier war es von oben aufgenommen. Der Körper war so weit vorgestreckt, dass außer dem Glied nichts zu sehen war. Silber hatte den Eindruck, als ob der Mann knien müsste, denn das Glied erhob sich dicht über einem polierten Marmorboden.

«Was soll das sein?»

«Ein Vogel wollte Hochzeit machen», schlug Püster vor und hob die Arme. «Na ja, die Ringe da, schwarz, gelb, rot, blau. Das Ding sieht aus, als wolle es zur Vogelwarte Radolfzell, denn für Olympia fehlt ihm ja der grüne.»

Silber seufzte.

«Da ist aber noch was drin, Hans-Jochen», sagte Püster und wies auf den Umschlag.

Silber öffnete ihn vorsichtig. Ein kleiner gelber Zettel flatterte heraus. Darauf stand in derselben krakeligen Kinderschrift: *Herr Püster ist eine alte Drecksau!*

«Jennys Schrift?»

Püster zuckte die Schulter.

«Keine Ahnung. Ich hab sie nur in Sport. Am besten lässt du dir ein Arbeitsheft von ihrer Klassenlehrerin geben.»

Der Vorschlag war nicht schlecht. Silber nickte. Dann beugte er sich noch einmal über die Fotos und tippte mit der Spitze des Taschenmessers auf das beringte Glied.

«Irgendeine Idee, wem das Ding gehören könnte?»

«Mir jedenfalls nicht, Hans-Jochen», sagte Püster. Seine Stimme zitterte ein bisschen, als ob er frieren würde.

Silber drehte sich vorsichtig um.

Lalottas Sport- und Zeichenlehrer hatte sich an der Türe aufgebaut. Die Trainingshose hing ihm an den Knöcheln. Die Feinrippunterhose auch. Die Wampe war enorm, das Glied, im rötlichen Gekräusel, klein, grau. Und unbeschnitten.

Bonner General-Anzeiger, *Mittwoch, 9. Februar 2000*

Schon sieben Drogentote in diesem Jahr

(Eig. Ber.) Das siebte Bonner Drogenopfer, eine noch unbekannte junge Frau, wurde gestern Abend in der Toilettenanlage hinter dem Bonner Hauptbahnhof von der Polizei tot aufgefunden. Die Tote (siehe Foto), die vermutlich an einer Überdosis Rauschgift gestorben ist, hat dunkles kurzes Haar und soll zwischen 16 und 20 Jahren alt sein. Sie trug eine Zahnklammer und hatte einen größeren Geldbetrag in kleinen Scheinen sowie einen Schlüssel für ein Schließfach bei sich, in dem sich eine braune Chevigny-Jacke befand, die eventuell aus einer Straftat stammen könnte. Hinweise nimmt die Polizei unter ☎ 150 entgegen.

Herzschüsse müssen nicht immer gleich
tödlich wirken. Der Getroffene kann u. U.
noch eine kurze Strecke laufen,
ehe er zusammenbricht.
HANDBUCH DER POLIZEI

«Ich bin's. Wie geht's?»

«Gut. Schlecht. Ich weiß nicht recht. Auf alle Fälle müde.»

«Wer ist das morgens nicht.»

«Und Sie? Sind Sie noch bei sich zu Hause?»

«Um Gottes willen! Ich bin seit halb acht hier in dieser Schule.»

«Gelaufen?»

«Nein, mit dem Auto. Ging nicht anders. Hier war eine Menge zu tun. Zum Glück hat sich diese Sache mit der Adresse – Sie wissen, der Zettel, den ich in der Lederjacke des Mädchens gefunden hatte – schnell geklärt. Die haben hier im Schulcomputer nachgesehen. Dort wohnt ein Mitschüler, ein gewisser Eugen Hürlimann.»

«Und?»

«Haben Sie schon einmal einen Neunzehnjährigen weinen gesehen? Nicht sehr angenehm. Auf alle Fälle will er den ganzen Abend zu Hause gewesen sein und auf die Tote gewartet haben. Die Eltern könnten es bezeugen. Von ihm kam auch der Anruf am Tatabend. *Hürlimann, Schumannstraße 94* – die Nummer steht im Telefonbuch. Rufen Sie bitte an? Die Eltern sollen morgen irgendwann mit dem Jungen zu einer Aussage ins Präsidium kommen. Dann haben wir die Sache vom Tisch. Aber bitte Vorsicht, die Leute sind Schweizer.»

«Das war's?»

«Nein. Ich habe hier noch zwei Fotos aufgetrieben. Nicht uninteressant.»

«Tatsächlich? Und was gibt es da zu sehen?»

«Das Tatwerkzeug. Das Motiv. Und den Zeugen.»

«Klingt reichlich rätselhaft.»

«Ist es auch.»

«Weiß Wahnsiedler schon Bescheid?»

«Natürlich. Ich hätte dazu aber gerne noch die kleine Schwester, diese Jenny, befragt. Rufen Sie bei den Kühnes an?»

«Sofort?»

«Sofort. Die Sache hat absolute Priorität. Die Eltern sollen das Kind zu uns bringen. Ich bin in einer halben Stunde hier fertig.»

«Das war's?»

«Das war's. Nein, noch etwas: Wenn der Vater am Telefon sein sollte, legen Sie auf oder lassen Sie sich die Stiefmutter geben, eine Frau Kühne – nein, Frau Dr. Kühne.»

«Gut.»

«Und schauen Sie sich nach einer Frau im Präsidium um, die mich bei der Zeugeneinvernahme eines elfjährigen Kindes unterstützt. Sie wissen, das ist eine heikle Sache. Am besten die Kollegin Dietz – die kann so etwas. Also, bis gleich.»

«Nein, halt, warten Sie – Grosz hat eben aus dem Krankenhaus angerufen. Er bat um Rückruf. Es klang geheimnisvoll.»

«Wahrscheinlich sind ihm die Pralinen ausgegangen. Wenn er sich noch mal melden sollte, dann sagen Sie ihm, ich hätte im Moment andere Sorgen.»

«Ach ja?»

«Ist sonst noch etwas?»

«Mmmh.»

«Was?»

«Du, ich schäme mich ein bisschen.»

«Ich auch, Nora. Weiß Gott, ich auch.»

Wir haben eine kleine Schwester,
die besitzt noch keine Brüste.
Was machen wir mit ihr am Tage,
da man um sie freit?
HOHES LIED 8,8

Jenny macht die Haustür auf.

Sie soll es eigentlich nicht.

Sie könnte auch mit Blacky in den Garten gehen. Aber wenn er dort etwas macht, muss sie es mit dem Schäufelchen fortbringen. Das hat sie ausdrücklich gesagt, die Sofia.

Im Haus klingelt das Telefon.

Einmal. Zweimal. Dreimal.

Für sie ist es bestimmt nicht.

Sie läuft zum Tor.

Damit nicht noch ein Unglück passiert, ist das Tor abgeschlossen. Obwohl Lalotta doch im Wald gestorben ist. Soviel hat Jenny nämlich schon herausgefunden. Zwar haben sie alle Zeitungen versteckt, doch Jenny hat ein bisschen an der Tür gehorcht, als gestern dieser Polizist da gewesen ist.

Jenny schließt das Tor hinter sich wieder zu. Nur einmal um den Block. Baumschulallee, Agrippinenstraße, Kreuzbergweg. Und dann, husch-husch, zurück nach Hause.

Übermorgen wird Lalotta übrigens begraben.

Natürlich ist ihr Jenny längst nicht mehr böse.

Seit gestern trägt sie sogar wieder Lalottas grünen Ring im Haar, obwohl es nicht zu ihren schwarzen Sachen passt. Und an die blöden Bilder mag sie sowieso nicht denken.

Blacky bellt und zieht an der Leine. Das tut er immer, wenn er draußen ist. Jenny lässt ihn. Erstens kann man Dackel nicht erziehen, und zweitens bringen sie einen auf andere Gedanken.

Sie hält vorm kleinen Laden in der Agrippinenstraße und überlegt, während Blacky den Zeitungskasten anbellt, ob sie sich nicht etwas kaufen soll. Doch leider – sie hat kein Geld dabei. Schade, jetzt wäre etwas Süßes wirklich gut. Ein Beutel CROUCHY. Eine Packung JELLY. Ein MR. PRICK. Oder natürlich die zuckerweiße – – –

Lalotta (18): Sexmord

Jenny begreift erst gar nicht, was da steht, so rot und riesengroß ist das geschrieben. Doch dann versteht sie. Lalotta hat den falschen Mann getroffen.

Ob Pappi weiß, was in der Zeitung über Lalotta steht? Aber wie kann er das wissen, wenn er zu Hause ist und dauernd schläft.

Pappi, Pappi.

Sie reißt den Hund vom Zeitungskasten weg und läuft die Straße hinunter.

Auf einmal kommt ein Schatten über sie.

Blacky heult. Dann fliegt er wie ein Vogel durch die Luft. Und platzt an einer Hauswand auf.

Jenny würde gern schreien.

Entsetzlich schreien.

Doch kann sie's nicht. Jemand hat ihr soeben die Haut vom Kopf gezogen. Die Brille bricht. Und alles wird ganz weiß und wunderbar.

Grün, grün, grün sind
alle meine Kleider
VOLKSLIED

«Ja», sagte die Scheibe. Sie klang dunkel, heiser und erstaunlich weiblich.

«Ich bin Professor Kaulich», sagte Kaulich, «und würde gern diesen Herrn hier sprechen.»

Er hielt die Visitenkarte, die ihm der Polizist gestern gegeben hatte, gegen das Glas, damit die Scheibe den Namen sehen konnte.

«Personalausweis», sagte die Scheibe.

Kaulichs Herz tat einen Hüpfer. Während sein Ausweis im Schlitz verschwand, erschien hinter dem rötlichen Spiegelglas sekundenkurz das Bild einer jungen Frau in Uniform.

«Warten Sie.»

Wozu? Kaulich hatte längst gesehen, dass sie sehr starke

Brüste hatte. Und auch der Po stand fest und stramm in dieser Polizistenhose, du liebe Güte, ja.

Kamen diese Frauen schon so in das Präsidium? Oder gab es hier Räume, in denen sie die Kleider wechselten?

Kaulich schaute sich unauffällig um. Zwei lange Flure, viele rote Kunststofftüren. Nun, irgendwo würde es schon sein.

Tatsächlich kamen jetzt aus einer dieser Türen drei Uniformen und schritten auf den Aufzug zu. Kaulich traten die Augen aus dem Kopf.

«Achtung, hören Sie», sagte die Scheibe, «Hauptkommissar Sievers ist im Augenblick nicht da. Möchten Sie auf ihn warten?»

Wie bitte. Ja, gewiss doch, warten. Kaulich nickte. Das viele Grün, der interessante Sitz der Hosen und der Blusen, die vielen Gürtel, Schlaufen, Schnallen. Das alles wollte an- und ausgezogen sein.

Schon kam ein Zettel aus der Scheibe.

«Ausfüllen und deutlich sichtbar an der Jacke tragen. Sie melden sich im Vorzimmer, dritter Stock, Raum 377a. Benutzen Sie den Aufzug links.»

Jawohl, jawohl. Kaulich verbeugte sich höflich.

Und riss sich von der Scheibe los. Jetzt war der kluge Kopf vonnöten. Das wusste Kaulich. Denn falls die Polizei inzwischen herausbekommen hatte, dass ihn kein Mensch in dieser Herzsportgruppe kannte, dann war's nur noch ein kleiner Schritt bis zum Ginsterstrauch, in dem noch immer seine, Kaulichs, Taschentücher hingen.

Während der Aufzug nach oben glitt, wurde Kaulich auf einmal ganz blümerant. Was, wenn der kleine Polizist sein Angebot sofort durchschaute? Dann war sein Plan gescheitert, und er saß tief in der Tinte.

Der Aufzug hielt.

Kaulich sah sich um. Ein Flur, ein Anschlagbrett und Türen, Türen, Türen. Raum 377 musste ganz am Ende liegen.

Noch war es Zeit, um umzukehren. Die Dinge nahmen ihren Lauf, so oder so. Schlafende Hunde sollte man nicht wecken. Und blinder Eifer schadete nur.

Doch dann gab sich Kaulich einen Ruck und trabte los.

Und machte auf dem Absatz kehrt.

Evi und Moni

FETT GEDRUCKT. Zwei Polizistinnen suchten eine Bleibe. Mit Telefonnummern zum Abreißen.

Und Kaulich riss. Ihm war die Zweizimmerwohnung eingefallen. Sie wurde in acht Wochen frei. Sie lag in seinem Haus. Ganz oben unterm Dach.

Und schon eröffneten sich ganz neue Perspektiven. Kein Hochstemmen am Fensterbrett, kein blauer Fleck am Schienbein. Ganzjährig die Nutzung, leicht und bequem vom Speicher aus. Vorausgesetzt, das Loch im Bad blieb unentdeckt. (Und war zu bohren.) Ansonsten gab es noch das gekippte Fenster sowie die beiden Liegestühle auf dem Südbalkon. Dort würden sie den Sommer über sein, Evi und Moni. Moni und Evi.

«Grün, grün, grün, ist alles, was ich hab», sang Kaulich und zupfte sich noch eine Nummer ab. (Nein, besser alle. Dann hatte er das Vorkaufsrecht. Sozusagen.)

Und weiter ging's. Raum 371, 373, 375.

Aha, es war die letzte Tür links.

«Nora Jelinek, Verw. Ang.»

Als Kaulich das kleine Schildchen las, bliesen sich seine Backen von ganz alleine auf.
Eine *Jelinek*. Und eine *Nora* obendrein.
Nun, wenn das nicht etwas zu bedeuten hatte.

> An außerschulische Stellen dürfen Daten
> nur herausgegeben werden, soweit dies
> zur Erfüllung der gesetzlichen Aufgaben
> dieser Stellen erforderlich ist.
> Reg. Präs. Kln. 9 250 183

Die Nachricht von dem Überfall auf Jenny Kühne erreichte Silber im Lehrerzimmer des Willy-Brandt-Gymnasiums.

Er überlegte gerade, was man mit einer Person anstellen sollte, die sich standhaft weigerte, einem Polizisten das Klassenarbeitsheft einer Schülerin herauszugeben, deren Schwester vor drei Tagen vergewaltigt und ermordet worden war, als sein Handy klingelte.

Silber steckte den Dienstausweis, den er der Frau, einer energischen Person mit kurzen Haaren und lebhaften Augen, seit fünf Minuten vergeblich unter die Nase gehalten hatte, weg und griff nach dem Telefon.

«Jelinek», hörte er die Jelinek sagen. «Wahnsiedler meint, Sie sollen sofort ins Petrus-Krankenhaus fahren. Jenny Kühne ist überfallen worden.»

«Jenny?», entfuhr es Silber.

«Genau. Charlottes jüngere Schwester.»

«Augenblick mal», sagte Silber. Er trat hinaus auf den Flur. Dieses Gespräch ging die Lehrerin nichts an.

«Täter?»

«Unbekannt. Jedenfalls bisher.»

«Ist das Mädchen verletzt?»

«Ich glaube ja.»

«Wer ist am Tatort?»
«Kenntemich und Krell.»
«Was soll ich da im Krankenhaus?»
«Die Eltern übernehmen. Wahnsiedler meint, die Eltern wären Ihre Sache. Und zu Grosz sollten Sie auch. Er hat schon wieder angerufen. Angeblich sei es wichtig.»
Silber brummte.
«Und außerdem...» Die Jelinek dämpfte ihre Stimme.
«Und außerdem», half Silber ungeduldig nach.
«Und außerdem sitzt hier schon seit neun ein Herr, der dich persönlich sprechen will.»
«Dich», wiederholte Silber. «Ich meine – mich?»
Die Jelinek kicherte. Dann flüsterte sie: «Ein Mikrobiologe. Ein Professor. Vermutlich geht es um irgendein Gutachten, das er mit dir durchsprechen will. Auf alle Fälle...»
«Nora», knurrte Silber.
Die Jelinek kicherte wieder.
«Auf alle Fälle sieht er mich die ganze Zeit mit großen Augen an.»
«Ende.» Silber klappte das Handy zu und steckte es weg. Dann ging er zurück ins Lehrerzimmer.
«Sie haben es ja selbst gehört», sagte er zu der Lehrerin und entwand ihr das Heft, «es war Jenny. Sie will ihr Deutschheft haben. Und zwar sofort.»

Kein Zutritt – Operationssaal!
Bitte hier warten!

Als Silber in den Flur der Notaufnahme trat, sagte ihm irgendetwas, dass es mit Jenny Kühne nicht zum Besten stehen konnte.
Woher kam es, dieses unbestimmte Gefühl?

Von den Kühnes?

Obwohl es nicht sehr hell war in dem Flur, hatte sie Silber gleich entdeckt. Sie lehnten an der Wand, an der sie alle lehnten. Die Wand befand sich gegenüber einer Tür und hatte unten schwarze Striche. Die stammten von den Schuhen der Leute, die darauf warteten, dass jemand aus der Tür kam und ihnen sagte, was mit ihren Angehörigen passiert war. Vor kurzem war es noch eine Frau gewesen, deren Mann sich in den Kopf geschossen hatte. Während Silber mit ihr auf die Ärzte gewartet hatte, war ihre Schuhspitze an der Wand auf und ab gegangen.

Jetzt machte Sophia Kühne diese schwarzen Striche. Und neben ihr stand K. B. Kühne und tat dasselbe.

Nein, von den Kühnes kamen Silbers Ahnungen nicht.

Sie kamen von den Leuten auf den Stühlen.

Die hockten links neben der Wand – ein halbwüchsiger Junge, der seinen Mund mit Taschentüchern bedeckte, die rot und röter wurden, ein Kradfahrer, der seinen Arm unter der Lederjacke trug, als würde er nicht zu ihm gehören, und eine alte Dame, die ächzte und ihr Bein sehr seltsam von sich streckte.

Die Ärzte und die Schwestern mussten ziemlich beschäftigt sein. Und so ging Silber nur zögernd auf die Kühnes zu.

K. B. Kühne trug einen hellen Regenmantel und einen Schlafanzug und ein Paar Turnschuhe. Außerdem hielt er eine Hundeleine in der Hand. Auch Sophia Kühne war im Schlafanzug, nur war ihr Mantel elegant und dunkel. Silber fiel jetzt erst auf, dass sie ihren Mann um einen halben Kopf überragte.

Sophia Kühne griff nach Silbers Ärmel.

«Charlotte ist noch nicht beerdigt», sagte sie tonlos, nachdem sie sich ein paar Schritte entfernt hatten. «Und nun das. Sie können sich wohl vorstellen, wie es meinem Mann jetzt geht.»

Silber nickte.

«Nicht einmal hundert Meter weit sind sie gekommen. Nur gerade mal bis zu diesem kleinen Laden an der Ecke.»

«Sie?», fragte Silber überrascht. «Wer war denn noch dabei?»

«Blacky, ihr Hund», sagte Sophia Kühne. «Das Kind hing sehr an ihm. Er ist tot. Wissen Sie das nicht von Ihren Kollegen?»

Silber schüttelte den Kopf.

«Die Leute aus dem Laden haben das Gebell gehört. Als sie auf die Straße gelaufen sind, haben sie gesehen, wie er auf ihr gesessen hat.»

«Wer? Der Hund?»

«Der Kerl», sagte Sophia Kühne und sah sich nach ihrem Mann um. «Der Kerl, der seine zweite Tochter überfallen hat.»

«Wieso ist sie eigentlich heute Morgen aus dem Haus gegangen?», fragte Silber. «Haben Sie Jenny weggeschickt? Zum Einkaufen? Oder mit dem Hund?»

Sophia Kühne schüttelte den Kopf.

«Wir hatten gestern beide etwas eingenommen, mein Mann und ich. Damit wir schlafen konnten. Nach solchen Tagen, Sie verstehen. Dann hat das Telefon geklingelt. Mein Mann hat abgenommen, doch es hat sich niemand gemeldet.»

Silber hustete. Das musste die Jelinek gewesen sein.

«Kurz darauf ging das Telefon noch einmal. Jetzt waren es die Leute aus dem Laden an der Ecke. Wir müssten kommen, mit Jenny sei etwas Furchtbares passiert.»

«Die Leute aus dem Laden?»

«Sie kennen unsere Nummer. Ich lasse manchmal von

dort liefern. Wir sind gleich losgerannt, K. B. und ich. Sie hatten sie auf den Bürgersteig gelegt. Und dann kam auch schon der Rettungswagen.»

Sophia Kühnes Kinn begann zu zittern, und ihre Augen wurden nass. «Ihr Kopf hat fürchterlich geblutet. Sie hatte am Hinterkopf einen kahlen Fleck. Er muss ihr die Haare büschelweise ausgerissen haben. Zusammen mit ihrem Ring.»

«Ihrem Ring?»

«Mein Gott, ja», sagte Sophia Kühne. «Jenny hat ihre Haare zusammengebunden. Mit einem grünen Gummiring. Ich glaube, sie hat ihn von Charlotte bekommen. Der ist jetzt weg. Was spielt das schon für eine Rolle.»

In diesem Augenblick ging die Tür zum OP auf, und ein Arzt und eine Schwester traten heraus. Der Arzt ging auf K. B. Kühne zu und nahm seinen Mundschutz ab.

Dann sah Silber, wie Jennys Vater mit der Hundeleine auf den Arzt einschlug.

Grosz, Friedrich-Wilhelm
geb. 13. 9. 1947, 186 cm, 152 Kilo
Diagnose: Apoplektischer Insult
Adipositas permagna

«In! Tim! Schmuck!» Grosz feuerte die Silben wie Schüsse in die Luft. «Das war das Wort, das mir nicht einfallen wollte. Erinnere dich, Hans-Jochen – vor zwei Wochen in der Kantine, als mir der Fisch nicht recht bekommen ist.»

Und dabei griff er sich an das Herz, verdrehte die Augen und ließ, während er nach hinten sank, die Zunge wie ein geschlachteter Ochse aus dem Maul quellen.

Silber seufzte. Er schloss die Tür des Krankenzimmers hinter sich und ließ sich auf den grünen Kunststoffsessel nieder, der neben dem Bett stand.

Grosz schlug die Augen auf. Als er sah, dass Silber bereits saß, wirkte er einen Augenblick irritiert. Doch dann lachte er und stemmte den schweren Leib hoch. Er wirkte stabiler, rosiger und bösartiger denn je.

Es würde furchtbar werden, wenn er wieder ins Präsidium kam.

«Und sonst?», fragte Silber. «Ich meine – wie geht es dir?»

Grosz schüttelte den Kopf. «Noch schlimmer als *Piercing* ist natürlich *Branding*. Ich hätte es selbst nicht für möglich gehalten, wenn ich es gestern nicht mit eigenen Augen im Fernsehen gesehen hätte – da setzt du dich auf ein glühendes Waffeleisen, um eine Rille mehr im Arsch zu haben.»

Zwecklos, es war zwecklos. Silber sah zur Decke. Grosz musste alles loswerden, was sich in den letzten vierzehn Tagen angesammelt hatte.

«Doch das ist gar nichts gegen das Allerneueste, diese Schmuckformen aus Chirurgenstahl! Ein paar Schnitte ins Fleisch, dann werden dir die Dinger unter die Haut geschoben, ohne Betäubung, versteht sich, und dann die ganze Chose wieder zugenäht. Leider habe ich den Fachausdruck dafür vergessen. Irgendwas auf Englisch ...»

Es klopfte.

Grosz brach ab und gab einen Laut von sich, der wenig einladend klang.

Die Tür ging daher auch nur zaghaft auf. Ein Bürschchen von ungefähr vierzehn Jahren schob sich ins Zimmer. Es hatte zwei Beutel Chips in der Hand und trug den Hals recht schief. Außerdem war der Kopf bandagiert.

«Mein Freund Baschir», stellte Grosz vor. «Er wollte mir heute Nacht meine Kröten stehlen. Doch Latifah und ich haben ihn überredet, es nicht zu tun.»

Das Bürschchen breitete seine Ärmchen aus und grinste.

Silber sah, dass ihm die Schneidezähne fehlten. Vermutlich hatte sie ihm Grosz ausgeschlagen. (Und wer war bitte *Latifah*? Silber schielte nach dem anderen Bett. Hatte er jemanden übersehen? Aber da lag niemand.)

Das Bürschchen legte die Beutel zusammen mit einigen Münzen vorsichtig auf den Nachtkasten. Und dann verschwand es, ohne ein Wort gesagt zu haben.

Grosz riss eine Tüte auf und hielt sie Silber hin. «Was ist mit dir? Warum sagst du nichts?»

«Ich bin gestern», begann Silber, «seit langer Zeit wieder einmal bei so einer Obduktion gewesen.»

«Die Badenschneider», sagte Grosz. «Ganz charmant, nicht wahr? Ein schöner Kopf und was für eine Stimme ... Hat sie schon Interessantes aufgetan? Blutspuren? Fingernägel? Härchen? Oder ein Tröpfchen jenes ganz besonderen Safts?» Er machte eine obszöne Handbewegung.

Silber schüttelte den Kopf. «Dafür ist es noch zu früh. Die Analysen laufen noch. So wie es aussieht, ist das Mädchen – eine Charlotte Kühne, Schülerin, achtzehn Jahre – geknebelt und gefesselt worden. Ihre Beine und Arme sind dabei ziemlich weit auseinander gezogen worden, auf eine merkwürdige Art, symmetrisch, wie um eine Mittelachse.» Silber machte eine kleine Pause. «Dann ist der Täter in ihr Rektum eingedrungen.»

«Du meinst, der Täter hat vorher Pflöcke einschlagen müssen, um sie so fesseln zu können?»

«Ganz genau», sagte Silber schnell und war erleichtert, dass Grosz ihm die Sache mit dem Rektum hatte durchgehen lassen. «Ich habe die Löcher selber gesehen.»

«Hat er sie vor oder nach dem Arschfick erschlagen?»

Silber sah Grosz müde an. «Ich weiß es nicht», sagte er dann. «Und auch nicht deine Badenschneider. Das kann man nämlich bei einer Obduktion nicht feststellen. Den

Stein, mit dem man sie erschlagen hat, hat übrigens der Hund der Poetschke gefunden, ganz seltsam, wie ein Keil geformt ...»

«*Hundeführerin unter noch ungeklärten Umständen verletzt*», unterbrach Grosz und schlug sich auf die Schenkel. «Ich ahnte es, das konnte nur die Poetschke sein. Hat sie der Köter wenigstens ordentlich gebissen?»

«Nein, bloß umgeworfen. In eine Pfütze vor der Auferstehungskirche.»

Grosz brüllte vor Vergnügen.

«Der Hund hat nämlich noch eine Spur gefunden», sagte Silber trocken. «Und zwar meine. Ich bin zur Tatzeit dort auch gelaufen.»

«Aufhören, aufhören», ächzte Grosz und wischte sich die Tränen aus dem Gesicht. «Warum passieren die komischsten Sachen eigentlich immer, wenn ich nicht dabei bin?»

Dann wurde er blaurot und begann, heftig zu keuchen.

Silber sprang auf. Und schlug Grosz heftig auf den Rücken.

«Lass das», hustete Grosz. «Ich bin nicht Pekka Vasala.»

Nun wurde Silber blaurot.

Grosz duckte sich grinsend. Dann holte er eine Flasche Wasser unter dem Bett hervor und nahm einen Schluck.

«Ihr meint also, der Täter könnte sie abgepasst haben», sagte er dann. «Sie oder eine andere. Lief diese Charlotte denn regelmäßig im Wald?»

Silber, der sich wieder beruhigt hatte, nickte. «Sie hat für die Aufnahmeprüfung an der Sporthochschule trainiert. Das weiß ich von ihrem Sportlehrer, einem gewissen Püster. Ein ... ein ziemlich schräger Vogel.»

«Der war's», sagte Grosz und stieß auf.

«Wohl kaum», sagte Silber. «Dafür ist er dir viel zu ähnlich.»

Grosz sah Silber fragend an. Dann legte er die Hände auf den Bauch. «Meinst du hier?»

«Tiefer», sagte Silber. «Tiefer.»

«Ich hatte heute eine Morgenlatte», protestierte Grosz und hob die Decke an. «Ein Mordsding. Frag Latifah. Sie hat das Bett gemacht.»

Silber verzog das Gesicht.

«Wieso? Du kennst sie doch überhaupt nicht.» Grosz ließ die Decke wieder sinken. «Was war denn nun mit diesem Keil?»

Es dauerte eine Weile, bis Silber verstand. «Ach so, der Stein. Er sah in der Tat wie eine Art Faustkeil aus. War glatt geschliffen und hatte oben ein Loch. Am Meer gibt es vielleicht solche Steine. Bei uns hier nicht. Er sah ganz danach aus, als hätte ihn der Täter mitgebracht.»

«Augenblick», sagte Grosz. «Nur dass ich alles richtig verstanden habe – der Täter schlägt Pflöcke ein, bringt einen Faustkeil mit und mag es gern von hinten. Natürlich habt ihr überall nachgefragt, ob es etwas Ähnliches schon einmal irgendwo gegeben hat?»

«Die Anfragen laufen», sagte Silber. «Du weißt, in solchen Sachen ist auf Wahnsiedler Verlass.» Er schwieg einen Augenblick. «Die Tote hatte übrigens eine kleine Schwester», fuhr er dann fort. «Sie ist elf Jahre alt und heißt Jenny. Sie ist vor einer halben Stunde überfallen worden.»

Grosz pfiff leise durch die Zähne. Doch Silber wollte sich nicht schon wieder unterbrechen lassen. «Es soll ein großer Kerl gewesen sein. Zeugen haben ihn weglaufen sehen. Er hat Jennys Dackel gegen eine Hauswand geschleudert und dann ... Weißt du, was er dann getan haben soll? Er hat sich wie ein Indianer auf Jenny gekniet und ihr den Skalp vom Kopf gerissen.»

«– – – den Skalp?»

Silber stellte nicht ohne Befriedigung fest, dass es Grosz für einen Augenblick die Sprache verschlagen hatte. «Jedenfalls ein ziemliches Büschel Haare. Zusammen mit dem Haargummi.»

«Dem Haargummi? Was soll er denn mit einem Haargummi?»

Silber hob die Schultern.

«Ich weiß es nicht. Aber vielleicht fehlte ihm einer in der Sammlung.» Er holte die Klarsichthülle mit den Polaroids aus seiner Aktentasche und warf sie auf das Bett. «Die Fotos habe ich heute Morgen von Püster bekommen.»

«Ach, du grüne Neune», sagte Grosz. «Und woher hat sie Püster?»

«Der hat sie heute Morgen in seinem Fach gefunden. In einem Umschlag. Und mit diesem Zettel hier.»

Silber hielt Grosz die nächste Klarsichthülle hin.

«Herr Püster ist eine alte Drecksau!», las Grosz. «Dann war es also doch Püster.»

Silber schüttelte den Kopf.

«Du willst mir doch nicht erzählen, dass du seinen Schwanz schon erkennungsdienstlich behandelt hast?», fragte Grosz.

«Er hat ihn mir gezeigt. Von sich aus und ganz freiwillig.»

«Was du nicht sagst, Hans-Jochen.» Grosz wirkte beeindruckt. «Und weißt du auch schon, von wem dieser Zettel stammt?»

«Von Jenny, ihrer kleinen Schwester. Ich habe mir ihr Deutschheft besorgt. Vergleiche den Schwung im *P*, die Neigung der Buchstaben nach links. Es ist ihre Schrift, ihr Füller.»

«Sie wird schon sagen, woher sie diese Bilder hat», knurrte Grosz. Er gab Silber das Heft zurück und nahm sich noch einmal die Fotos vor. «Ein Weißer», sagte er dann. «Jung, kräftig und beschnitten. Blendend rasiert. Und blendend in Form. Du meinst also, das sind alles ...»

«Gummiringe», bestätigte Silber. «Gummiringe für Haare. Pferdeschwänze, Zöpfe, was weiß ich. Als mir Püster die Fotos heute Morgen zeigte, wusste ich nicht, was das für Dinger sind. Ich dachte erst an diese Leute, die sich das Blut da unten abschnüren, bis sie taub sind – der perverse Tinnef halt. Doch dafür sitzen sie nicht straff genug.»

«Rot, gelb, schwarz, blau», sagte Grosz nachdenklich. «Für die Olympiade fehlt nur noch der grüne.»

«Merkwürdig», sagte Silber, «das hat Püster auch gemeint. Jennys Haargummi war in der Tat grün. Ich will dir aber noch etwas sagen – dieser Ring gehörte gar nicht Jenny. Sie hat ihn offenbar erst am Morgen, als die Tat geschah, von Charlotte geschenkt bekommen.»

«Du meinst, der Mann, der Charlotte Kühne überfallen hat, hat sie gekreuzigt und geschändet, um ihren grünen Haargummi zu bekommen?»

«Wäre doch möglich», sagte Silber, «Solche Leute gibt's.»

«Und dann hat er zwei Tage später ihre kleine Schwester überfallen, um sich das Ding von ihr zu holen?»

Silber nickte.

«Sucht in der Nachbarschaft», beschied Grosz streng. «Nehmt alle Pimmel fest, die in dieses Raster passen, und dreht sie durch die Mangel. Wenn das nicht hilft, muss Wahnsiedler mit den beiden Bildern zu *XY-Ungelöst* – Ringfahndung im Dreiländereck mit internationalem Schwanzvergleich! Ich rufe Konrad Toenz, ich rufe Werner Vetterli!»

«Hör mal, alter Junge», sagte Silber, «ich bin im Augenblick zu müde für deine faulen Witze. Ich habe kaum geschlafen. Und bin seit zwei Tagen nur noch unterwegs gewesen. Ach ja, und falls es dich noch interessiert – Jenny ist gestorben. An einer Blutung im Gehirn. Vor fünf Minuten und zwei Stockwerke unter dir.»

Elfriede! Elfriede!, schrie ich durch den Saal,
denn die Zuckerpuppe aus der Bauchtanztruppe
kannte ich aus Wuppertal.
BILL RAMSEY

Kaulich saß nun schon seit geraumer Zeit im Vorzimmer dieses Herrn Sievers. Er hielt die Aktenmappe auf dem Schoß und sah der Lilienweißen bei der Arbeit zu.

Ganz sicher war er freilich nicht, ob es die Lilienweiße wirklich war, denn schließlich war sie erst vor vier, fünf Wochen im weißen Dunst der Duschen aufgetaucht. Und außerdem hatte er sie bisher nie angezogen gesehen – sah man einmal von jener kurzen Begegnung im Flur ab. Dort freilich nur in Hose und Trikot. Nun aber trug sie einen grauen Pullover und einen schwarzen Lederrock.

Die Eckpunkte jedoch, sie stimmten und sprachen für die Lilienweiße, wie Kaulich sich ein um das andere Mal vergewissern durfte, wenn sie die Tastatur bearbeitete, telefonierte, sich dabei dehnte, reckte, streckte, Schubladen öffnete und schloss, den – höchstes Entzücken – Bleistiftspitzer kreiselnd drehte, sich bückte oder, wie jetzt, wippend an ihm vorüberschritt, um etwas aus dem Aktenschrank zu nehmen.

Ein Jammer freilich, dass sie nicht in einer dieser hübschen grünen Uniformen steckte.

Schon wieder klingelte das Telefon. Und wiederum beugte sie sich vor und nahm den Hörer auf und lehnte sich zurück im Stuhl. Sprach sie von ihm?

«Ja, der ist auch noch hier», sagte sie nämlich eben in den Apparat. Dann, ganz direkt zu ihm: «Hauptkommissar Sievers ist am Telefon. Er wüsste gerne, was Sie von ihm möchten, Herr Professor.»

Kaulich räusperte sich. Jetzt kam es darauf an. Sein Plan, er musste funktionieren. «Es geht um das tote Mädchen im Wald. Ich hätte da der Polizei ein interessantes Angebot zu machen.»

«Ein interessantes Angebot im Fall der Charlotte Kühne», flüsterte die Lilienweiße ins Telefon.

Kaulich nickte.

Schon hielt sie ihm den Hörer hin.

«Professor Kaulich hier», sagte Kaulich. «Sie werden sich erinnern, nicht wahr? Wie ich der Dame hier schon sagte» – Kaulich unterbrach sich und nickte der Lilienweißen zu – «ich hätte Ihnen ein äußerst interessantes Angebot zu machen.»

> Es tanzt ein Bi-ba-butzemann
> in unserm Haus herum
> **KINDERREIM**

Der Wendigo betanzte seinen Großen Sporn. Im Kreis herum und immer um und um: *Er rüttelt sich, er schüttelt sich, er wirft sein Säckchen hinter sich.*

Die Brut war weggeschickt, irgendwohin, wo sich die ihresgleichen trafen, das Weibchen war gleich mitgeflogen – fort mit der jungen Brut, der liederlichen, schnöden Wollust Brut, den bösen Früchten seines Schleims.

So hatte der Wendigo das Nest für sich und konnte unterm Großen Teppich tanzen: *Gretel, Pastetel, was machen die Gäns'? Die sitzen im Wasser und waschen die Schwänz'.*

Und weiter schritt der Wendigo im Kreis. Es nickte der

Große Sporn. Schon schwoll der Purpurkopf an über dem Geäder, wo sich die Ringe reihten – rot, gelb, schwarz, blau. Und grün.

Der Wendigo besah die Pracht.

Dann streckte er den Schnabel vor, sträubte die Federn weit an Kopf und Kehle und fing mit einem Schnalzen an, das schnell und schneller wurde, bis es wie das Wetzen eines Messers klang. Und richtig blitzte eine Klinge auf und fuhr hinab, als wolle sie den Purpurknauf enthaupten. Doch dann, im letzten Augenblick, verhielt sie und glitt über ihn hinweg. Das wiederholte sich, bis sich das Spiel erschöpfte.

Fort flog die Klinge, und der Wendigo begann abermals zu tanzen: zunächst ganz achtsam, Fuß um Fuß. Dann wurden seine Sprünge immer wilder. Hoch reckten sich die Flügel in die Luft. Wild sprang und schlenkerte der Sporn.

Bald hatte der Wendigo die Welt um sich vollständig vergessen. Und ihr *Du musst. Du sollst. Du darfst.* Dort, auf dem Teppich an der Wand, standen andere Zeichen. Dort herrschte, zwischen Flammenschwert und Rauch, unter der Schlangenkrone der Große Habichtskopf. Zu seinen Füßen scharten sich Wölfe, die sich um Leichenteile stritten.

Doch nun begann ein Rascheln und ein Rauschen, das schwoll und schwoll, und siehe – das Gebein ordnete sich, Knochen zu Knochen, Glied zu Glied, Fleisch wuchs, Haut spannte sich, Blut strömte in den Adern, und Haare wuchsen, wuchsen, wuchsen, bis sie lebendig waren, die Toten. Schon hatten sie sich aufgestellt und traten auf ihn zu. Der Wendigo wurde vor Entsetzen starr, als er den Singsang der fünf Mädchen hörte:

Sechs Dinge sind uns wohl verhasst, und sieben uns ein Gräuel: Die hohen Augen, eine falsche Zunge und Hände, die unschuldig Blut vergießen, ein Herz, das frevelhafte

Ränke spinnt, und Füße, die zum Bösen eilig rennen, wer Lügen spricht als falscher Zeuge und Zwietracht ausstreut zwischen Brüdern.

So weiche von uns, du verfluchter Bock, sangen sie, ins ewige Feuer, das dir und deinesgleichen bereitet ist. Wir waren nicht hungrig, doch du hast uns gespeist; wir waren nicht durstig, doch du hast uns getränkt; wir waren nicht allein, doch du hast uns an dich gezogen; wir waren nicht nackt, doch du hast uns gekleidet; wir waren nicht gefallen, doch du hast uns aufgehoben. Wahrlich, wahrlich, wir sagen dir, was du uns getan hast, das wird eines Tages auch an dir getan werden ...

Ein rauer Laut entfuhr dem Wendigo, und er sank um.

Lieber einen Freund verlieren als einen Witz
QUINTILIAN

«Unglaublich», stöhnte Silber und schob das Telefon zurück in seinen Mantel. «Da kommt der Mann in mein Büro, hockt zwei geschlagene Stunden bei der Jelinek herum, erklärt ihr, es gehe um die tote Charlotte, und hat mir doch nichts anderes anzubieten als Analysen seines Laboratoriums – preisgünstig, einwandfrei und schnell. Als hätte ich die Röhrchen im Präsidium auf dem Schreibtisch stehen.»

Grosz legte die Stirn in Falten. Offenbar war er weder aus dem, was er mitgehört hatte, noch aus dem, was Silber vor sich hin gebrummt hatte, schlau geworden.

«Er sagt, wir sollten ihm ruhig alles schicken – Gewebeproben, Blut, Sperma auf Taschentüchern.»

«Sperma auf Taschentüchern?», fragte Grosz entgeistert.

«Na, was denn sonst.» Silber war noch immer ziemlich aufgebracht. «Der Mann ist Mikrobiologe. Er hat der Jelinek erklärt, Sperma auf Taschentüchern sei sein Fachgebiet.»

«War meines auch», unterbrach Grosz. «So zwischen zwölf und dreizehn.»

Silber schüttelte unwillig den Kopf. «Ich habe diesen Kaulich gestern im Sportinstitut getroffen. Dort hatte Charlotte ihr Rad abgestellt. Und während mir der Pförtner noch erzählt, dass ein Mann am Montag zur Tatzeit wie der Blitz die Treppe hochgeschossen und aus dem Institut gelaufen sei, da steht der Betreffende auch schon vor der Pforte und redet wirres Zeug. Ich habe ihm meine Visitenkarte gegeben, um ihn loszuwerden.»

«Was hatte der Kerl denn überhaupt in diesem Sportinstitut zu suchen?»

«Er geht dort zu der Herzsportgruppe der Senioren. Die wäre im Übrigen genau das Richtige für dich – Kniebeuge, Ballspiel, Reifenschwingen.»

«Kein Wunder, dass der Mann geflohen ist», knurrte Grosz.

«Sonst ist er aber immer bis zum Schluss geblieben», sagte Silber. «Nur nicht an diesem Montag. Ich bin der Sache allerdings nicht weiter nachgegangen.»

«Und warum nicht?»

«Ich gebe zu, es war am Tattag, um die Tatzeit und vielleicht nur zweitausend Meter vom Tatort entfernt. Aber die Tat! Man muss kein Hellseher sein, um zu erkennen, dass ein alter Knabe mit Halbglatze und Übergewicht es kaum schaffen dürfte, eine kräftige junge Frau wie Charlotte umzuwerfen, fortzuschleifen und zu binden.»

«Vielleicht hat er aber etwas mitbekommen.»

«Unwahrscheinlich. Das Institut ist völlig eingezäunt. Ein ziemlich hoher Zaun aus Eisenmatten. Wenn man einmal durch die Pforte ist, kommt man nicht mehr hinaus.

Insofern hatte dieser Kaulich sogar ein Alibi. Also kein Grund, die Sache weiter zu verfolgen.»

Grosz hob die Schultern.

«Ich weiß es nicht. Ich weiß nur, dass das eben nicht besonders sportlich war von dir», sagte er dann. «Warum hast du mir nicht gleich gesagt, was da unten mit diesem Kind vorgefallen ist?»

«*Intimschmuck, Arschfick, Morgenlatte.* Und dann die Sache mit dem Taschentuch», sagte Silber trocken. «Du gibst den Leuten wenig Gelegenheit, ernst zu sein.»

«Mein Gott, Hans-Jochen», grunzte Grosz, «was erwartest du von mir? Dass ich mich ausgerechnet im Krankenhaus ändern würde?»

«Nicht der schlechteste Ort für so einen Entschluss, mein Lieber.»

«Blödsinn», sagte Grosz entschieden. «Ich bleibe ich. Wenn's denn erlaubt ist. Und falls es dich noch interessiert, warum ich bei euch angerufen habe – die kleine Beutelratte von vorhin, dieser Baschir, der ist vor einen Bus gelaufen. Rate, wann und wo!»

«Genau das meine ich, Grosz. Du solltest so etwas nicht sagen.»

«Was?»

«Ratte», sagte Silber. «Der ist doch noch ein halbes Kind.»

«Kleine Beutelratte», verbesserte Grosz. «Das ist ein mordsmäßiger Unterschied.»

«Grosz, du bist krank. Andauernd sagst du solche Wörter.»

Grosz schien einen Augenblick aus dem Takt geraten zu sein. Er warf Silber einen unsicheren Blick zu. Dann fuhr er fort: «Der Junge hatte einen Unfall auf dem Venusberg. Am Montagabend, kurz nach siebzehn Uhr.»

Silber fiel die Sirene ein, die er nach seinem Lauf gehört hatte.

«Der Junge hat mir vorhin von dem Unfall erzählt. Rate mal, wer ihm begegnet ist, kurz bevor er gegen den Bus gelaufen ist.»

«Ich weiß es wirklich nicht», seufzte Silber.

«Kokel der Außerirdische!», rief Grosz.

«Kokel der was?», fragte Silber. «Noch nie von ihm gehört.»

«Macht nichts. Ich habe aber gleich gewusst, um wen es sich handeln musste, als dieses kleine Stinktier mir von dem Fahrrad mit den tausend Bindfäden erzählte. Kokel wickelt seine Räder immer ein. Aus Angst vor Explosionen.»

«Tatsächlich.» Silber lächelte gequält.

«Ich kenne ihn seit über zehn Jahren», fuhr Grosz unbeeindruckt fort. «Ein alter Spinner, der gleich nach der Wende von der Oder an den Rhein gekommen ist und als Begrüßungstat seine Frau erschlagen hat, weil sie nicht alle neuen Autokennzeichen im Kopf gehabt hatte. Acht Jahre hat er brav in Rheinbach abgesessen. Jetzt ist er wieder draußen und schreibt sich alles auf, damit die Außerirdischen wissen, woran sie bei uns sind – Hausnummern, Autokennzeichen, Buslinien.»

Silber versuchte, ein Gähnen zu unterdrücken. Er sah unauffällig auf die Uhr. Es war jetzt kurz nach elf. Auf einmal hatte er große Sehnsucht nach der Jelinek. Mein Gott, es musste doch so einiges besprochen werden nach so einer Nacht. Als er sich am Morgen aufgemacht hatte, war es halb fünf gewesen, und sie hatte noch geschlafen.

Wenn er jetzt losfuhr, konnte er noch mit ihr in die Kantine gehen. «Kokel der Außerirdische schreibt also alles für die Außerirdischen auf?», wiederholte er lahm.

«Genau so ist es. Und zwar in dicke Aktenordner. Die

schickt er, wenn sie voll sind, an den Papst nach Rom. Wenn der Kerl, der dieses Mädchen umgebracht hat, mit einem Auto gekommen ist und auf einem Parkplatz in der Nähe des Tatorts geparkt hat, dann hat Kokel die Nummer.»

Silber sah Grosz skeptisch an. Falls sich dieser Kokel überhaupt eine Nummer gemerkt hatte, dann würde es vermutlich die eines grünen Volvos älterer Bauart sein. Dennoch fragte er: «Und wo steckt er, dein Kokel? Ich meine, wo hätte man einen Außerirdischen wie ihn zu suchen?»

> Perverse sind Personen mit einer
> infantilen statt einer erwachsenen Sexualität.
> OTTO FENICHEL,

Wahnsiedler beugte sich über den Tisch und fuhr mit der Lupe über die Fotos.

«Der Mann ist Fetischist», erklärte er nach einer Weile entschieden. «Und was für einer.»

«Müssen wir es gleich so hoch hängen?», wandte Krell ein. «Vielleicht hat der Kerl bloß eine Macke.»

«Eine Macke, eine Macke», wiederholte Wahnsiedler tadelnd. «Der Fetischismus *ist* eine Macke. Zu dumm, dass das kleine Mädchen gestorben ist, bevor es uns sagen konnte, woher es diese Fotos hatte.»

«Wer weiß, ob Silbers Vermutung überhaupt stimmt.» Krell blätterte in Jennys Klassenarbeitsheft. *«Lügen haben kurze Beine – schreibe eine Fabel, zu der diese Moral passt!* Was für ein ausgemachter Blödsinn.»

«Sieh dir die Neigung an und das *B* in *Beine*. Genau dasselbe wie in *Betrifft Püster*», protestierte Silber.

«Apropos Neigung», sagte Krell. «Seit wann gehst du eigentlich mit der Jelinek in die Kantine?»

«Hört auf zu streiten, Leute», befahl Wahnsiedler. «Sagt mir lieber, was diese Kacheln auf dem Boden zu bedeuten haben.»

«Erinnert mich an polierte Marmorplatten, wie sie in Eingangshallen von Hotels zu finden sind», sagte Silber.

«Eher in Banken», meinte Krell. «Die rechteckigen Kästchen im Hintergrund könnten Schließfächer sein.»

Wahnsiedler kratzte sich am Kopf. «Ich glaube kaum, dass man solche Fotos in Hotels oder Banken machen kann.»

Kenntemich, der bis jetzt im Hintergrund telefoniert hatte, trat an den Tisch. «Das war das BKA, Leute. Sie schicken uns zwei Leute vorbei – Rammsmeier und Dr. Jeschke.»

«Ah, die Profiler», sagte Wahnsiedler.

«Profilerinnen», verbesserte Kenntemich.

«Wie bitte?» Wahnsiedler ließ die Lupe sinken. «Der Rammsmeier ist eine Frau?»

«Der Dr. Jeschke auch», sagte Kenntemich.

«Muss das sein?», stöhnte Krell. «Mit Frauen über Schwänze sprechen? Das führt zu nichts, außer zu Schwierigkeiten. Und überhaupt, das BKA.»

«Mein Gott, nach dieser Sache heute Morgen vor dem Laden», sagte Wahnsiedler, «was erwartest du – zuerst die große, dann die kleine Schwester, der Dackel tot an einer Häuserwand, der Vater aus dem engeren Kreis um Schröder.»

Kenntemich nickte. «Von allen anderen Schweinereien einmal ganz abgesehen. Das geht jetzt wirklich nicht gegen dich, Silber – aber wenn die Presse von dieser Sache mit der Hose Wind bekommt, dann sind wir eine Woche lang die Deppen auf allen Sendern.»

Silber machte ein unglückliches Gesicht.

«Genau so ist es», sagte Wahnsiedler. «Es gibt aber noch einen anderen Aspekt – was ist, wenn dieser Kerl diese vier anderen Ringe auf genau dieselbe Art an sich gebracht hat wie den grünen? Womöglich ganz woanders auf der Welt. So ein Fall wird dann schnell eine Nummer zu groß.»

«Immerhin», sagte Krell, «dürfen wir noch die Leutchen vernehmen, die sich auf unseren Aufruf hin gemeldet haben. Wie viele haben wir eigentlich noch?»

«Ungefähr fünfzehn in der Sache *Charlotte*», sagte Kenntemich. «Die Zeugen in der Sache *Jenny* kommen natürlich auch noch auf uns zu. Das sind zwar insgesamt nicht so viele – die Leute aus dem Laden, zwei, drei Passanten und ein bisschen Nachbarschaft. Auf alle Fälle muss uns Silber aber morgen unterstützen.»

«Morgen», sagte Silber, «morgen ist schlecht. Ich würde morgen nämlich gerne einer Spur nachgehen, die wir Kollege Grosz zu verdanken haben. Schöne Grüße übrigens.»

Krell, Kenntemich und Wahnsiedler sahen sich an.

«Grosz hat im Krankenhaus einen Jungen erwischt, der ihm sein Geld stehlen wollte.» Silber räusperte sich. «Ein Ägypter übrigens.»

«Du liebe Güte», sagte Kenntemich. «Und der Kerl ist jetzt tot?»

«Tot nicht.» Silber schüttelte den Kopf «Allerdings fehlen ihm vorne die Zähne.»

«Großartig», sagte Kenntemich. «Das ist es, was mir an Grosz gefällt – er trifft nicht nur das rechte Wort. Eigentlich schade, dass er jetzt ins Gefängnis muss.»

«Ja, wirklich schade», stimmte Krell zu. «Der Mann war eine Zierde unserer Behörde. Was ich noch fragen wollte – wie oft hat er bei deinem Besuch eigentlich *ficken* gesagt, Hans-Jochen?»

«Augenblick, Kollegen, Augenblick», unterbrach Silber.

«Die Zähne können schon vor der Begegnung mit Grosz fort gewesen sein, denn der Ägypter hat – und das ist das interessante – am Montag einen Verkehrsunfall gehabt, nicht weit vom Tatort und genau zur Tatzeit. Ich habe die Sache nachgeprüft. Kurz vor dem Unfall will der Junge einen gewissen *Kokel* getroffen haben, einen Typen, von dem Grosz zu wissen glaubt, dass er wie unter Zwang alles aufschreibt, was mit Zahlen zu tun hat: Fahrpläne, Uhrzeiten, Autokennzeichen.»

Krell warf Silber einen skeptischen Blick zu.

«Du meinst ...?»

Silber hob die Schultern. «Den Versuch wäre es doch wert, Kollegen. Falls es wirklich so eine Liste gibt, könnten wir sie mit den Leuten abgleichen, die sich bisher als Zeugen bei euch gemeldet haben. Ich würde diesen Kokel allerdings ungern in die Fahndung geben. Er soll ein bisschen eigen sein. Grosz hat mir einen Tipp gegeben, wo man ihn möglicherweise finden kann. Unten am Rhein, kurz vor Remagen, in einem Pennerlager.»

«Hm, Rheinland-Pfalz», sagte Wahnsiedler. «Du weißt, die Landesgrenze ...»

«Ebendeshalb will ich mit der Fahndung warten. Und außerdem – ich fahre mit dem Fahrrad hin.»

«Rausgeschmissene Zeit», sagte Wahnsiedler. «Aber bitte – wenn du meinst, du musst. Doch nun zurück zu Rammsmeier und Dr. Jeschke.»

«Genau», sagte Krell. «Ich wüsste nämlich gerne, ob ich in der Akte *ProfilerIn* schreiben muss wie bei den Grünen oder ob's *Profiler* Schrägstrich *Profilerin* tut.» Er wandte sich an Kenntemich. «Du hast doch mit dem BKA telefoniert. Gibt's da denn keine Dienstvorschrift?»

Kenntemich winkte unwirsch ab.

«Mir liegt was anderes im Magen – sollten wir uns nicht

umbenennen? Dieses *Nike* passt nun gar nicht mehr. Für einen Turnschuh war die zweite Tochter viel zu dick.»

Wahnsiedler nickte nervös.

«Da habe ich auch schon dran gedacht. Hat jemand einen besseren Vorschlag?»

«Klar», sagte Krell und zeigte auf die Fotos. «Ringe und Schwänzchen – wie wär's mit ...»

«*Schwestern*», unterbrach Silber eilig, «*Schwestern* ist gut und *Schwestern* passt.»

«Genehmigt!» Wahnsiedler nahm einen Aktenordner in die Hand. «Doch was ich sagen wollte, Leute», sagte er, während er den alten Namen der Kommission durchstrich, «wir brauchen einen Ansatz, eine Theorie. Sonst stehen wir vor den Damen wie die Eumel da.»

«Theorien gibt's genug», sagte Kenntemich. «Mir fällt bloß keine ein.»

«Der Kerl kriegt nur einen hoch, wenn er die Ringe trägt», schlug Krell vor. «Ich würde, wie gesagt, kein Drama aus der Sache machen.»

Wahnsiedler schüttelte den Kopf. «Nein, Leute, das ist mir nicht filigran genug. Tu mir die Liebe, Silber, und fahr hoch in die Neurologie. Ich kenne jemanden aus dem Tennisverein, der ist da Oberarzt. Sag ihm, du kommst von mir, dann weiß er schon Bescheid.»

> Es liegt im polizeilichen Interesse,
> der Presse regelmäßig und umfassend
> Mitteilung zu machen.
> GdP-POLIZEIKALENDER

«Uni an Uni 3077: Der Bereich Agrippinenstraße – Beethovenstraße – Kreuzbergweg – Baumschulallee ist unter Bezug auf die allgemeine Verkehrsanlage und das Anwohnerparkrecht von allen Fremdfahrzeugen zu räumen. Uni an Uni 3013: Der Rückstau auf der Viktoriabrücke ist aufzulösen. Der Verkehr in Richtung Innenstadt ist durch Schaffung eines Hindernisses in die Endenicher Straße umzuleiten. Uni an Uni 3011: Der unberechtigte Zutritt zum Grundstück Baumschulallee 25 ist allen Personen durch entsprechende Einsatzmittel zu verwehren. Gegebenenfalls auf Hausfriedensbruch hinweisen und Personalien aufnehmen. Die Leitern und Gerüste am Gartenzaun sind sämtlich zu entfernen. Mit anderen Worten, Leute: Schafft alle Pressefuzzis weg.»

Fetischismus – Wegnahme von Kleidungsstücken aus geschlechtlichen Motiven. Es kommt vor allem zum Diebstahl weiblicher Kleidungsstücke aus Wohnungen und Trockenböden. Auch Kleiderschlitzer sowie Zopfabschneider gehören dazu.
HANDBUCH DER POLIZEI

«Ja, leider. Frühestens in einer halben Stunde. Wenn Sie so lange warten möchten? Doch, doch, gehen Sie ruhig hinein.»

Nett war es hier. Silber sah sich seufzend um. Die Vorhänge gelb, die Fenster weiß, die Wände in Altrosa. Ein Philodendron spross aus einem Messingkübel. Rotes Gekleckse darbte hinter rahmenlosem Glas: Aha, ein dankbarer Patient. (So jedenfalls die Widmung in der Ecke.)

Und auf dem Tischchen lag ein Buch. Silber legte den Kopf schief: *Psychoanalytische Neurosenlehre, Band II.*

Silber zögerte nur kurz. Dann griff er nach dem Buch und schaute im Register nach. Aha, ein ganzes Kapitel.

Er schlug die Seiten auf. Wie praktisch! Jemand hatte alles Wichtige schon angestrichen. Zum Beispiel hier – *der Sinn und Zweck des Fetischs ist, den Penis der Mutter darzustellen.*

Nun, dies war ein Detail, das Silber überraschte.

Er zupfte sich am Bart. (Und hörte Grosz «Verhaften!» rufen.) Dann las er weiter.

Es folgte eine Fallgeschichte. Sie handelte von einem Mann, der eine fetischistische Neigung zum Duft der *Faeces* entwickelt hatte, da seine Mutter früh gestorben und er im Glauben aufgezogen worden war, dass seine Stiefmutter die wirkliche Mutter sei. Nach und nach war er jedoch hinter die Sache gekommen. Sein ausgesprochen feminines Verhalten, so behauptete jedenfalls das Buch, sei nun durch die Vorstellung bestimmt gewesen, dem Vater zu zeigen, dass er selbst ein besserer Ersatz für die gestorbene Mutter gewesen sei als die Stiefmutter.

Bis hierhin konnte Silber folgen, obwohl die ganze Sache nicht recht glaubhaft war. Dann aber wurde alles kompliziert, denn nun kam eine *respiratorische Introjektion der Seele* ins Spiel, die etwas mit der Identifikation mit der Mutter zu tun haben musste sowie mit dem Kastrationskomplex.

Die Sache blieb vorläufig unaufgeklärt, denn in Silbers Jacke klingelte das Handy. Es war Wahnsiedler.

«Schon irgendwelche Ergebnisse?»

«Ich weiß nicht recht.»

«Was soll das heißen? Ist denn der Doc nicht da?»

«Der operiert noch. Der Einfall, auf gut Glück hierhin zu fahren, war vielleicht doch nicht so brillant.»

«Ist denn kein anderer da, der dir etwas erzählen könnte?»

«Nein. Die haben alle zu tun. Wie ich. Ich meine, ich hätte auch zu tun. Jetzt sitze ich hier herum und lese ein Buch.»

«Ein Buch?»

«Ein Buch über Fetischismus. Weiß einer von euch, was *Faeces* sind?»

«*Faeces?* Einen Augenblick.»
Silber hörte, wie Wahnsiedler nachfragte.
«Krell meint, so etwas wie *Fäkalien.*»
«Würde passen», sagte Silber. «Ziemlich gut sogar.»
«Steht sonst nichts in diesem Buch?»
«Doch», sagte Silber. «Jede Menge.»
«Herrgott, so lass dir doch nicht alles aus der Nase ziehen.»
«Dass nackte Gouvernantenfüße für die Entwicklung des gesunden Knaben äußerst schädlich sind», trug Silber vor und blätterte sich durch die Seiten. «Genauso wie allzu lange Zöpfe.»
«Mit solchen Sachen kann ich Rammsmeier und Dr. Jeschke schlecht kommen», stöhnte Wahnsiedler. «Hast du nichts anderes gefunden?»
«Fetischisten sind meist Männer», bot Silber an. «Vielleicht beruhigt sie das.»
Wahnsiedler fluchte.
Silber blätterte weiter. «Was hier noch angestrichen wäre: Hypertrophie des infantilen Partialtriebs, nasale Introjektion, Schrecken erregende phallische Mutterfigur, symbolische Kastrationshandlung.»
«Die nehmen wir», beschied Wahnsiedler. «Nicht die Sache mit der Mutter, sondern die mit der Kastration. Reiß die Seite heraus und schau auf dem Rückweg bei den Kühnes vorbei. Da soll die Hölle los sein.»

> Engine start must be done
> on Captain's instruction only
> **BOEING 747 FLIGHT MANUAL**

«So weiche von mir, du verfluchtes Tier», wisperte der Große Wendigo und schlug das Kreuz. «Die Flügel soll man dir einreißen, sie aber nicht ganz abtrennen, der Priester lasse sie auf dem Altar in Rauch aufgehen auf den Holzscheiten über dem Feuer, ein Brandopfer ist es, ein Feueropfer für den Herrn.»

> *Battery Switch: On*
> *Standby Power Switch: Auto*
> *Hydraulic Demand Pumps: Off*
> *Windshield Wiper Switches: Off*
> *Alternate Flap Selector: Off*
> *Landing Gear Lever: Down*

«Er lässt die Wolken aufsteigen vom Ende der Erde, Blitze macht er zu Regen, lässt den Sturm aus seinen Speichern los. Schlaflos bin ich und wie ein einsamer Vogel auf dem Dache. Die andern lassen sich bei ihresgleichen nieder, und Treue kommt zu denen, die sie üben. Ich aber bin allein.»

Der Große Wendigo unterbrach sein Gebet. Anderes erforderte nun seine Aufmerksamkeit. Er stellte Sitz und Lehnen hoch und gab dem Flight Engineer ein Zeichen: *Ready for Take Off.*

> *Oxygen: Checked*
> *Flight Instruments: Set*
> *Park Brake: Set*
> *Fuel Control Switches: Cut Off*
> *Autobrake: RTO*

Wie einfach es doch war, sich aus dem Staub zu machen. Man drückte Knöpfe, zog an Hebeln: *Set MAX thrust.* Schon hob der Riesenvogel ab und flog davon.

«Kaum blicken meine Augen hin, so bin ich fort; denn plötzlich hab ich Flügel mir verschafft gleichwie ein Adler und bin zum Himmel aufgeflogen.»

Landing Gear: Up and Off
Flaps: Up
Air Conditioning: Set
Altimeters: Auto

Da unten lag die Stadt, die er an jenem Morgen überflogen hatte, da ihm das Hühnchen die dunkle Pforte wies. Jetzt war es tot. Und diese kleine Diebin auch, *krükrüü.*

Nun, das war nicht zu ändern.

Climb and cruise.

Ab 5 Uhr 45 wird zurückgeschossen
INFORMATIONSOFFENSIVE (RTL)

Die Agrippinenstraße gab's nicht mehr. Die Häuser standen noch, natürlich, links und rechts der Straße. Sie waren nach wie vor zweistöckig und, abgesehen von einem gelb verfliesten Kasten, auch ganz hübsch.

Die Straße selbst aber war verschwunden. Die hundertfünfzig Meter zwischen Beethovenstraße und Baumschulallee hatten dreißig Kleinlastwagen verschluckt. Grellbunt, Antennen auf dem Dach, die Türen und die Luken auf. Der erste war bis an die Kreuzung vorgefahren, die anderen hatten sich, Stoßstange an Stoßstange, dahinter angestellt. An den Rändern standen die Autos der Anwohner. Die schauten aus den Fenstern dem Treiben auf ihrer Straße zu. Silber hatte nicht den Eindruck, dass sie besonders glücklich waren.

Am einen Ende der Straße hupten die Autos. Am anderen Ende auch. Nichts bewegte sich. Der Lärm aber war ohrenbetäubend. Das lag vor allem an den beiden Hubschraubern, die über dem Viertel kreisten.

Silber war an einem der Lastwagen stehen geblieben. Ein Mann in einem Overall hob ein Stativ heraus. Ein anderer kurbelte an einer Kabeltrommel. Im Wagen saß ein Kerl in einer Wachsjacke und puderte sich. Hinter ihm stand eine ungekämmte Frau und blätterte in Papieren. Über den beiden hing ein Fernsehapparat und machte plärrend Werbung für süßes Zeug.

«Wann sind wir auf Sendung?», fragte der Kerl, ohne mit dem Pudern aufzuhören.

Die ungekämmte Frau sah auf die Uhr. «Viertel vor sechs. Zwanzig Minuten noch.»

«Wo wird geschossen?»

«Irgendwo vorm Laden, denk ich. Kemal rollt gerade das Kabel aus.»

«Wieso vorm Laden? Ich will an das Haus.»

«Vergiss es. Das Haus ist dicht. Die Polizei hat alles dicht gemacht.»

«Scheiße», sagte der Kerl und lockerte sich das Haar. «Welcher ist eigentlich unserer?», fragte er dann und zeigte mit dem Kamm nach oben.

«Der größere, denk ich», sagte die ungekämmte Frau. Sie entdeckte Silber und wedelte mit der Hand. «Verschwinde, komm schon, zieh Leine», sagte sie, ohne die Stimme zu erheben.

Silber wandte sich dem Feinkostladen an der Ecke zu. Er war von Aluminiumleitern und Gerüsten umstellt, auf denen Leute mit Kameras standen. Das Geschäft war geschlossen, das Gitter vor der Tür herabgelassen, im Ladenraum alles ganz dunkel. Zwei Polizisten hatten sich vor dem Eingang aufgebaut und versuchten, das Schlimmste zu verhindern.

Und auch die Stelle, wo der Dackel an die Wand geflogen war, war abgesperrt. Scheinwerfer strahlten sie an. Hinter dem gelben Band – eine der wenigen Stellen, an denen es nicht vor Menschen wimmelte – hatte jemand mit Kreide recht schwungvoll eine Hundeleiche auf das Pflaster gemalt. Silber sah Droese vor sich, wie er im weißen Overall den toten Dackel mit den Täfelchen versah.

Der Tatort selbst lag nicht weit vom Haus der Kühnes entfernt. Vermutlich war Jenny mit dem Hund bloß einmal um den Block gegangen. Raus aus dem Haus und durch den Garten, dann 50 Meter bis zur Kreuzung links und dann die Agrippinenstraße hoch. Kurz vor dem Laden war sie dann überfallen worden.

Natürlich lagen Blumen an der Stelle. Die Fotografen legten sie aufs Pflaster, weil es sich besser auf den Bildern machte.

Silber bückte sich. Aha: «SPAR». Die Blumen waren aus dem Laden an der Ecke. Da hatte er also noch aufgehabt.

Jemand schob Silber unsanft zur Seite.

Ein Blitzlicht zuckte. Klack. Klack. Klack. Ein Motor zog surrend einen Film durch eine Kamera.

Silber wollte ohnehin gehen.

Er hatte nämlich beschlossen, den Kühnes heute einen weiteren Besuch zu ersparen. Und sich auch.

> Es sind nicht alle krank,
> die stöhnen
> VOLKSMUND

«Warum kommst du nicht gleich mit zu mir?», fragte die Jelinek durch die halb geöffnete Tür und fuhr in ihren Mantel. «Wir machen uns einen netten Abend, dann frühstücken wir und fahren zusammen ins Präsidium.»

«Ich weiß nicht recht», sagte Silber vom Schreibtisch aus. «So ohne Zahnbürste. Ich wüsste gerne, ob mein Paket gekommen ist, und müsste außerdem noch laufen. Seit Montag habe ich nichts mehr getan. Und dann soll ich gleich morgen früh nach Remagen. Wenn ich nicht rechtzeitig da bin ...»

«Du Ärmster.» Die Jelinek trat in sein Zimmer.

Schön war sie ja. Und ziemlich lieb gewesen. Silber schmolz.

«Und außerdem, dein Kind – die Vega, was sagt die dazu?»

«Ich sage ihr, dass du bei mir übernachten musstest, weil ...»

«Nee, lieber nicht», sagte Silber, bevor die Jelinek einen Grund nennen konnte. «Kinder sollen da recht empfindlich sein.»

«Die Vega nicht», sagte die Jelinek und zog Silbers Kopf an ihre Brust. «Und außerdem hat sie längst mitbekommen, dass du gestern Nacht bei mir gewesen bist.»

«Wieso?» Silber brach der Schweiß aus. «Hast du es ihr gesagt?»

«Brauchte ich nicht. Wir sind ja schließlich nicht zu überhören gewesen, Silber», gurrte die Jelinek und steckte ihm die Zungenspitze in das Ohr.

Vierter Tag

> Kein Mensch glaubt,
> was für einen Arsch meine Mutter
> jetzt aufgegabelt hat.
> VEGA, Tagebuch

Silber tastete nach der Uhr. Mein Gott, es war halb zwei. Wovon war er wach geworden? Natürlich von einem Flugzeug. Oder etwa nicht? Da rauschte Wasser im Haus. Und eine Türe klappte. War es der Nachbar, der nach Hause kam? Oder das Kind, das nicht schlafen konnte? Wieso? Die Mutter schlief doch auch.

Er machte sich aus der Umarmung frei und stieg aus dem Bett.

Nein, es war alles still im Kinderzimmer.

Silber atmete auf. Es war schon ziemlich seltsam gewesen, dieses Abendessen. Das Kind hatte ihn auf eine Art und Weise angeschaut, die nur zu deutlich machte, was es von jemandem hielt, der seiner Mutter Töne entlockte, für die man sich im ganzen Hause schämen musste. Kein Wunder, dass es daher kategorisch abgelehnt hatte, am So-tun-als-ob am Wochenende teilzunehmen.

Silber konnte das Kind verstehen.

So etwas war immer schwierig.

Nun, wenigstens das gemeinsame Frühstück konnte er Vega ersparen. Und daher war es wohl das Beste, wenn er hier möglichst bald verschwand. Zu Hause gab's vielleicht noch etwas Schlaf, bis es Zeit war, um nach Kokel dem Außerirdischen zu suchen.

Doch vorher musste er ins Badezimmer.

Er huschte durch den Flur und öffnete die Tür.

Das Badezimmer war erleuchtet. Vega stand vor dem Spiegel und probierte Lippenstifte aus. Sie trug nur eine Schlafanzughose. In ihrem Nabel funkelte und glänzte es.

Alle Feinde besiegt der Deutsche, doch seinen Durst besiegt er nicht

Hinter den Büschen lag die Zeltstadt der Obdachlosen. Es waren vielleicht fünfzehn kleine Zelte, hellbraun, maisgelb und dunkelgrün. Der Stoff war alt und verwittert und hatte schwarze Schlierenmuster.

Silber kamen sie recht hinfällig vor, und als er anhielt, erkannte er, dass keines der Zelte eine Firststange besaß.

War dies der Platz, wo im letzten Sommer diese seltsame Sache geschehen war? Silber wusste es nicht genau. Zwei Männer hatten sich im Suff den Schädel eingeschlagen. Die Frau, um die es bei dem Streit gegangen war, hatte zwei Tage und zwei Nächte mit den toten Männern im Zelt gelegen, bis sie von einem Hund aus ihrem Rausch geweckt worden war. Nach dieser Tat hatte man die Zelte für einige Zeit entfernt.

Nun waren sie aber wieder da.

Silber fuhr auf dem Damm zurück bis zur Tankstelle, kaufte Bier und Zigaretten und stopfte sich die Sachen ins Trikot.

Es regnete noch immer. Er war froh, dass er nicht das Rennrad genommen hatte, sondern das Mountainbike, ein breitbereiftes Ding mit Aluminiumrahmen und Federgabel, das wenigstens am Hinterrad ein Schutzblech hatte.

Am ersten Zelt stieg Silber ab. Der Reißverschluss war offen. Der Eingang flatterte im Wind und ließ zwei Stiefel sehen.

Vorsichtig schlug Silber die Plane zurück. Soweit es in dem Durcheinander zu erkennen war, gehörten die Stiefel einer winzigkleinen Frau. Sie hatte schulterlange Haare und einen eingefallenen Mund und lag auf einer Luftmatratze. In der einen Hand hielt sie eine leere Flasche, in der anderen einen kleinen Revolver. Die Frau hob die Waffe, zielte auf Silber und drückte ab.

Es klickte. Vorne am Lauf erschien ein blaues Flämmchen.

«Hast du Zigaretten, Attila?», jammerte die Frau.

«Nur ohne Filter», sagte Silber und merkte an der Stimme, dass die winzigkleine Frau aus Berlin kam und überdies ein winzigkleiner Mann sein musste. Silber legte eine Packung und eine Büchse in den Eingang: «Ich suche diesen Aufschreiber, diesen ...»

Der winzigkleine Mann richtete sich blitzschnell auf, griff nach den Zigaretten und dem Bier und schob sie unter seine Decke.

«Kokel», sagte er dann mit großem Ernst, «macht heute an der Fähre Dienst.»

Hiermit erkläre ich nun Sie,
Herrn Winfried Grosz,
und Sie, Frau Latifah Zadeh,
für Mann und Frau

Ja, noch zwei Beutel. Baschir nickte. *Alhamdulillah.* Gepriesen auch der große Magen des Dämons.

Der Mann vom Kiosk schob das Wechselgeld zurück.

Baschir hob die Hand zum Gruß. Reden war zwecklos,

denn der Mann sprach nur *Kanak*. So steckte er die Münzen ein und fing, während er sie in der Hosentasche hin- und herbewegte, eine kleine Rechnung an.

Wenn er sich weiterhin erlaubte, für jeden Beutel, den der Dämon fraß, ein bisschen mehr in Rechnung zu stellen, so konnte er, Baschir, falls er fünfmal am Tag zwei Beutel holte, einen Gewinn erzielen von ...

Nein, Baschirs Rechenkünste reichten nicht. Man musste solche Sachen schriftlich machen. Das wusste er vom *Erischkäsna* her. Baschir entdeckte in der Eingangshalle einen alten Mann, der Kreuzworträtsel löste. Aus seinem Bademantel kam ein Schlauch, der in einen gelben Beutel führte.

Baschir trat an den Alten heran, verbeugte sich, erbat den Stift sowie ein Eckchen seiner Zeitung.

Und dann begann er rasch zu rechnen.

Das Ergebnis war niederschmetternd.

Wenn er es richtig überschlagen hatte, so würde er, um an Big Boys Geld zu kommen, 770 Tage lang zehn Beutel für den Dämon holen müssen. Jetzt war es Februar. Dann würde es, sofern es Allah gefiel, März geworden sein, der März des Jahres 2002.

Baschir seufzte.

Er dankte dem Alten und reichte ihm den Stift zurück.

Dann stieg er in den Aufzug und fuhr in den dritten Stock hinauf, wo der Dämon gewiss schon voller Ungeduld harrte.

Vorsichtig öffnete Baschir die Tür.

Der Dämon lag in seinem Bett, doch schien er nicht besonders hungrig. Das lag an *Sister Fîl*. Sie saß an seiner Seite und reizte ihm den Leib. Jetzt beugte sie sich sogar vor und spitzte die Lippen.

Baschir lächelte, als er die Türe schloss. Es war ihm eingefallen, wie sie zu kürzen waren, diese 770 Tage.

$\sqrt{173} = 13{,}152\,946$
Samsung-Taschenrechner

Kokel der Außerirdische saß an der Fähre und schrieb Schiffe auf. Er trug eine Öljacke und einen roten Helm der IG Metall. Das Rad lehnte an der Bank. Es sah genau so aus, wie es Grosz beschrieben hatte. Sogar die Reifen waren mit Wollfäden umwickelt.

Gar nicht so schlecht. (Falls wirklich eines Tages alles in die Luft gehen sollte.)

Silber war beeindruckt.

Er trat hinter Kokel und deutete auf ein Schiff, das den Rhein hinunterfuhr. Es hatte Traktoren geladen und kam aus Rotterdam.

«*Marijke, gelb, Holland.*»

Kokel nickte knapp. Und schrieb.

Silber sah ihm dabei zu.

Die Schrift war ordentlich und lesbar, die Linie unter dem Datum wie mit dem Lineal gezogen. Kokel hatte allerdings *blau* eingetragen. Das war insofern nicht uninteressant, als *blau* stimmte.

Silber stellte die restlichen Büchsen auf die Bank.

Kokel griff zu. Zuerst die erste. Dann die zweite.

Dann langte er an seinen Helm und zog eine kleine Antenne hervor.

«Frag mich was.»

«Siebzehn mal vier», sagte Silber.

«Achtundsechzig», antwortete Kokel, ohne zu zögern.

«Wurzel aus hundertdreiundsiebzig?»

«Neunzehn Komma drei – fünf – neun – eins.»

«8. Februar 2000?»

«Quersumme zwölf.»

Silber war ein bisschen enttäuscht.

«Weiter», drängte Kokel. «Stell weitere Fragen!»
«Attila», sagte Silber.
Kokel legte erschrocken die Hand auf den Mund.
«Attila», sagte er dann ehrfürchtig und zeigte nach oben. «Attila war der erste, der von Aldebaran gekommen ist. Er hat den Papst gemacht und Otto Grotewohl. Und mich und Moffer Zwo.»
«Moffer Zwo?», seufzte Silber und hielt Kokel die Zigaretten hin. Kokel steckte sich eine an. «Moffer Zwo. Ein bisschen klein, doch sonst in Ordnung. Haben zusammen Willy Brandt und Helmut Schmidt gebaut und all die Jahre in Ordnung gehalten. War nicht ganz einfach, weil sie sehr viel Sprit verbrauchten. Gingen dann auch irgendwann kaputt.»
«Brandt? Schmidt? Kaputt?»
«Kaputt wie Honecker und Kohl – im Transformator Funkenflug, der Kondensator durch und dauernd Röhrenbrand.»
Kokel war offenbar in einer frühen Phase der Replikantentechnik stecken geblieben.
«Die Speicheldüsen waren überdies kaum einzustellen. Natürlich hat die beiden dann am Schluss auch niemand mehr gewählt: Weder den Kohl. Noch den Honecker.»
Silber nickte. Ja, das stimmte.
«Moffer und ich wechselten dann zur Fernsehunterhaltung», fuhr Kokel fort, «in die Abteilung *Hirnlose Automaten*. Du glaubst nicht, wen wir da alles in der Mache hatten.»
Er machte eine kleine Pause.
«Na?», fragte Silber.
«Na, beispielsweise Biolek. Ich meine, ist dir an ihm nichts aufgefallen?»
«Die Stimme?», schlug Silber vor. «Das andauernde Gequatsche?»

Kokel sah Silber erstaunt an. Dann nickte er.

«Die Schnatterbremse, richtig, richtig. Sie war einfach nicht sauber einzustellen. Wer wollte es Attila verdenken, wenn er tobte. Wir wurden beide strafversetzt, Moffer und ich. Störmenschen, Störautos, Störschiffe – reinste Buchhaltung, na ja.»

Er hielt Silber den Aktenordner hin.

«Du darfst mal gucken, wenn du willst.»

Silber nahm den Ordner und blätterte ein bisschen zurück.

«Werden die noch gebraucht, die beiden Seiten da?», fragte er dann.

Kokel gab keine Antwort. Er schien auf einmal das Interesse an den großen Fragen der Welt verloren zu haben. Er starrte in das graue Wasser, das sich am Ufer kreiselnd drehte: Hölzchen und Stöckchen. Schmutz und Papier.

«Sie können die Seiten haben», sagte er dann. «Sie sind von der Polizei, nicht wahr? Ich habe meine Frau erschlagen.»

Er riss die Seiten aus dem Ordner und reichte sie Silber.

Dann fing er an zu weinen.

Silber griff in seine Trikottasche, nahm sein Portemonnaie heraus und zog einen kleinen Taschenrechner hervor.

Er hatte es geahnt.

Kokel war nicht nur rührselig.

Er konnte auch nicht rechnen.

Professor Kaulich hat
in all den Jahren seines Wirkens
Spuren hinterlassen, deutliche Spuren
PROF. DR. MED. S. SCHIMMELPENNICK

«Die Epidemiologie der β-Lactamasen?» Kaulich schüttelte den Kopf. «Nein, nein, mein Lieber – wir sollten es mehr öffnen, unser Institut.»

Er griff nach dem Papier, auf dem er alles aufgezeichnet hatte. Und als er es an Schimmelpennick weiterreichte, glitt sein Blick noch einmal über das Organigramm.

Zunächst, fein säuberlich, sein Name – Kaulich. Ganz oben. Doppelt eingerahmt. Von dort der Pfeil, der seitwärts zu der neuen Abteilung führte, zur «Außenstelle Jelinek».

Im Hauptstrang dann, als Zweiter, als Vertreter – Schimmelpennick. Einfach gerahmt. (Denn Abstand musste sein.) Dann, fächerartig, alle Oberärzte. Nachfolgend, wiederum als Fächer, die Labors.

Schimmelpennick staunte.

Wie gerne hätte Kaulich sich jetzt stolz zurückgelehnt.

Bloß wurde seine Brust auf einmal eng. Als schnürte sie ihm jemand ein. Eine Verspannung? (Himmel, tat das weh.) Insofern war es gut, dass Schimmelpennick immer noch das Organigramm beschaute.

Der Schmerz fuhr hoch bis in das Kinn.

Kaulich hielt es mit beiden Händen fest.

Schon ging es besser. Nun aber tat's im Rücken weh. Und an der Schulter. Auch das Herz begann zu hüpfen. Und diese Übelkeit. Aus der Achsel tropfte Schweiß.

«Sie wissen», krächzte Kaulich, «ich habe einiges bewegt. In der Vergangenheit. In der Gegenwart. Und für die Zukunft auch. Spruchreif ist es zwar noch nicht. Aber ich kann Ihnen soviel sagen ... Die Polizei ... die Polizei ...»

Kaulich fiel um.

Das Letzte, was er sah, war Schimmelpennick, der über ihm kniete.

> Liebe Nora,
> ich ... (durchgestrichen)
> Aus Silbers Papierkorb

«Ein Glücksfall, dieser Kokel», sagte Wahnsiedler und schaute triumphierend in die Runde. «Er hat sich tatsächlich alles aufgeschrieben, was Zahlen und Ziffern hat. Die Rechtschreibung ist zwar ein bisschen schwach, aber es ist uns gelungen, die meisten Sachen zuzuordnen.»

Der Polizeipräsident nickte erfreut.

«Wir haben uns zunächst auf die Parkplätze konzentriert, die in der Tatortnähe liegen – den vor der Auferstehungskirche, den am Ende der Buslinie 621 und den vorm Sportinstitut. Alle, und ich wiederhole *alle*», und dabei schlug Wahnsiedler mit der flachen Hand auf Kokels Listen, «der hier aufgelisteten Kfz-Besitzer hatten sich zuvor bereits bei uns gemeldet. Bis auf fünf.»

Wahnsiedlers Schnurrbartspitzen zitterten vor Erregung. «Zunächst zum Parkplatz an der Kirche. Die Nummer eins. Der Wagen von Kollege Sievers. Der Fall ist bekannt.»

«Hinlänglich», sagte Krell. «Gibt es sie eigentlich schon, die *Silber-Site* im Internet?»

Der Polizeipräsident räusperte sich.

«Ist doch wahr», knurrte Krell.

«Die Nummer zwei und Nummer drei. Der Parkplatz an der Bushaltestelle. Zwei Wohnmobile. Die Eigner wohnen in der Nachbarschaft, sind aber zurzeit nicht erreichbar, weil sie, wie wir in Erfahrung bringen konnten, auf Mallorca überwintern. Sie sind zudem 1932 und 1934 geboren und passen schlecht ins Täterprofil.»

«Wir wollen Rammsmeier und Dr. Jeschke nicht vorgreifen», sagte der Polizeipräsident. «Die Nummer vier und fünf?»

«Standen vorm Sportinstitut. Die Nummer vier, ein Audi A6, ist auf einen Mann namens Kaulich zugelassen. Universitätsprofessor. Mikrobiologe. Freilich auch deutlich über sechzig. Zudem recht klein, mit Übergewicht. Wäre also kaum in der Lage, Charlotte Kühne eine weite Strecke zu tragen. Insofern jedoch eine interessante Spur, als der Mann nicht nur zur Tatzeit vorzeitig das Sportinstitut verlassen haben soll, sondern auch gestern im Büro Sievers zwei Stunden bei der Kollegin Jelinek gewesen ist.»

«Sievers», sagte der Polizeipräsident. «Was war da los?»

Silber hob die Schultern. «Ich war nicht dabei.»

«Sie waren nicht dabei?» Der Polizeipräsident sah ihn irritiert an.

«Ermittlungen», sagte Silber.

Der Polizeipräsident dachte kurz nach.

Dann wandte er sich wieder an Wahnsiedler: «Und Nummer fünf?»

«Ein weißer Mercedes, der auf eine Frau zugelassen ist, eine gewisse Natalie Meyers. Wohnt in der Petersbergallee in Godesberg. Nun, eine Frau suchen wir nicht. Aber vielleicht hat sie einen Mann.»

«Auf alle Fälle», sagte der Polizeipräsident. «Wer fährt hin?»

> Im Hause des Gehängten
> spricht man nicht vom Strick

Das Haus, das Silber suchte, stand in einer kleinen Straße, die geradewegs hinunter an den Rhein führte. Der Berg, von dem sie ihren Namen hatte, lag dunkel und groß auf der anderen Seite des Flusses.

Die Hecken der Petersbergallee waren hoch, die Bürgersteige breit, die Kastanien groß. Rechts gab es einige villenartige Häuser aus der Jahrhundertwende mit Backstein, Stuck und Gipsathleten, die die Portale tragen mussten.

Die weißen Doppelhäuser auf der linken Seite waren mit ihrer unaufgeregten Architektur nicht ganz so alt. Mehr guten Geschmack konnte man kaum zeigen als mit den schlichten Eingangstüren, den runden Flurfenstern und den geraden Erkern.

Natalie Meyers wohnte in einer dieser Doppelhaushälften.

Silber versuchte zunächst, in eine Lücke auf der anderen Straßenseite zu stoßen, aber Kenntemichs Ford, den er sich für diese Fahrt hatte leihen müssen, war zu lang.

So musste er erst eine Weile suchen, bis er zwei Straßen weiter einen Parkplatz fand. Die Gegend kam Silber recht vertraut vor. War es nicht dort, wo er die Matratze seines Vaters ausgesetzt hatte?

Der Regen war stärker geworden. Silber nahm die Tasche mit den Fotos aus dem Auto, schlug den Kragen hoch und hielt, während er auf das Haus zutrabte, Ausschau nach einem weißen Mercedes. Er hatte immer noch Zweifel, ob wirklich alles stimmte, was Kokel aufgeschrieben hatte.

In der Einfahrt parkte jedenfalls ein japanischer Van. Hinten klebte der übliche Unsinn, (*Baby an Bord*, eine kanadische Fahne, ein Sticker vom *Phantasialand*, ein Fischsymbol: Aha, wir sind Christen.) Im Auto selbst zwei Kindersitze, zwei papageienbunte Mäntelchen, ein kleiner gelber Gummistiefel und eine leere Packung Drops.

Silber stieg hinauf zur Eingangstür.

Das war nicht einfach. Ein Tretroller mit Goofy-Hupe. Ein Eimerchen. Ein Schäufelchen. Und, *Backe backe Kuchen*, drei Häufchen nasser Sand.

Vielleicht gar nicht so schlecht, dass Vega schon ein bisschen älter war. Auf alle Fälle war es gut, dass er ihrer Mutter nichts von dem Ding in ihrem Nabel erzählt hatte. Die Jelinek war ohnehin etwas kühl gewesen, als er erst am Mittag im Büro erschienen war. (Und außerdem – versprochen war versprochen.)

Silber seufzte.

Dann stieg er über den Kram hinweg und klingelte.

Eine junge Frau erschien. Sie war etwas über dreißig Jahre alt. Karierte Bluse, blaue Hose, flache Schuhe. Die Haare waren hellblond und kurz. Die Augen grün.

«Guten Tag.»

Mein Gott, so grün. Tapfer hielt Silber den Ausweis hoch. «Sievers der Name. Komme von der Polizei. Sie sind ...»

«Natalie Meyers», sagte die junge Frau. Mit leichtem französischem Akzent. Und angespannt wie alle, die die Polizei besuchte.

«Hätten Sie etwas dagegen, wenn ich hereinkomme?»

Die junge Frau wurde für einen Augenblick ganz starr. Doch dann lachte sie und gab die Tür frei.

«Aber nein.»

Ein Kind kam aus der Dunkelheit des Flurs, klammerte sich an das Bein der Mutter und sah Silber mit verschämter Neugier an. Ein kleiner Engel, blond, hübsch. Vielleicht drei oder vier Jahre alt. Silber erfasste Rührung.

Die junge Frau nahm das Kind auf den Arm und gab ihm

einen Kuss. «Marie, unser großes Mädchen.» Sie schaute die Treppe hoch. «Claire, die Kleine, schläft oben.»

Silber fragte sich, ob auch Claire so kurzgeschoren war, doch dann fiel ihm ein, dass Babys immer kurze Haare hatten.

Er legte seinen Mantel über einen Stuhl im Flur und folgte den beiden in den Wohnraum.

Bilder und Bücher wie gehabt. Beziehungsweise wie bei Kühnes. Doch statt der Ofenrohre ein Klavier. Und an der Wand ein Kreuz. Rahmen aus Edelstahl. Innen buntes Mosaik.

Hübsch und modern auch die Kommode, auf der Familienbilder standen, silbern gerahmt, in unterschiedlicher Größe. Sowie zwei Fähnchen. Links Deutschland. Rechts Kanada. Was noch? Ein dickes Buch auf einem schwarzen Kasten.

Ah, die Familienbibel ...

Als Silber das Buch aufschlagen wollte, atmete es krachend. Silber fuhr zurück.

Nun, das war Claire. Der schwarze Kasten war ein Babyphon. Silber sah sich weiter um. Das Esszimmer war nebenan, von dort der Eingang auch zur Küche. Und alles ziemlich aufgeräumt. Hinter den Wohnzimmerfenstern dann der Garten. Der Rasen grün, das Spielgerüst bunt. Ein großer Rhododendron, von dessen Blättern Regen tropfte. Unter dem Busch ein Vogel, der an einem Wurm zog.

«Möchten Sie eine Tasse Kaffee?», sagte die junge Frau hinter ihm und wies auf zwei Sessel am Fenster.

Silber lehnte dankend ab. Er setzte sich und öffnete die Aktentasche.

Das Mädchen kam herangesegelt. Schon hatte es den Umschlag in der Hand und hielt die Beute jubelnd hoch. «Malen! Malen!»

Silber erschrak.

Die junge Frau lachte. Sie trug das Kind nach nebenan. Dort setzte sie es auf den Parkettboden und hielt ihm Stifte und ein Malbuch hin.

Dann brachte sie den Umschlag zurück.

Silber beugte sich etwas vor und sagte leise: «Keine schöne Sache, die ich Ihnen jetzt zeigen werde. Jemand ist vergewaltigt und getötet worden. Vielleicht haben Sie in der Zeitung davon gelesen.»

«Ich habe keine Zeitung aus Bonn.» Sie schüttelte den Kopf. «Ich bin aus Montreal, Kanada, Sie begreifen.»

Silber begriff. (In Montreal war er schon nicht mehr dabei gewesen. Wer war damals eigentlich Zweiter über 1500 m geworden?)

«Ein Auto, das auf Ihren Namen zugelassen ist», sagte er dann, «soll auf einem Parkplatz in der Nähe gestanden haben. Ein Mercedes, weiß. Jemand hat sich die Nummer aufgeschrieben, weil er dachte ...» Silber hustete. «Nun, wie die Leute eben sind.»

Die grünen Augen wurden eng.

Silber machte den Umschlag auf und reichte ihr das erste Bild. Es dauerte eine Weile, bis sie begriffen hatte, was sie sah.

Dann wurde sie aschfahl.

Silber nahm ihr das Bild – Charlotte auf dem Bauch, die Arme und Beine weit gespreizt, ein Loch im Kopf, Blut aus dem After – aus der Hand und steckte es in den Umschlag zurück.

Dann sah er nach dem kleinen Mädchen, das immer noch friedlich und gewissenhaft in das Malbuch malte. «Vielleicht ist dort jemand mit den Kindern spazieren gewesen. Es gibt dort einen Spielplatz und ein Wildgehege.»

«Dort, dort», wiederholte sie. Sie schien sich wieder gefasst zu haben. «Wollen Sie mir nicht sagen, wo das sein soll?»

Silber zuckte die Schultern. «Laufen Sie?»

«Nein», sagte sie.

Zu schnell, zu entschieden.

Laufen konnte alles bedeuten. Gerade für jemand, der nicht so gut Deutsch sprach. Silber hatte die Sache mit Absicht offen gelassen.

Er erhob sich und trat ans Fenster.

Die Treppe, die hinunter führte in den Garten, war aus Gitterstahl. Silber presste die Stirn an die Scheibe. Durch das Gitterrost konnte man hinunter in einen Kellereingang sehen, der unmittelbar unter der Terrassentür lag. Neben der Tür standen zwei Laufschuhe auf einer Zeitung. Die Schuhe waren aufgeschnürt und sahen aus, als ob sie aus der Waschmaschine kämen. Die Zeitung war der *Bonner General-Anzeiger*.

«Sie laufen also nicht», sagte Silber.

«Nein», sagte sie. «Denis joggt.»

«Denis?» Silber sah sie fragend an.

«Mein Mann.»

Silber trat an die Kommode. Der große Rahmen in der Mitte: Sie, Marie, Claire. Und Denis.

Silber schluckte.

«Hm», sagte er dann. «Da hatten Sie noch lange Haare. Und Ihre Tochter auch.»

«Mein Mann läuft am liebsten am Rhein», sagte sie, ohne auf seine Feststellung einzugehen. «Gleich hier vom Haus aus, Sie begreifen.»

Silber zeigte auf das gerahmte Bild. «Und Ihr Mann ist...»

«In Sarjah.»

«In Saa...?»

Silber seufzte. Die einen kamen aus der *Woffästraße*, die anderen aus *Saa-Sowieso*.

«Die Emirate», half sie aus, «Abu Dhabi, Dubai, Jebel Ali, Al Ain. Und Sarjah.»

«Und dort ist Ihr Mann? In Sarjah?»

«Ja, er ist Pilot.» Sie strich sich über den Kopf. «Er ist gestern losgeflogen und kommt morgen zurück.»

«Ach», sagte Silber.

«Besser gesagt, heute Nacht. Denis fliegt Fracht. Für UPS. Die fliegen immer nachts.»

«Tatsächlich?» Silber erhob sich. «Ja, dann wird es das Beste sein, wenn ich irgendwann noch einmal wiederkomme. Am besten, wenn er ausgeschlafen hat, Ihr Mann.»

Sie nickte.

Silber nickte auch.

Dann trat er in den dunklen Flur.

«Mein Mantel», sagte Silber. «Gott, wo hab ich ihn.» Und machte Licht.

Der Wandbehang war nicht sehr groß, doch ziemlich bunt und hing über der Eingangstür.

In der Mitte setzte, von Rauch und Flammen umhüllt, ein seltsames Vogelwesen zum Sprung an über eine Leiche. Das Wesen hatte einen Habichtskopf mit einer Schlangenkrone und trug etwas, das aussah wie ein menschliches Herz. Vielleicht war es aber auch nur ein großer Stein.

«Hübsch», sagte Silber. «Selbst gemacht?»

Sie lachte nervös und schüttelte den Kopf.

«Ich habe Anthropologie studiert. Daheim, in Kanada.»

Silber stellte sich auf die Zehenspitzen und beschaute die Leiche. Sie lag, mit aufgefächertem Haar, auf dem Bauch, die Arme und Beine weit von sich gestreckt.

Das Licht erlosch.

«Wir hätten ihn längst abhängen müssen. Wegen der Kinder, Sie begreifen.»

«Man kann nicht vorsichtig genug sein», stimmte Silber zu. «Allein schon dieser Kerl da in der Mitte.»

Sie schwieg. Dann flüsterte sie:

«Der Große Wendigo ...»

Fünfter Tag

Express, 11.2.2000

SKANDAL IM BONNER SCHWESTERNMORD – WÄHREND SIE STARB, JOGGTE DIE KRIPO AM TATORT

LALOTTA
KONDOM! KEIN SPERMA!

von H. P. HOENISCH
Herber Rückschlag für die Ermittler im Bonner Schwesternmord. Der Sexmörder, der die blonde Charlotte K. (18) am Montag auf dem Venusberg getötet hat, hat bei der Vergewaltigung anscheinend ein Kondom benutzt. Die Polizei ist ratlos: «Wir hatten auf den genetischen Fingerabdruck gehofft.»
Weitere Riesenpanne: Als *Lalotta* – so nannte sich die schöne Gymnasiastin – von dem perversen Sextäter gefoltert wurde, joggte der prominente Bonner Kripo-Beamte Jochen Sievers (50) seelenruhig am Tatort.

Sievers, der 1972 in München die Bronzemedaille im 3000-m-Hindernislauf gewann, gestand *Express*: «Ich habe nichts bemerkt»
Die nächste Ungereimtheit in der Bonner Schwesterntragödie: Ist der Unbekannte, der Jenny K. (11) am Mittwoch (*Express* berichtete) vor dem Haus der Eltern erschlagen hat, auch der Mörder von Lalotta?
Während die Kripo weiter herumrätselt, hat das Bundeskriminalamt auf Drängen des Vaters die Ermittlungen übernommen. Ministerialdirektor Bruno K. (44) ist ein Freund von Bundeskanzler Gerhard Schröder. **Weiter auf S. 12!**

> Der Nachtflugverkehr am Flughafen
> Köln / Bonn erzeugt erheblichen Lärm
> CDU Siegburg

Silber lehnte am Fenster der Flughafenwache und starrte hinunter auf das regennasse Vorfeld. Dasselbe Licht, dieselben Masten. Wie damals im Olympiastadion. Nur standen sie hier nicht im Oval, sondern in langer gerader Reihe.

Wie spät war es eigentlich?

Er versuchte die Uhr zu lesen, die über dem Wachhabenden hing und sich in der Scheibe spiegelte.

Fünf nach? Fünf vor? Gar nicht so einfach.

Auf alle Fälle war es mitten in der Nacht, und draußen brummte der Verkehr. Lastwagen kamen von links, Flugzeuge von rechts. Und rings herum Paletten und Container. Hubstapler brachten sie zu Förderbändern. Tankwagen holten neuen Sprit. Von hinten rollte weiter Nachschub an. Pausenlos Lichter, grün-rot-weiß. United Parcel Service, Lufthansa, SAS.

Und was brachten sie?

Wenn man die SPD und vor allem diesen Clement hörte, dann waren es mindestens Dinge wie Ersatzteile für Herz-Lungen-Maschinen, Sicherheitsventile für Atomkraftwerke oder Adapter für Zentralrechenanlagen, ohne deren nächtlichen Einflug Nordrhein-Westfalen noch vor dem Morgengrauen in Chaos und Anarchie versinken würde.

Ein Riesenschwindel, natürlich.

Der Mann vom Zoll hatte Silber erklärt, was in den Containern steckte: Klamotten aus China für den Otto-Versand, Festplatten aus Taiwan, die in Köln / Bonn umgeladen wurden, um nach Irland zur Montage zu gehen, schwappende Kübel voller Pestizide und welken Nelken aus Zimbabwe.

So sah es also aus.

Das Schönste aber waren die hoch qualifizierten Arbeitsplätze, die auf dem Spiel standen, wenn nur eine Maschine weniger landen würde. Der Mann vom Zoll hatte grinsend die Anzeige von UPS hoch gehalten: *Deutschkenntnisse erwünscht.*

Silber entfuhr ein Klagelaut.

«Mein Gott, Silber», sagte Wahnsiedler entnervt. «Ich habe diesen Mist weder geschrieben noch angeschleppt.»

– – – bitte was?

Ach so, die Zeitung, der *Express*.

Silber nickte geistesabwesend.

Wie immer hatte Wahnsiedler Recht. Der Artikel war von *Ha Punkt Hoenisch*, die Zeitung hatte die Wechselschicht mitgebracht. Als Silber den Flughafen betreten hatte, lud ein Fahrer gerade die Zeitungen von morgen aus. Und gleich danach waren auch schon die Kollegen von der Flughafenwache gekommen und hatten Wahnsiedler ein Blatt in die Hand gedrückt.

«Aber immerhin haben sie deine Bronzemedaille erwähnt. Ich wusste gar nicht, dass du dermaßen ...»

«1500 m», unterbrach Silber. «Und woher meinst du wohl, dass dieses gottverdammte *Silber* stammt?»

Das Telefon klingelte.

Der Wachhabende nahm ab.

«Die UPS aus den Emiraten. Sie ist im Anflug», sagte er dann. «Wenn ihr rechtzeitig vor Ausgang C sein wollt, dann müsst ihr jetzt los. Und lasst den Mann um Himmels willen erst durch den Zoll. Ich kann die Wartehalle unmöglich wegen euch räumen lassen. Da geht um drei Uhr noch eine ganze Maschine ab nach Palma.»

Wahnsiedler nickte. Er nahm den Haftbefehl, der vor zehn Minuten aus dem Fax gekommen war, vom Tisch und zog sich seine Jacke an.

Silber folgte ihm auf den Flur.

«Sag mal, stimmt das eigentlich – das mit der Jelinek und dir?», fragte Wahnsiedler plötzlich. «Nicht, dass ich etwas dagegen hätte. Aber der Altersunterschied.»

Silber blieb stehen.

«Wahnsiedler», sagte er ruhig, «ich bin fünfzig. Du bist dreißig. Ich brauche dreißig Minuten auf 10000 Meter, du brauchst fünfzig.»

Das stimmte zwar nicht ganz. Aber es saß. Man konnte es an Wahnsiedlers Schnurrbartspitzen sehen. Sie bebten.

Sie gingen wortlos weiter, bis sie die Stelle erreichten, wo Krell und Kenntemich warteten.

«Hast du den Wisch?», fragte Kenntemich. Wahnsiedler klopfte auf die Jackentasche.

«Ich hätte ihn nicht ausgestellt, den Haftbefehl», sagte Krell. «Nur weil der Typ Laufschuhe im Keller hat und einen perversen Perser an der Wand. Wir machen uns lächerlich, Leute.»

«Indianer», verbesserte Kenntemich. «Der Teppich ist von den Indianern. Das ist ein Riesenunterschied. Und außerdem, du hast vergessen, dass sein Auto auf der Liste gewesen ist.»

«Sein Auto, Kenntemich, sein Auto», lachte Krell. «Notiert von einem Schwachsinnigen, der seine Frau erschlagen hat und an fliegende Untertassen glaubt. Kein Wunder übrigens, denn schließlich ist er von drüben.»

«Vorsicht», sagte Kenntemich. «Meine Frau ist aus Zwickau.»

Krell hustete.

«Ach, Scheiße, Leute», sagte er dann und hob die Zeitung, die er die ganze Zeit in der Hand gehalten hatte. «Ich hatte mich so auf sie gefreut, die Rammsmeier, die Dr.

Jeschke. Oder kommen die beiden Schnepfen auch, wenn wir deinen Täter gefasst haben, *Bronze?*»

Silber wurde blass.

«Keinen Streit, Leute.» Wahnsiedler machte eine ungeduldige Handbewegung. «Position eins: Sievers und ich», sagte er dann und zeigte auf eine Reihe breiter Säulen vor dem Eingang, «Position zwei: Kenntemich und Krell. Da drüben hinter den Sitzen. Der Zugriff erfolgt durch Einsatzgruppe eins, die Sicherung durch Einsatzgruppe zwei.»

> Es blies ein Jäger wohl in sein Horn
> Und alles, was er blies, das war verlorn
> VOLKSMUND

«Das ist er», sagte Silber leise.

Er lehnte an der Säule und versuchte, nicht wie ein Polizist auszusehen. Wahnsiedler lehnte neben ihm und versuchte dasselbe. Ohne Surfbrett war das freilich nicht einfach.

Dem Ausgang näherte sich eine Crew. Zunächst kam eine junge Frau mit kurzen blauschwarzen Haaren. Sie schwenkte ein rundes Köfferchen und sah ziemlich südamerikanisch aus. Dann zwei Asiaten. Stämmig, breit, mit unerschütterlichen Gesichtern.

«Ein Chinese?» Wahnsiedlers Stimme klang verblüfft.

«Nein», flüsterte Silber. «Der Weiße da im Hintergrund. Der mit den vielen Streifen auf dem Ärmel. Das müsste Denis Meyers sein.»

«Mein Gott, warum hast du mir nicht gesagt, dass er so groß ist? Waffe bereithalten.»

«Waffe?»

«Ja, deine Waffe.»

«Ich habe keine Waffe mit», sagte Silber. «Nur das MK-3.»

«Das MK-3?»

«Du weißt schon», sagte Silber, «dieses Zeug für Hunde. Grosz hat es empfohlen. Es ist gestern endlich gekommen. Mit UPS.»

Wahnsiedler schnaufte.

Der Zoll schien es mit den Crews recht genau zu nehmen. Die Pässe der Asiaten waren geprüft. Und ihr Gepäck auch. Jetzt war das Köfferchen an der Reihe. Die Frau mit den blauschwarzen Haaren hatte es noch nicht richtig aufgeschlossen, da machte sich der Mann vom Zoll schon darüber her.

Eine Ersatzhandlung. Ein runder Koffer anstelle eines runden Hintern. Silber war die *Psychoanalytische Neurosenlehre* eingefallen. (Bloß, warum sollte das schädlich sein? Musste man nicht vielmehr allen auf Knien danken, die es mit Koffern hatten anstatt mit Hintern?)

Er hätte jetzt nur langsam mit der Ersatzhandlung fertig werden müssen, der Mann vom Zoll. Auch Meyers wurde allmählich unruhig.

Ob er ein guter Läufer war? Schwer zu sagen. Unter den Triathleten gab es solche Hünen, die auch die langen Strecken ganz ordentlich liefen. Aber um *wirklich gut* zu sein, musste man so sein wie Saïd – klein, leicht, flink.

Dafür war Meyers athletisch genug, um jemanden wie Charlotte Kühne durch den Wald zu tragen und einen Dackel an die Wand zu schleudern.

«Vorsicht, es geht los.»

Meyers' Geduld war offenbar erschöpft. Er war an den Tisch getreten, beugte sich vor und fragte etwas. Der Mann vom Zoll nickte. Meyers stellte sein Gepäck ab und ging durch die Sperre.

«Nein, warte», sagte Wahnsiedler hinter der Säule. «Ich möchte erst sehen, was er tut.»

Silber, der schon ein paar Schritte gegangen war, blieb verwirrt stehen. Ja, in der Tat – Meyers' Verhalten war seltsam.

Wieso hatte er das Gepäck zurückgelassen? Weil man ohne Gepäck besser fliehen konnte?

Hatte ihn seine Frau also doch gewarnt?

Silber biss sich auf die Lippe. Er hatte in der weißen Doppelhaushälfte das Möglichste getan, um alles in der Schwebe zu lassen. Nicht nachgefragt. Nicht nachgehakt. Sich achselzuckend, aber freundlich verabschiedet. Und dennoch hatte sie ...

Unfug. Meyers sah nicht aus, als ob er fliehen wollte. (Wohin denn auch?) Er durchschritt ohne besondere Hast die Halle. Nun steckte er die eine Hand in die Hosentasche und ...

Geld! Meyers suchte Geld. Wollte er sich etwas kaufen? Silber sah sich irritiert um. Es war noch viel zu früh. Die Läden hatten alle zu. Er würde sich doch nicht etwa Zigaretten ...

Nein, Zigaretten nicht.

Auf einmal wusste Silber, was sich Meyers holen wollte: Entsetzt griff er nach dem MK-3 und rannte los. Der Mantel flog, die Sohlen schlugen.

Auch Wahnsiedler war losgelaufen. Und Krell und Kenntemich. Silber konnte es aus den Augenwinkeln sehen.

Doch Meyers – hatte schon die Klappe aufgemacht und eine Zeitung aus dem roten Kasten gezogen.

«*Krükrüü*», sagte er und hielt, als Silber schwer atmend vor ihm stand, die Titelseite hoch. «*Krükrüü*, du Arsch.»

Silber ließ das Pfefferspray sinken.

Letzter Tag

Kölner Stadt-Anzeiger
Samstag, 30. September 2000

Wetterbericht für Köln und die Kölner Bucht: Auch am Sonntag hält das feuchtkalte Herbstwetter an. Regen und Schauer, mäßiger Wind aus West, Temperaturen um 11 Grad.

Silbi – bitte bitte weck mich zum Frühstück. Kuss, Vega

Kein Mensch schläft in der Nacht vor einem Marathon. Auch Silber nicht. Und daher stand er auf und machte Licht.

Nun gut, sie waren also da, die vier Sicherheitsnadeln. In jeder Ecke der Startnummer steckte eine.

Silber legte sich wieder hin.

Doch was, wenn morgen eine brach. Oder verloren ging.

Nein, wirklich sicher war es erst mit einer fünften. Schon hatte er den Bademantel an und suchte nach der Dose, in der er die Nadeln und Zwirnrollen verwahrte.

Die Dose fand sich. Wenn auch in Vegas Zimmer. Und unter Vegas Bett.

Vorsichtig trat Silber näher.

Vega schlief. Sie lag auf dem Bauch, der eine Fuß ragte

unter der Decke vor. Der Kopf war zur Seite gelegt. Eine Strähne fiel über die stabile Stirn. Der Mund jedoch berührte den Bezug des Kissens, als ob.

Als ob sie ihn küssen wollte. Silber erschrak. Genauso hatte Charlotte Kühnes Mund damals den Sektionstisch berührt. Da war die Wunde - *fünfmarkstückgroß, mit braunzerfließlichem Mark und goldgelb gefältelter Rinde.* Wie lange war das her, acht Monate, neun Monate ...

Vega bewegte sich. Sie öffnete ein Auge und sah Silber, der immer noch vor ihrem Bett stand, eine Weile an. Dann lächelte sie und schlief wieder ein.

Schlief Vega wirklich?

Oder tat sie nur, *als ob*? (Wie ihre Mutter.)

In Silbers Herz regte sich Schmerz.

Ein Vierteljahr hatte das Glück gehalten. Voraussehbar, gewiss, das Ende. Und tat noch immer weh.

Er ging, die Dose unterm Arm, zur Tür. Dort drehte er noch einmal um und schob Vegas runden Fuß unter die Decke.

Rain On The Roof
LOVIN' SPOONFUL

Nein. Regen war es nicht. Was da rauschte.
Jemand duschte.
Er war sich sicher. Ganz sicher
Die Frage war bloß. Wer. Von den beiden.
Er stand auf.
Leise.
Niemand im Haus. Musste wissen.
Dass er nachts um halb zwei. Allein. Nach oben ging.
Er setzte die Beine. Eins vor das andere.

Natürlich. Konnte er. Nur noch sehr langsam.
Seitdem er aus dem Krankenhaus.
Aber. Es ging.
Schritt. Für. Schritt.
Vom ersten. In den zweiten Stock.
Auf den Balkon.
Er blieb stehen. Der Regen fiel. Auf sein Gesicht.
Wie damals. Als.
– – – Evi.
Schade. Sie war die. Mit den kleineren.
Man konnte sie. Ganz deutlich.
Durch das gekippte Fenster.
Sehen. Die Dinger.
Kaulich war enttäuscht.

>Sehr geehrter Herr Meyers,
>hiermit teile ich Ihnen
>namens der Hausverwaltung mit, dass ...

Heule, denn der Verwüster rückt an! Schreie, Tochter! Gürte das Trauerkleid um, halte Klage und laufe mit eingeritzten Wunden umher, krükrüü ...

Er hatte sie eines Abends gesehen, als er um das Haus des Mannes gestrichen war, der ihm dies alles eingebrockt hatte, um nachzuforschen, wie ihm zu schaden wäre.

Keine Möglichkeit gabst du mir, meine Kinder zum Abschied zu küssen. Töricht hast du gehandelt! Du hast die Ernte mir zerstört, das Brot, die Töchter, die Schafe und Rinder, den Weinstock und den Feigenbaum, du hast mein Haus, auf das ich stolz war, mit dem Schwert zerschlagen. Ich aber werde Rache nehmen an dir, Feuer und Würmer senden dir ins Fleisch, und du wirst ewig heulen vor Schmerz!

Sie hatte am Fenster gestanden und sich das Haar gebürstet. Nein, keine Frau. Eher ein Mädchen. Sechzehn, siebzehn Jahre vielleicht.

Siehe, du hast eine Tochter, die noch keinen Mann kennt, du wirst sie zu mir herausbringen. Ich werde mit ihr tun, wie es mir gut dünkt; und es soll an ihrem Fleische geschehen, was du an mir getan hast, als du unter den Schatten meines Daches getreten bist, krükrüü ...

Meyers richtete sich auf und machte Licht.

... Der Große Wendigo ...

Was für ein ausgemachter Blödsinn. Er musste endlich damit aufhören.

Sonst würde er am Ende noch mehr verlieren als seine Frau, die Kinder und das Haus.

Außerdem hatten sich die Leute nebenan beschwert.

Wegen der Schreie.

Meyers wischte sich den Schweiß von der Stirn.

Er schlug die Bettdecke zurück. Jetzt, wo er schon einmal wach war, konnte er auch nachsehen, ob er an die Nadeln gedacht hatte.

Natürlich steckte in jeder Ecke der Startnummer eine.

Listen To The Rhythm Of The Falling Rain
THE CASCADES

... die ersten 10 Kilometer bloß nicht zu schnell, vielleicht in 39 Minuten, die 15 dann in 58, den Halbmarathon in 1:20, die 25 in 1:35, die 30 in 1:55, die 35 in 2:14, die 40 in 2:33 ... ergab ... nach Adam Riese ... 2:40 ... 2:41 ... eine schöne Zeit ...

Silber lauschte in die Nacht:

Im Fallrohr gurgelte der Regen. Die Autobahn rauschte.

Irgendwo wummerten Turbinen. Lärm baute sich auf. Und kam rasch näher. Zum zweitenmal innerhalb von zehn Minuten.

Silber stand auf und schloss das Fenster.

Merkwürdig, dass Vega von dem Krach nicht wach wurde. Vielleicht weil sie selber soviel Krach machte?

Silber seufzte.

Wie viele Männer seines Alters es wohl gab, denen man zum Abschied ein Kind dagelassen hatte? Ein wildfremdes, wohlgemerkt.

Nein, nein, die Jelinek musste Vega, die nebenan im Messingbett seines Vaters schlief, endlich zu sich nach Wuppertal nehmen.

Auf alle Fälle.

Irgendwann.

Don't try this at home, kids!

Bismillahi rahmani rahim ...

Irgendjemand sprach in der Dunkelheit. Und machte Licht.

Baschir öffnete die Augen.

Es war Massud.

So war die Zeit des Morgengebets schon da.

Baschir betrachtete von seinem Lager den Vetter. Das Haar war kurzgeschoren, die Figur voll und rund. Der Bart an Wange und Kinn kräuselte sich. Wahrhaftig, der Onkel hatte Recht: Massud war auf dem besten Weg, ein Heiliger zu werden.

Der Vetter reinigte sich die Hände, spülte den Mund und die Nase aus, wusch das Gesicht von der Stirne bis zum Kinn und dann, vom Ellenbogen bis zum Handgelenk, den rechten und den linken Unterarm, fuhr sich mit den nassen Händen über das Haupt und säuberte zum Schluss die Füße, vom Knöchel bis hin zu den Zehen.

Dann richtete er den Blick aus dem Fenster hinauf zur Edeka-Reklame, die südostwärts lag und an der blaugelben Schrift über den Dächern gut zu erkennen war, und begann das eröffnende *Takbir*.

Massud hob die Hände in Höhe der Ohren, stellte die Handflächen nach vorn, verschränkte sie in Nabelhöhe, verneigte sich und warf sich nieder, bis Stirn, Nase, Handflächen, Knie und Zehenspitzen den Boden berührten.

Salam. Salam. Des Vetters Leib ruhte nun auf den Knien und den Füßen. Dabei wandte er den Kopf nach rechts und nach links: *Allahu akbar. Preis sei Dir, o Allah, und Lob sei dir und gesegnet ist dein Name und hoch erhaben ist deine Herrschaft und es ist kein Gott außer dir.*

Da wusste Baschir, dass auch für ihn die Stunde gekommen war, sich zu erheben.

Liebe Vega,
du hast so fest geschlafen ...
Essen steht im Kühlschrank.
Denk an die Hausaufgaben.
Bin gegen 16 Uhr zurück.
S.

Silber ging ins Bad, entfernte Vegas Haare aus dem Ausguss und rasierte sich. Dann legte er den Bademantel ab und stieg auf die Waage. 66,4. Nicht schlecht für seine 1,73.

Nachdem er sich geduscht und abgetrocknet hatte, begann er, sich von Kopf bis Fuß mit Melkfett einzureiben. Das würde den Regen eine Weile abhalten.

Es war jetzt 8 Uhr.

Er war vor zweieinhalb Stunden aufgestanden, hatte gegessen und getrunken, Gymnastik getrieben, dreimal den Wetterbericht gehört, Verdauung gehabt, sich gewaschen und gefettet, Vegas Zettelchen auf dem Fernseher gefunden und zunächst mit Rührung, dann mit Sorge gelesen sowie ein gutes Dutzend Mal die Zwischenzeiten aufgesagt, die er heute laufen wollte.

Jetzt musste er sich nur noch anziehen.

Auf dem Hocker lag alles bereit. Zuerst die Uhr. Den Brustgurt ließ er fort. Der Gurt hätte die Brust etwas angehoben, sodass die Brustwarzen sich leicht an dem Trikotstoff hätten reiben können. Silber war da ein bisschen empfindlich. Außerdem machte es ihn nervös, wenn er bei einem Wettkampf seine Pulswerte sah.

Die Laufhose, das Laufhemd. Beides in Schwarz. Die Startnummer war wie immer viel zu groß, sodass er die Sicherheitsnadeln oben am Hemd und unten an der Hose befestigen musste.

4. KÖLN MARATHON 2000
13317

Die fünfte Nadel steckte er nach unten, wo, unter schwarzen Ziffern, ein kleiner roter Punkt klebte. Der bedeutete, dass er aufgrund seiner Zeit vom letzten Jahr gleich hinter den Spitzenläufern im Block A starten durfte.

Die Socken, die er während des Rennens tragen wollte, blieben mitsamt den Schuhen vorerst im rotgelben Kleiderbeutel. So konnten sie wenigstens nicht nass werden. Zur Sicherheit kontrollierte er jedoch noch einmal den Sitz des Chips, mit dem die Zeit gemessen wurde. Silber hatte das kleine Ding zwischen den ersten beiden Ösen des linken Schuhs eingefädelt, damit es, wenn der Rist schwoll, nicht drückte.

Dann schlüpfte er in eine Trainingshose mit Reißverschlüssen an den Beinen, zog eine Regenjacke an, setzte die Mütze auf, schrieb dem Kind, das immer noch schlief, einen kleinen Zettel und machte sich auf den Weg zum Bonner Bahnhof.

Mme. Natalie Meyers
2327 Rue Crescent
Montreal, Quebec

Zeit! Zeit! Er musste los. Und während er die Startnummer mit dem roten Punkt an seinem Hemd befestigte, überlegte er, ob er die Socken und die Schuhe schon jetzt anziehen sollte, doch dann warf er sie in den Kleiderbeutel zu den anderen Sachen. (Fahrkarte. Geld. Frische Wäsche. Regenschutz. Handtuch. Seife. Massageöl. Kamm.)

Es war alles da.

Fürs Laufen, ja.

Doch für das Fliegen nicht.

Meyers sprang hoch und flatterte mit den Armen.

Eilig verließ er das Apartment, in welchem er seit seiner Scheidung wohnte, und sprang hinunter in den Keller. Er öffnete die Eisentür, die zu der Tiefgarage führte, und machte Licht.

Es stank nach Benzin und Katzenscheiße.

Das Tor zur Einfahrt war geschlossen, das Gitter noch herabgelassen. Und kein Mensch zu sehen. Natürlich nicht.

Denn sonntags schlief das Pack, zwischen dem er nun hausen musste, bis in die Puppen.

Er ging zu der Nische, in der sein Auto stand. Es war noch immer der weiße Mercedes. Der elegante Wagen nahm sich fremd aus zwischen den verbeulten Kisten. Natalie hatte ihm das Auto lassen müssen, weil sie schon mit den Kindern in Kanada gewesen war, als die Polizei den Mercedes endlich freigegeben hatte.

Meyers schloss den Wagen auf und zog die Kofferraumhaube hoch. Falls doch noch jemand kommen sollte, so war die Wand, an der das Schild hing, wenigstens verdeckt.

Das Schild war gelb. Das Blech verbeult. Die Schrift schwarz und abgesprungen.

Meyers kniff den Mund zusammen.

Es wohnte, wie gesagt, nur Pack im Haus.

Er holte einen Schraubenzieher hervor und löste drei der vier Schrauben. Das Schild drehte sich nach unten und gab ein Loch im Mauerwerk frei.

Rasch langte Meyers in das Loch und zog das erste Kästchen vor. Schon schwoll, *krükrüü*, der Große Purpurkopf.

Cola 1,50
Fanta 1,50
Schocko 1,90

Zweihundert Dosen Cola.

Was für ein Gewicht.

Baschirs Brust hob und senkte sich. Heiß fuhr der Atem durch die Lücke zwischen seinen Zähnen, als er den zweirädrigen Karren eine Stufe tiefer gleiten ließ. Zwei Stockwerke noch, *Alhamdulillah*.

Wenn sich die Mühen doch bloß lohnten! Oder würde es bei dem Regen niemanden dürsten?

Insofern war es gut gewesen, dass er noch einmal aufgestanden war, um in den Kiosk einzubrechen. Vielleicht war mit den Süßigkeiten ein besseres Geschäft zu machen.

Natürlich nicht so ein bedeutendes wie damals, als er von *Sister Fîl* und dem Dämon die Gebühr erheben konnte. Was für ein leicht verdientes Geld.

Wenn er damit die Einnahmen der letzten Wochen verglich – die beiden Jacken (keine davon eine *Echt Scheffini),* das grüne Klappfahrrad, die Handtaschen der alten Schachteln, die beiden Einkaufstüten vor dem Aldi, das Moped ohne Benzin und Nummernschild. Und eben diese zweihundert Dosen, die bis vor kurzem noch im Hof des Edeka gestanden hatten und nun nach Köln geschafft werden mussten.

Wo vielleicht noch mehr zu holen war. Wenn alles nach den Verrückten starrte, die durch die Straßen liefen, kümmerte sich niemand mehr ums eigene Hab und Gut.

Die letzte Stufe ...

Baschir atmete auf.

Zweihundert Dosen Cola.

Was für ein Gewicht.

Der Vetter wartete schon im Flur. Er trug das Pappschild, auf dem die Preise standen.

«Lob sei Allah», sagte er, als sie nach draußen in den Regen traten, «dem Herrn der Welten, dem Barmherzigen, dem Herrscher am Tage des Gerichts. Ihm dienen wir, ihn flehen wir um Hilfe an. Er leite uns den rechten Pfad – den Pfad derer, denen er gnädig ist, nicht derer, denen er zürnt, und nicht derer, die da in die Irre gehen.» Baschir nickte.

Dann hob er den Karren über die Schwelle und folgte, das Gefährt hinter sich her ziehend, dem Vetter nach, der ihm voraus in Richtung Bahnhof schritt.

Was macht man bloß in Köln-Deutz?
JENNY KÜHNE

Der Bahnsteig 3 war an diesem Sonntagmorgen weitgehend von Leuten bevölkert, die ziemlich schlank waren, einen rotgelben Kleidersack trugen und nach Köln-Deutz wollten.

Als Silber mit der Rolltreppe nach oben fuhr, sah er sich unauffällig um. Doch dann fiel ihm ein, dass Wahnsiedler am Freitag noch verkündet hatte, er würde mit dem Wagen fahren.

Nun, das war dumm von Wahnsiedler, erleichterte aber die Lage. Eine lautstarke Konversation im Zug über Zeiten und Platzierungen war nicht eben das, was sich als geistige Vorbereitung auf die Strapazen empfahl, die nun bevorstanden.

Silber ließ sich auf einer Bank nieder, stellte den Kleiderbeutel vor sich hin und überdachte seine Chancen.

Natürlich hing alles davon ab, wer nachher am Start stehen würde. Man kannte die Gegner nicht, die in den Altersklassen liefen. Jedenfalls nicht bei den großen Läufen, wo sie zu Tausenden antraten.

Das war der Unterschied zu den Spitzenathleten. Die liefen alle in einer kleinen Gruppe und konnten sich die ganze Zeit beäugen. Und wer als Erster im Ziel war, hatte gewonnen. Bei den Männern wie bei den Frauen.

Bei den Altersklassen war das anders. Da zogen sich die Felder weit auseinander, und niemand wusste genau, gegen wen er eigentlich zu laufen hatte. Im letzten Jahr hatte sich Silber an einen Glatzkopf gehalten und ihn mit großer Mühe kurz vor dem Ziel noch niedergemacht, bloß um am Ende festzustellen, dass der Kahle unter *Männer 40* fiel und dort den zwölften Platz belegte. Den Mann jedoch, der bei den Fünfzigjährigen vor ihm ins Ziel gekommen war, ein Hagerer mit Brille, hatte Silber bei der Siegerehrung zum ersten Mal gesehen.

Auf der anderen Seite war das der Reiz von solchen Massenläufen. Und musste man, bloß weil man früher einmal ganz gut über 1500 gewesen war, fast dreißig Jahre später einen Marathon gewinnen ...?

WDR Fernsehen, 10 – 15 Uhr
Live vom Köln-Marathon 2000

Am Start nahm jetzt die Elite Aufstellung. Deutsche, Japaner, Afrikaner. Die Stars mit ihren Tempomachern. Insgesamt vielleicht fünfundzwanzig Mann. Einige Frauen dazu.

Es ging los. Silber konnte es an der Nervosität der Leute hören. Vor zehn Minuten hatte er selbst noch an der weißen Linie gestanden, die das Feld der Eliteläufer von seinem Block trennte, und ihnen zugesehen, wie sie auf und ab trabten, um sich warm zu halten. Doch dann waren von den Seiten her immer mehr Läufer in den roten Block eingedrungen und hatten Silber immer weiter nach hinten geschoben.

Jetzt wartete er am Ende einer Gruppe von rund 300 Läufern auf den Start.

Silber, wegen des Regens noch immer in einen blauen Plastiksack gehüllt, ertrug das Gedränge und Geschiebe mit Gelassenheit. Zum einen standen hinter ihm noch 15 000 Mann. Zum anderen hatte die Stimme am Mikrophon ihn eben als *Olympiavierten* begrüßt und um ein Winkzeichen gebeten. (Kein schlechter Augenblick, um noch einmal die Schnürsenkel zu überprüfen.)

Die einzelnen Blöcke zogen sich bis weit hinter den

Deutzer Bahnhof. Sie waren nach den Bestzeiten der Läufer sortiert. Nach den roten kamen die blauen Punkte. Danach die grünen, dann die gelben.

Wahnsiedler, dem Silber an der Sammelstelle für die Kleidersäcke doch noch begegnet war, hatte als Erstläufer keinen Punkt auf seiner Startnummer und musste somit ganz am Ende starten, was er als Kränkung zu empfinden schien.

«Zehn! Neun! Acht! Sieben ...»

Die Stimme am Mikrophon hatte begonnen, den Start anzuzählen. Jacken und Hüllen flogen über Absperrgitter. Schwitzende Achselhöhlen wurden frei. Und Muskelöl. Und Kampfer. Und leider auch Deodorant.

Silber versuchte, durch den Mund zu atmen. (Und wie dies alles erst nach 42 Kilometern riechen würde.)

Der Startschuss fiel.

Schon war die Spitze weg.

Und dann, ein wenig zeitversetzt, Gebrüll aus 15 000 Kehlen.

Doch nun der rote Block. Geschlossen hatte sich das kleine Feld in Gang gesetzt. Antraben. Laufen. Aufpassen. (Dass man bloß niemand in die Wade trat.)

Da war sie schon, die Startmatte. Und auch das Geräusch der Chips. Für jedes Läuferbein ein schrilles Quieken. Silber machte ein entschlossenes Gesicht, als er an der Kamera vorüberlief. Vielleicht sah das Kind ja zu Hause zu.

Lalotta, Jenny –
tote Bonner Schwestern:
Der Pilot ist frei!
BILD, 18. 2. 2000

Trotz alledem. Was für ein Spaß. Der Große Wendigo, *krükrüü*, flog über die Pfützen.

Die Leute am Straßenrand schauten. Staunten. Sollten sie.

Er musste weiter nach vorne. In den roten Block. Zickzack. Links. Rechts. Über den Bürgersteig. Weg da. Verzeihung. Hoppla. Nun geh schon aus dem Weg. (Gar nicht so einfach, wenn man zehntausend Trottel vor sich hatte.) Mitten im Sprung wandte er den Kopf und schaute nach den Nummern: blau! Blau! Hier waren noch die Punkte blau.

Gelb. Grün.

Die waren schon erledigt.

Die hatte er am Anfang abgetan.

Ja, war es nicht zum Lachen, nicht zum Schreien: *Hier können Sie nicht halten. Kein Parkplatz. Fahren Sie bitte weiter.* Die Polizistin hatte ihn einfach weitergewunken.

Du, ich kann fliegen.

(Warum glaubte sie ihm nicht?)

Und als er endlich seinen Wagen losgeworden war (vor einer Gastwirtschaft, an einer Ecke, irgendwo in Deutz – sehr, sehr unwahrscheinlich, dass er nachher noch da stehen würde), hatte er sich nur am Ende noch einreihen können. Denn vorne, wo er hingehörte, waren sie schon losgelaufen.

> Ich habe absolut keine Lust
> auf Wuppertal
> VEGA, Tagebuch

Silbi. Da war ja Silbi.

Vega saß – die Haare nass, die Beine angezogen – in Silbers Bademantel auf dem Sofa und zeigte mit dem Löffel auf den Bildschirm.

Er hatte diese schwarzen Sachen an und diese schwarze Mütze auf. Silbi sah toll aus, wenn er rannte. Und wenn er auch nicht an der Spitze lag, worauf Vega insgeheim gehofft hatte, so kamen doch noch viele Tausend hinter ihm. Das hatte der Mann im Fernsehen eben klar und deutlich gesagt.

Sie überlegte, ob sie für ihn etwas zu essen kochen sollte. Spiegelei, Nudeln, Fertigpizza. Andere Sachen konnte sie nicht. Nun ja, den Milchreis, den ihr Latifah neulich gezeigt hatte. Latifah war wirklich in Ordnung. (Wenn sie bloß nicht mit diesem dicken Mann verheiratet wäre, der immer behauptete, er hätte sie für 1000 Mark gekauft.)

Aber für Milchreis brauchte man Reis. Und Milch. Sie musste das auf ihre Einkaufsliste setzen. Schließlich war sie, seitdem Mama vor drei Monaten wieder zu diesem Knilch nach Wuppertal gezogen war, die Frau im Haus.

Vega strich sich die Haare aus der Stirn.

Da war es besser, wenn sie für ihn spülte.

Ja, Silbi freute sich bestimmt, wenn er, müde und abgekämpft von dem ganzen Laufen, in eine saubere Küche kommen würde. Andererseits konnte sie auch das Bad putzen. Das hatte es auch nötig, nach ihrer Baderei.

Vega untersuchte ihre Zehen.

Sie mussten trocken sein, bevor man sie lackierte.

Im Fernsehen waren jetzt nur lauter andere Leute zu sehen.

Langweilig.

Sie schaltete um.

Blaue Ballons: Wasser
Grüne Ballons: Tee
Hellblaue Ballons: Coca-Cola
Weiße Ballons: Bananen

Natürlich konnte Silber nicht sicher sein, ob der Mann, der eben an ihm vorbeigelaufen war, tatsächlich der Mann war, den sie in jener Nacht im Februar am Flughafen unter dem Verdacht festgenommen hatten, die beiden Kühne-Mädchen getötet zu haben.

Die Größe stimmte zwar.

Und auch der Hinterkopf.

Viel mehr hatte Silber aber nicht erkennen können. Er war gerade mit den beiden Bechern Wasser beschäftigt, die er nach 15 Kilometern an der Verpflegungsstelle *Berrenrather Straße* vom Tisch genommen hatte, als dieser Mann an ihm vorbeigelaufen war.

Ohne zu trinken.

Und zu schnell. Viel zu schnell.

Die kleine Gruppe, der sich Silber angeschlossen hatte, schüttelte im Takt den Kopf: «Spinner!»

Spinner und Schwindler. (Wenn er es denn gewesen war.) Der Wendigo war gar kein Vogelwesen, wie Meyers' Frau behauptet hatte, sondern eine Art Wolf, der Teppich gar kein altes Stück, sondern gesäumt und umgenäht mit einer elektrischen Maschine.

Und erst die Fotos. Ja, Meyers war beschnitten und rasiert. Das hatte der Polizeiarzt gleich nach der Verhaftung festgestellt. Beweiskräftig war das jedoch nicht. Meyers' Anwalt hatte getobt, der Staatsanwalt hatte getobt, Wahnsiedler hatte getobt. Nur Grosz hatte die Ruhe bewahrt und vorgeschlagen, vier Haarringe zu besorgen und Rammsmeier und Dr. Jeschke zu bitten, Meyers in jenen Zustand zu versetzen, den die Polaroidaufnahmen zeigten.

Der Verhaftete selbst hatte natürlich geschwiegen. Kein Wunder, nachdem er am Flughafen in der Zeitung gelesen hatte, dass alle Spuren fehlten. Silber hatte drei Tage mit ihm im Vernehmungszimmer gesessen, und es war nichts dabei herausgekommen.

Genauso wenig wie bei der Durchsuchung der weißen Doppelhaushälfte. Oder des Autos. Auch an den Turnschuhen unter der Treppe hatte sich nichts gefunden. Falls es Meyers gewesen war, musste er seine gesamte Kleidung so gründlich beseitigt haben wie seine Haare. Natalie Meyers hatte jeden Eid geschworen, dass ihr Mann an beiden Tattagen zu Hause gewesen war. Und somit hatte auch Krell Recht behalten. Die Aufzeichnungen eines Außerirdischen reichten nicht für eine Anklage in einem Indizienprozess, in dem alle Indizien fehlten.

Cola 0,99
Fanta 0,99
Schocko 0,99

«Nein, nein, Baschir – alles empfängt seinen Sinn durch Allah», sagte Massud und strich die Preise durch. «Auch dieser Regen.»

«Wozu soll er gut sein? Dass wir unsere Waren verschenken müssen?»

Mahnend hob Massud die Hand.

«Kennst du die Geschichte von dem Kaufmann, der sein

Schiff ausrüstete, um von Alexandria nach Beirut zu segeln?»

Baschir gab keine Antwort. Ihm war kalt. Und die Frisur zerstört. Er konnte es in der Schaufensterscheibe sehen. Der Regen hatte sie ausgewaschen, die helfenden Mittel. Die Locken waren wieder da. Sie kräuselten sich schon über den Ohren. Jetzt sah er aus wie einer aus dem Kosovo.

«Der Kaufmann stand im Hafen und überwachte die Arbeiter, die seine Waren in das Schiff trugen. Da waren Ballen mit schimmernder Seide, Zähne aus weißem Elfenbein und ...» Massud dachte kurz nach. «... Und kostbare Gewürze.»

«Gewürze?», fragte Baschir. «Du meinst so etwas wie Salz?»

Massud nickte.

Baschir hätte beinahe gelacht. Die Geschichte war erfunden. Salz war nichts wert. Das sah man an jeder Frittenbude.

«Während die Arbeiter also das Salz in das Schiff trugen, kam ein Kamel gelaufen.»

«Ein Kamel?»

Massud nickte abermals.

«Das Kamel lief den Kaufmann über den Haufen. Und während sich der Kaufmann vor Schmerzen krümmte, löste sich vom Mast ein Eisenhaken und stürzte genau auf die Stelle, wo der Kaufmann eben noch gestanden hatte.»

«Zufall», sagte Baschir.

Massud sah Baschir streng an.

> So lasset denn auch uns, von so
> vielen Zeugen umgeben, abwerfen
> alle hemmende Last und mit Ausdauer
> laufen auf der Rennebahn.
> HEBR. 12,1

Meyers. Es war Meyers.

Silber war sich jetzt völlig sicher. Zwanzig Meter vor ihm lief der Große Wendigo. Das kantige Gesicht, das vorspringende Kinn, die scharfe Nase. Gar kein Zweifel.

Er hatte ihn in der letzten halben Stunde immer im Blick gehabt. Meyers lief kraftvoll und schnell. Die langen Beine holten weit aus, der Oberkörper bewegte sich leicht hin und her. Die Armarbeit war allerdings merkwürdig. Meyers war der klassische Fliegenschnapper. Er griff bei jeder Armbewegung mit der Hand nach vorne, als ob er Fliegen fangen wollte. Gewiss nicht die beste Art zu laufen, aber Meyers kam damit so zügig voran, dass Silber Mühe hatte, ihm zu folgen.

Der rote Block hatte sich jetzt weit auseinander gezogen. Das kleine Grüppchen, das Silber auf den ersten Kilometern begleitet hatte, war längst gesprengt. Er lief jetzt zwischen einer Gruppe, die aus drei jungen Männern bestand, die sich die Zwischenzeiten zuriefen, und einer Polin, die von einem Mann verfolgt wurde, der gar nicht gut aussah und bei jeder Verpflegungsstelle ein Spektakel machte.

Meyers. Es war also Meyers.

Aber was bedeutete das, außer dass es Meyers war?

In Silbers Kopf war eine rauschende Leere.

Aber das war nicht ungewöhnlich bei Kilometer 38.

Allah ist's, der den Blitz erzeuget,
und die Welten mit Regen schwängert.
KARL MAY

Massud öffnete die Kasse und gab der Frau den Pfennig zurück.

Die Frau steckte den Pfennig ein und lachte. Dann legte sie den Kopf zurück und setzte die Dose an. Ein schmales braunes Rinnsal lief aus ihrem Mundwinkel über Kinn und Kehle den weißen Hals hinab bis in das offene Hemd, wo es sich verlor, sodass Baschir seufzte, denn es regnete noch immer, und die Frau war jung und schön und nass bis auf die Haut.

Nachdem die Dose ausgetrunken war, stellte die Frau – *a'udhu billahi minasch-schaytanir-radschim* – sie auf den Rinnstein und drängte sich wieder zwischen die Zuschauer, um die Verrückten anzufeuern.

Baschir, der neben dem Karren stand, konnte nicht anders – er musste ihr einen Pfiff nachsenden.

«Höre, Baschir», sagte Massud und strich sich über den Bart. «Im Namen Allahs, des Gnädigen, des Barmherzigen, der seinen Segen auf Mohammed und seine Familie und alle Gläubigen geben möge – du hättest den Blick senken müssen.»

«Allah hat sie uns vorbeigeschickt», entgegnete Baschir. «Wenn er es nicht gewollt hätte, wäre sie nicht vorbeikommen. Alles ist vorbestimmt. Du hast es vorhin selbst gesagt.»

Massud schüttelte den Kopf. «Er hat dir aber nicht befohlen, sie anzustarren.»

«Dann hätte er es nicht regnen lassen dürfen», sagte Baschir mürrisch. Allmählich ging der Vetter ihm auf die Nerven. «Hast du gesehen, wie ihr das Gewand am Leibe klebte?»

Massuds Hände wiesen zum Himmel.

«Kein Missgeschick tritt ein, außer mit Allahs Erlaubnis.»

Baschir zuckte die Schultern. Und während Massud die Waren neu ordnete, gab er der leeren Dose, die noch immer dort stand, wo sie die Schlampe abgestellt hatte, einen Tritt. Er sah ihr wütend nach, wie sie zwischen den Beinen der Zuschauer auf die Straße rollte, auf der die Verrückten liefen.

Eine Sekunde später zupfte Baschir an Massuds Gewand.

«*Mata 'ib, Trabbel, Schwierichkeiten*», flüsterte er und wies zur Straße. «Lass uns von hier verschwinden, o mein Vetter.»

> Resultate M 50:
> *Sievers, Hans Jochen*
> aufgegeben

Da ist der Dom.

Und da die Dose.

Den Dom hat Silber schon seit geraumer Zeit im Blick. Zwei Türme, unübersehbar groß und schön. Trachyt, vom Regen schwarz. Der Herr mein Hirte. Und mein Lauf zu Ende.

2:42.

Wenn er durchhält.

Und wenn nicht noch etwas passiert.

Zum Beispiel mit der roten Coca-Cola-Dose.

Silber, der sich eben entschlossen hat, Meyers noch auf der Hohen Straße zu überholen, damit er ihm nicht im Ziel begegnen muss, macht einen langen Schritt.

Das sieht bestimmt nicht schlecht aus, denn da ist auch die Kamera. Vega könnte jetzt sehen, wie gut es ihm noch geht.

Doch leider ist sein Schritt nicht lang genug. Es kracht. Schon sitzt die Dose an der Ferse wie ein Huf. Silber stöhnt. Ein Huf ist jetzt nicht gut. Nicht auf den letzten Metern eines Marathonlaufs.

Silber gerät ins Straucheln.

Schritt links, Schritt rechts. Hilfe, ich falle.

Er rudert mit den Armen und stürzt auf Meyers zu.

Nein, nicht schon wieder an der Schulter.

Nein, nicht noch einmal *Pekka Vasala*.

Silber greift tiefer.

Meyers macht einige sehr seltsame Schritte.

Das liegt an seiner Hose.

Sie hängt ihm an den Knien.

Und kurz bevor er auf das nasse Pflaster schlägt, sieht Silber noch, dass auch der Große Wendigo kopfüber schießt.

Vier Ringe rollen über den Asphalt. Rot, gelb, schwarz, blau. Silber macht keinen Versuch, sie einzusammeln. Der, den er sucht, sitzt oben an der Wurzel – Lalottas Ring, der leuchtend grüne.